孟德斯鳩
Montesquieu 著
嚴復 譯

臺灣商務印書館

目錄（下冊）

第十九章　論關於國民精神行誼風俗之法典

復案。此章論中國政俗教化獨多。而其言往往中吾要害。見吾國所以不振之由。學者不可不留意也。

第一節　本章大義

以此章所論。義繁而恉廣。執筆之頃。不佞心腦之中。意想紛呈。不能盡為抒寫。故所著眼者。不在物而在物之脊倫。且其為論。正旨而外。有不得不左右旁及者。蓋所欲擬議而求得者。存乎事理之真實。至於用法取塗。則取適事而已。

第二節　欲施至美之法。必先治其民之心而後有以翕受

天下古今。固有甚美之意。至良之法。以其民心德之不逮。而不克施。此見於歷史者。可一一證也。華旅之法廷。便國之制也。而日耳曼之眾。若以為至難忍者。札思直黏為拉支民主定戕殺國王之律。意在矜平。而其民以為夷狄之法。最為逆理。羅馬者。明法祥刑之民也。而密禿理達則大聲疾呼。訾其訟獄之制為無法。巴社之某王。受學於羅馬。有豁達大

度之風。而為國民所最不喜。是故雖有自繇。然使其民奴性既成。必且以其說為至不道。清風霽宇者。誠生類之所欣欣。顧使習處窟穴幽穢之中。則將縮項顰眉。以遇之為不快。

威匿思人名巴爾比者。往見白孤之王。王叩其風土禮俗。對曰。吾國固未嘗有王也。白孤王噭然大笑。大喚不已。至伏而咳。扶脅捧肊。乃克與其左右言。今使遇如此民。雖有神聖之法家。必不能為建民主之治制。明矣。

復案。嗚呼。拘於墟。囿於習。束於教。人類之足以閔歎。豈獨法制禮俗之間然哉。吾國聖賢。其最達此理者。殆無有過於莊生。即取其言。以較今日西國之哲家。亦未有能遠過之者也。故其著說也。必先為逍遙之游。以致人心於至廣之域。而後言物論之本富。非是之生於彼此。大抵七篇之中。皆近古天演家至精之說也。雖然。人生於群。是非固亦有定。蓋其義必主於養生。而其求是非之所在。則為術不出於因明。因明者何。譬如與人言一事理。欲辨其理之是非。不得如前者之則古稱先。但云某聖人云然。某經曰爾。以較其離合也。亦不得以公言私言為斷。必將即其理而推其究竟。使其終有益而無害於人群。斯其理必是。是者何。是於此世界之人道也。否則其說為非。非者何。亦非於此世界之人道也。居是世界。以人言人。不得不以此為程準也。嗚呼。不自用其思想。而徒則古稱先。而以同於古人者為是非。抑異於古人者為是非。則不幸往往而妄。即有時偶合而不妄。亦不足貴也。

第三節　霸政

霸政者。出於暴君民賊者也。雖然。俗所謂霸政。有二者之為異。其一為真霸政。起於侮奪壓制之實者也。其一存於意想。但使為之君者。作非常之原。為其民之所懼。斯霸政之名。從而起矣。

史家氏阿言。沃古斯達嘗欲稱羅妙魯（羅馬開國之王）矣。嗣聞羅馬不欲其建王號也。乃急變計。蓋羅馬舊民。最不欲為王國。見有人焉。建王號於其上。則寢食為之不安。非惡其實也。叵耐其禮儀與位號也。雖前於沃古斯達者。若凱撒。若鼎足之政府。即至沃古斯達之身。雖無王名。而皆有其實。顧其外觀。則尚平等也。即其居室私人之事。亦與他國人君之焜燿喧赫者不同。而其民即緣是以自解。是故羅馬之民。其言無王。非真無王也。特取其實而去其名。以其君為率由舊章。而不效非亞二洲之儼然建號者耳。

氏阿又言。沃古斯達嘗立一法典。其民以其深刻。大惡之矣。沃古斯達乃賜一見放之名優名辟拉氏者還。於是其民又大悅。而忘前事。夫如是之民。以一優見放。為霸政之尤。至於亂舊典而奪其利實。則澹然忘之。斯不亦可異者乎。

第四節　國民常態

今夫所可以左右國民者。其為物亦至眾已。曰天時。曰宗教。曰法典。曰道國之所尚。曰掌故。曰禮俗。之數者合。而成其國之民風。且數者以比例言。其為用非平均而相得也。往往其一大勝。則其餘以微。故天時水土之用。於蠻夷之眾獨彰。支那者。囿於禮俗者也。日本者。困於法典者也。斯巴達者。成於所以道國者也。而所以範成羅馬之風者。則成訓格言。與夫其國之舊制。

第五節　民質以法度而失其真。故立法者不可以不慎

假天地之間。有一國焉。其民樂群而率真。愷悌和平。好為交易知識之言論。其淺率無牆宇。且有時不審事勢之重輕。特常剛盡慷慨。胸次坦然。而知何者為節義。如是之民。不宜立之法焉。以束縛馳驟之也。苟其為之。其生質之美喪矣。今夫道齊之要。在取風俗之大常。使其大常善

矣。至於小疵。恣其出入。不為病矣。（孟之意蓋指法國。）

至於檢束之法。固可加諸其國之婦人。凡此乃以範其儀容。且使之黜奇袤。崇儉約也。雖然。即此使為之而過。將去奢矣。而因之以得陋。物趨苟簡。而國之財殖以衰。夫行旅之多游於其國。而百產輻輳川流者。亦以其國文物聲明進耳。質陋糙鄙之國。未有能徠四方者也。

復案。吾國有最乏而宜講求。然猶未暇講求者。則美術是也。夫美術者何。凡可以娛官神耳目。而所接在感情。不必關於理者是已。其在文也。為詞賦。其在聽也。為樂。為歌詩。其在目也。為圖畫。為刻塑。為宮室。為城郭園亭之結構。為用器雜飾之百工。為五彩彰施玄黃淺深之相配。為道塗之平廣。為坊表之崇閎。凡此皆中國盛時之所重。而西國今日。所尤爭勝而不讓人者也。而其事於吾國則何如。蓋幾幾乎無一可稱者矣。自其最易見者而言之。則在在悉呈其苟簡。宮室之卑狹。道路之萊污。用器百工之窳拙。設色之濃烈。音樂之嗷楚。圖畫則無影。刻塑則倍真。以美術之法律繩之。蓋無一不形其失理。更無論其為移情動魄者矣。記有之。安上治民以禮。而移風易俗以樂。美術者。統乎樂之屬者也。使吾國而欲其民有高尚之精神。詄蕩之心意。而於飲食、衣服、居處、刷飾、詞氣、容儀。知靜潔治好。為人道之所宜。否則淪其生於犬豕。不獨為異族之所鄙賤而喚譏也。則後此之教育。尚於美術一科。大加之意焉可耳。東西古哲之言曰。人道之所貴者。一曰誠。二曰善。三曰美。或曰。支那人於誠偽善惡之辨。吾不具知。至於美醜。吾有以決其無能辨也。願吾黨三思此言。而圖所以雪之者。

今夫治一民者。固必有祈嚮之所存。而立之為主義。然使其國之俗。與主義不相倍馳。則操立法之柄者。固宜以其國之精神為精神也。蓋民族固有其質之所宜。亦有其材之所近。因其質。用其材。而行之以自繇之無所抑遏。此固以半事收倍功。而為他族所莫與爭者也。

假使取驩娛樂易之民。而矯之使成遲重迂拘之俗。此於邦家。無所利也。於外交亦無所利也。民固有治輕佻之事。以嚴恪之容。亦有圖重大之功。以遊戲之術者。吾願居上之人。審焉可耳。

復案。此節之旨。純從法民立論。

第六節　政有以無為為術者

或曰。為政者得若前之國民。使但出於無為。雖有失德。將自為其補救。夫自然者。既與民以精力。方其飈發蠭起。至於過者。惟是精力。為之輿也。已乃退而由禮。知人倫相接之宜。抑為女德柔嘉之所轉者。亦是精力受其範也。

為政者。庶幾知無為之為術乎。夫天性之和厚。合之以無別擇之心。此吾國之民質。固如是也。以如是之民質。而操法權者。必欲以法焉束縛之。以沮吾合群樂通之意。未見其法之利行也。

第七節　雅典與賴思第猛之民風

或又曰。於古而求吾民之所類。其雅典乎。夫雅典者。驩娛之民也。其治事也。往往如遊戲然。雖在國府之中。決事之際。笑談間作。人之樂之。無異俳優之場。讌聚之頃也。其議也如此。其決也如此。即行其所決也亦如此。而斯巴達之民乃異是。嚴重而簡默。若根於性成。今使欲以法苦雅典之民而使重。抑以術娛斯巴丹之眾而使輕。是皆不必濟者矣。

第八節　民性樂群之影響

民樂相通者。於性習無頑固。何以知其然耶。蓋以彼此之常相遭。而則傚之事。若不自覺。又以常相遭。而於其人之異眾者。而為察也。況民者受範於天時水土者也。天時水土之使人樂相通者。又常使之樂為交易也。而樂為交易矣。故其日新之情。若出於天性。

歐洲之男女。不禁相通者也。男女之相通。常易至於蕩檢。而又使民喜為容。以相媚其悅己者。而服飾之盛成矣。以服飾之盛。而務媚悅己也。故高髻廣袖。而入時之式樣又興。夫服飾之有時式。此所係甚重者也。蓋其事於人心生輕靡之習。而於百工之競美。物貨之棣通。又多變也。

第九節　浮慕、虛憍兩情之異效

浮慕者。飾其外以為觀美也。虛憍者。侈其心以自尊大也。雖二者皆澆。而浮慕之利於國家。猶勝虛憍之為害也。民以浮慕之情。而生奢侈。固也。然而實業美術。有緣是而興者也。文物聲明。有緣是而進者矣。雍容都雅。見物力之豐。國容之盛焉。若夫虛憍之氣。乃大不然。惰窳之下。繼以困窮。居處不蠲。而衣飾襤褸。故虛憍生惰民。而浮慕有勤國。斯巴尼亞。虛憍者也。故其民惡力作。法蘭西。浮慕者也。故其民逐利資。而二者之盛衰判矣。

惰國之民。多簡默而氣矜。彼方袖手而安居。自待猶王侯。而視力作者猶奴隸也。

曠覽於五洲諸國之間。大抵驕矜惰逸。與夫簡默之風。常並見也。

阿欽之民。既驕且惰。其家無奴。使持五升米過家百步者。必雇人而為之。非但惡其勞也。以謂自持。於瞻視為不尊耳。養其一指。使爪甲長數寸。然後為之室以護之。其為此也。見吾非勞力者儔耳。如此之民。亦甚眾也。

至於婦人尤可見。印度之女。有以知讀書為恥者。彼謂識字乃人奴之業。主會計。歌禱詞於塔廟間。識字之用。如是而已。又一種焉。其婦人例不紡。或但績筐席。而不職其餘。或不舂焉。或不汲焉。凡此皆所以養尊。而以不如是為大詬。雖然。其致此俗者。非但矜也。常有他德。會而成此。欲民之畏己。故常貌其儼然。謂威儀不可以不莊。而後可以為民上。此固羅馬末流之通俗。為讀史所共知者矣。

第十節　斯巴尼亞與支那人之風俗

大抵國民風俗。常雜善惡清濁而成。有時雜之而利生焉。其所以利者。恆出於不期。亦有時雜之而害形焉。其所以害者。亦超於慮外。此可即一二國之俗。而徵吾說也。

即如斯巴尼亞之民。累世以還。以忠信著。札思丹言。其民有守不假器之風。其受人顧託。預人祕密也。寧死不相背賣。此自往昔已然。而至今猶存其俗者也。是故他國之民。有商於加狄支者。皆託財產於其地主。未嘗或為悔也。顧如是之美德。乃常雜之以敖惰之情。而最凶之結果。從之而出。遂使王國市場。悉為他人所壟斷。此事雖在目前。其民若無覩也。

支那民質之為雜也。乃正反於斯巴尼亞。以其民生業之無恆。而衣食之難恃也。故其貪利至深。而攘奪之情。至為剽疾。於是商於其土者。遂若其民一無可信者焉。以是之故。商業之利。乃為日本所獨操。沿海諸省。商務固至易興。然歐洲之商。無強與支那人交接者。

復案。此文末節。亦采諸神甫竺赫德等所紀載者。誠不識其何所見而云然。至於近世。甲午未戰以前。所聞歐商之閱歷。乃正與此言相反。彼謂吾國貪黷之風。至於官吏而極。上自政府爵貴。下至丞尉隸胥。幾於無一免者。至於商賈。則信義卓著。皦然不欺。往往他國契約券符所為之而不足者。在吾國則片言相諾而有餘。且或其人已死。在彼成不可收之逋矣。而其人子孫。一一代其還納。此尤他國之所罕覯者也。有英商名克慎士者。罷業歸國。臨行自言。在中國經商十餘年。未嘗有十尖之逋。其致富由此。此非濫譽之言也。至於日本。民德反是。其國當官之人。自上至下。大抵人人精白。而商賈之信。則有難言。故西人業其地者。行店之中。所用夥伴。多雇華民。而就地取材絕少。其異於孟氏所言者如此。可以徵世變矣。

第十一節　餘論

今夫善之與惡。忠信之與奸欺。相去天淵。而必不可連類之物也。不佞前節之說。非曰惡有時利。而善有時害。使人於二者有等而視之之意也。苟為如是。皇天厭之。顧不佞所欲與學者共明者。國群之不善。不必盡為小己之不善。而小己之惡。亦未必盡成國群之惡也。世有法家。創為律令。於以傷一國之民心者。其於此別。稍加之意焉可耳。

第十二節　專制國之禮俗

凡專制之國家。其禮俗不可變。此甚要之建言也。而其理固易知。蓋既專制矣。則其國本無法度。非無法度也。雖名有之。而實可以專制之權力變之。猶無之也。然而無法度矣。而其國有禮俗。禮俗者何。所習慣而公認為不可叛者也。苟一旦以為可叛。則其國乃無一存。而革命之運以至。此歷史所累驗者矣。

蓋法律者。有其立之。而民守之者也。禮俗者。無其立之。而民成之者也。禮俗起於同風。法律本於定制。更定制易。變同風難。變其風者。其事危於更其制也。

何以言變其風之難也。專制之國。純乎壓力者也。或施是壓力者焉。或受是壓力者焉。能所之間。各不相謀。非若他制。以自繇平等。而常相通也。不相謀。故其禮之為分嚴。而其俗之各守固。既嚴且固。斯禮俗也。而幾法律矣。是故使為上者裂冠毀冕。自取其禮俗而弁髦之。是自壞其所以專制之具也。奚能久乎。

俗之易遷者。其男女互通之國乎。以其互通。故常為其相悅。相悅而各設其樂方。故其俗常日變。專制之國。男女之防。常至嚴也。嚴故其於社會也。無左右之權力。惟男女相通之國不然。通故二者之氣質相為變。向之以遠而相絕者。今則以近而日淆。淆故向之恆定者。乃今若無定。而社會之所習慣。與民人之所率由者。乃不居而日流。

復案。古之各國。大抵不相往來者也。豈惟國與國然。乃至一國之郡邑部落。亦大抵不相往來者也。是故禮俗既成。宗教既立之後。雖守之至於數千年可也。至於近世三百餘年。舟車日通。且通之彌宏。其民彌富。通之彌早。其國彌強。非彼之能為通也。實彼之不能為不通也。通則向者之禮俗宗教。凡起於一方。而非天下之公理。非人性所大同者。

皆岌岌乎有不終日之勢矣。當此之時。使其種有聖人起。席可為之勢。先其期而迎之。則國蒙其福。不幸無此。其為上者。怙猶盛之權。後其時而距之。則民被其災。災福不同。而非天下之公理。非人性所大同。其終去而不留者。則一而已矣。俄羅斯者。雜亞歐之民而成國者也。其受諸歐者。則近世所謂文明。而見諸形下者。莫不具也。其守諸亞者。則所以為專制之治者。莫不為也。籍通國之民以為兵。深宗教之迷信。禁報章之昌言。其塞一是之開通。保其禮俗。於以成其專制之治者。可謂不遺餘力矣。然而時之既至。舉國喁喁。用其壓力。終以自敗。所發滿洲之卒。其戰也。直無異前塗之倒戈。舉國之民。聞敗則喜。聞勝轉憂。至於今日。波羅海軍熸矣。其猶戰也。有百敗而無一勝。然而尚不肯言和者。非不欲和也。知和之難為。有甚於戰也。何則。革命之局已成。外和而內將作耳。

第十三節　支那國俗

東方之國。有支那焉。其風教禮俗。亙古不遷者也。其男女之防範最嚴。以授受不親為禮。不通名。不通問。閫內外之言語。不相出入。凡如是之禮俗。皆自孩提而教之。所謂少儀內則是已。文學之士。其言語儀容。雍容閑雅。此可一接而知者也。守其國前賢之懿訓。而漸摩之以嚴師。故一受其成。終身不改。此禮俗之所以不遷也。

復案。必謂吾國禮俗。為亙古不遷。此亦非極摯之論也。取宋以後之民風。較唐以前之習俗。蓋有絕不相類者矣。顧他國之變也。降而益通。而吾國之變也。進而愈錮。其尤可見者。莫若國民尚武好事之風。如古之人好獵。今則舍山僻之區。以是為業者。不可見矣。他若擊毬挾彈。拔河劍舞諸戲。凡古人所深嗜。而以為樂方者。今皆不少概見。大抵古人之於戲樂也。皆躬自為之。故於血氣精神。有鼓盪發揚之效。而今人之於戲樂也。輒使人為之。而己則高坐縱觀而已。是故其為技益賤。而其為氣益偷。

第十四節　改易風俗其自然之術如何

既曰法律有其立之。而民守之。禮俗無其立之。而民成之矣。則道國者欲為移風易俗之事。將其術不由於法典。從可知矣。夫苟為之法典。民將怨其苦我。而為令不從。故變風俗者。亦用其風俗而已。倡其新者而民便焉。則其舊者將不禁而日微。

是故善為國者。知其敝之由於法典也。則救之以法典。知其敝之由於風俗也。必救之以風俗。風俗之敝。而以法典救之。將法令如牛毛。而所期者不必得。未見其為善治也。

復案。此其故甚易明。蓋民所不得自繇者。必其事之出乎己。而及乎社會者也。至於小己之所為。苟無涉於人事。雖不必善。固可自繇。法律之所禁。皆其事之害人者。而風俗之成。其事常關於小己。此如婦女入廟燒香。又如浮薄少年。垂髮覆額。至種種衣飾好尚。凡此皆關風俗。皆關小己。為民上者。必不宜與聚賭訛詐之類。等量齊觀。施以法典之禁。何則。燒香束髮。人人皆有行己之自繇也。

往者俄國莫斯科洼之民。好服長袍。而以美髯自憙。大彼得惡之。乃下令斷袍。約其長僅及膝。長如故者。禁不得入城。鬚之長法不得過若干寸。凡此所為。實皆霸朝之暴政矣。夫政民視其所祈嚮之不同。而操術以異。將以禁作奸犯科。而害社會者乎。則為之法令。犯者有刑。將以救風俗之衰。使民慎容止乎。則以身作則。謹其好惡足矣。此自然之理也。彼得嘗自謂其民。為蠻野而冥頑。然觀俄民變化之易易。則彼得之言過矣。彼得方以其民為禽獸。然而非禽獸也。其嚴刑峻法。若出於不得已者。而孰知慈惠祥和。其得效且過此乎。

且民質變遷之容易。彼得所親見而躬驗者也。有婦人焉。向所禁錮。

而在婢妾之列者也。乃彼得為之弛其幽閉。召見宮庭。賜以羅綺錦繡之屬。使其裝束一仿日耳曼之婦人。夫女子未有不喜為容悅者也。以帝之所為。有以慰其情而驕寵之。則其去舊日之陋而為今日之華貴。若固然者。然則其男子之由野人而為君子。亦如是耳。

而俄羅斯之變俗。所以當彼得之世而尤易者。以其舊行之俗。本雜東方胡羯之風。國經異種累勝之餘。勝家挫其俗以行於所勝。本非俄國之舊。所因於天時地利而成者也。及大彼得興。其所推行者。乃以歐國而從歐俗。故下令若流水。其得民而斐變。為彼得始願所不及者。有由然矣。夫一國之中。其風俗民質之成。其原因亦至眾已。然揆其勢力。固莫重於水土與天時。故彼得之變俄風。初無俟以新律刑罰。為督責道齊之事也。但倡於上。而示民以好惡之所存。斯風行草偃矣。

一國之民。其懷故俗而從所習慣也。最為堅固而難移。為之峻法。而責民以必遷。其心不怨咨者寡矣。是故善為國者。不取其俗而躬變之也。示以好惡。明其利害。為之教育。以待民之自趨。則其功佚而民不怨。

一言蔽之。凡法之立。而非起於不得已者。皆霸政也。法之行也。固有事於威權。然而法之為義。非僅威權已也。故事非治亂存亡之所關。皆非法典所宜涉也。

復案。孫叔敖之治楚也。惡其俗之庳車。思有以易之也。則為之高梱。浸假其民皆高車矣。夫移風易俗之事。固有政成於此。而效見於彼者。使得其術。則其事常不勞。而民之從之也易。是亦自然之術也。

又案。吾於此節所論。見漢吏循酷之分。

第十五節　國法之左右於家法者

彼得變其所以待女子者。而俄國之政體大異。此家法國法所以相表裡也。是故五洲專制之國家。其女權皆至不足道。而婦女自繇之國。皆見於有道之君主。此事理之常相因者也。

復案。雖然。俄國至今。其所以待女子。與其國女子之地位。尚不得於歐美諸邦。相持而並論也。吾聞往歲旅順既降。圍人悉赴大連登舟。塗中汽車。男子皆滿。而婦女無容足之地。同行莫之恤也。已而日本將官乃登車指麾。為一一安置而去。旁觀者曰。不謂俄人之待其婦人。不如其犬馬。雖然。此無足異。俄固專制國也。政以徵孟例之不誣而已。

第十六節　古之法家其於法禮俗三者多混

禮文風俗。皆民之所率由。而非作憲垂制者之所定立也。其不定立。

蓋其勢有不能。或其心有不欲。

禮之與法。不可混而一之物也。法者以有民而立之者也。禮者以為人而守之者也。而二者皆行誼之所必率也。禮之與俗。又不可混而一之物也。禮者關於內行者也。俗者關於外行者也。而二者皆成於習慣也。而世之人於是三者多混。來格穀士之制國典也。蓋總法禮俗而治之矣。支那前聖。其道民創制亦然。

雖然。是支那與斯巴達之法家。其不分法禮俗而一治之者。無足怪也。蓋彼中之禮。表其法者也。彼中之俗。率其禮者也。

支那之聖賢人。其立一王之法度也。所最重之祈嚮。曰惟吾國安且治而已。夫如是。故欲其民之相敬。知其身之倚於社會。而交於國人者。有不容已之義務也。則禮儀三百。威儀三千。從而起矣。

是以其民。雖在草澤州里之間。其所服習之儀容。殆與居上位者。無攸異也。因之其民之為氣柔。而為志遜。常有以保其治安。存其秩序。懲忿窒慾。期戾氣之常屏而莫由生。夫如是之民。使一旦取其外之儀容而褫之。則放軼恣睢。凡其所以自遂者。又何如乎。

復案。中國至隆之世。其民殆如此。觀孟氏所言之精鑿。是不可謂其於吾治為無所窺也。惟吾國賢聖政家。其所以道民者常如此。是以聞西哲平等自繇之說。常口呿舌縳。駭然不悟其義之所終也。

是故其外之儀文。方之其內之謙遜。為尤尚也。夫執謙遜者。惟恐傷人。雖有不善。遇之而安。修儀文者。有以自將。雖有慚德。亦無由著。故儀文者。所以交國人。而又為之盾蔽者也。盾蔽立。而社會之凶德無由相染矣。

來格穀士之為斯巴達立法也。倮然森然。祛一切之儀文。而使民相見以質。蓋彼所務倡其民者。果毅強立之風。而非有事於遁飾也。彼方日取其眾而教訓之。整齊之。使為真率有勇之國民。雖和節雍容。有所不逮。而常德不離。其所得過支那之民遠矣。

第十七節　支那特別之治術

而支那政家所為。尚不止此。彼方合宗教法典儀文習俗四者於一爐而治之。凡此皆民之行誼也。皆民之道德也。總是四者之科條。而一言以括之曰禮。使上下由禮而無違。斯政府之治定。斯政府之功成矣。此其大經也。幼而學之。學於是也。壯而行之。行於是也。教之以一國之師儒。督之以一國之官宰。舉民生所日用常行一切不外於是道。使為上者能得此於其民。斯支那之治為極盛。

復案。吾譯此章。不覺低首下心。而服孟德斯鳩之偉識也。其於吾治也。可謂能見其大者矣。往者湘鄉曾相國有言。古之學者。無所謂經世之術也。學禮焉而已。周禮一經。自體國經野。以至酒漿巫卜。蟲魚夭鳥。各有專官。察其纖悉。杜氏春秋釋例。歎邱明之發凡。仲尼之權衡萬變。大率秉周舊典。故曰「周禮盡在魯矣」。唐杜佑通典。言禮居其大半。得先王經世遺意。宋張子、朱子。益崇闡之。清代巨儒輩出。顧氏以扶植禮教為己任。江慎修纂禮書綱目。洪纖畢舉。而秦氏修五禮通考。自天文地理軍政官制。都萃其中。旁綜九流。細破無內。惜其食貨稍缺。嘗欲集鹽漕賦稅。別為一編。附於秦書之後。非廣己於不可畔岸之域。先聖制禮之體。其無所不賅。固如是也。其為言如此。然則吾國之禮。所混同者。不僅宗教法典儀文習俗而已。實且舉今所謂科學歷史者而兼綜之矣。禮之為事。顧不大耶。然吾獨怪孟德斯鳩生康乾之間。其時海道未大通也。其所見中國載籍。要不外航海傳教諸人所譯考者。顧其言吾治。所見之明。所論之通。乃與近世儒宗。訢合如是。然則西哲之考論事實。覘國觀化。不亦大可驚歎也耶。

夫支那之所以道民齊俗。不外乎禮如此。而是禮也。其所以深入人心。不可復奪者。其故有二。一則以其文字之難也。彼都人士。常耗其畢生大半之精力。從事夫此。蓋惟文字精通。而後有以與乎典籍所傳著作之意。一則以其所載垂者。無形上之事。大抵日用常行之經。民所可得諸耳目踐履之近者。夫耳目踐履之近。其有以呈證於人心者。自較形上玄虛之理。為易易耳。

復案。中國趙宋以前之儒者。其所講者。固不外耳目踐履之近者也。其形上者。往往求之老佛之書。自宋之諸儒。始通二者之郵。大明乎下學上達之情。而以謂性與天道。即見於可得聞之文章。則又痛闢乎二氏之無當。自陸王二子。主張良知。而永嘉經制之學。乃逐物破道。愈為儒教偏宗。非其所尚者矣。顧自今以西學眼藏觀之。則惟宗教。而後有如是之紛爭。至於學界。斷斷不宜有此。然則中國政家。不獨於禮法二者不知辨也。且舉宗教學術而混之矣。吾聞凡物之天演深者。其分殊繁。則別異晳。而淺者反是。此吾國之事又可取為例之證者矣。

顧支那為民上者之治其國也。不以禮而以刑。彼欲民之由禮。而其力不能得。則相與殷然持刑而求之。夫以民之作奸。不率典常。則必屏之人群之外。此於用刑者宜也。然使天下之民。皆濶然喪其常德矣。是徒刑者能有以復之耶。殆不然矣。蓋刑者所以塞禍亂之流。而非所以祛禍亂者也。故使支那之政府而失道。所謂四維。弛而不張。則其國僾然。而革命之期至矣。

第十八節　推論前節所言之效果

支那為國。有絕異者。其國常為人所勝伏。其法典終不為勝者之所更。雖然。如前節言。乃可釋然於其故矣。蓋其國之習俗儀文法典宗教。混然同物。雖有勝家。不能取一切而悉變之也。且二種相入。其一必變者勢也。苟非其所勝。則必其勝者。彼支那則常取其勝己者而變之。勝者之儀文。非彼之習俗也。其習俗。非其法典也。其法典。非其宗教也。故以勝家而漸變於所勝也易。以所勝而忽變於所勝也難。

復案。此節所論。最為吾黨所欲聞者。惜其文詞。頗難索解。今就原文轉譯。或有能通其恉者歟。未可知也。雖然。其理不佞於疇昔他文曾論之矣。夫支那所見勝於他國者。皆北方之族。支那文勝之國也。而勝支那之北族。質勝者也。以質之力。其勝文也易。以質之法。其變文也難。觀於日耳曼峨特羅馬之前事。則所見於西土者。不異東方矣。雖然。此既往之跡耳。自火器興。科學進。而舟車大通。若前之事。不復可見。此亞丹斯密曾論之矣。使支那後此而見勝。其法典將變於勝家者。殆可坐而決之也。

且由此而人倫至不幸之事生焉。蓋基督之景教。欲其行於支那。坐是之故。殆無望也。蓋景教之宗風戒律。宗門有事天不嫁之女貞。教寺有婦人之會禱。而其眾又不能無與教會之宗徒相接。禮拜事神之典。男女均之。懺悔之詞。送終之禮。皆以神甫。而獨聞婦女之言。凡此皆支那民之所諱也。而尤與其俗相忤者。則男女夫妻之匹合。故使景教風行。將支那之法典宗教。掃地而盡。不僅其禮其俗。為不足存也。

復案。孟德斯鳩生於法民革命之前。故言宗教之重如此。假使當一千七百八九十年之間。親見其俗。弁髦國教。吾不知其言又何若也。然至今西士。尚有云東洲教化。必不可以企及西人者。坐不信景教。則不能守死善道。不知何者為真公理。此其言固極可笑。又近者吾於巴黎晤一猶太人。則又問中國有行用景教之說。果有此不。假令如是。是取歐洲所被千餘年之荼毒。至今所極力求去而苦不盡者。踵而行之。其所喪失。寧可計量。二者所言。不同如此。顧斯賓塞嘗論之矣。教者隨群演之淺深為高下。而常有以扶民性之偏。今假景教大行於此土。其能取吾人之缺點而補苴之。殆無疑義。且吾國小民之眾。往往自有生以來。未受一言之德育。一旦有人焉。臨以帝天之神。時為耳提而面命。使知人理之要。存於相愛而不欺。此於教化。豈曰小補。今夫不愧屋漏。誠其意而毋自欺者。中國大人之學也。而彼中篤信宗教之婦人孺子。往往能之。則其說之無邪。可以見矣。至於宗門之盛。往往侵政家之權。為治功之梗。是亦在政府所以容納臨御之者為何如。苟得其術。雖有其利而無其害可也。

夫景教宗風。以人道相親為根本。其為儀文也。事天平等。法會無遮。故其所求於人類在合。而支那禮教之重。在嚴天澤之分。謹內外之防。峻夷夏之辨。故其所成於民德在分。是二者猶旦夜寒暑之不可同而論也。

更取吾前者之說而通觀之。（如第四章之第三節。及本章第十二節。）則知分之為事。最近於專制之精神。知分之出於專制。則知公治立憲之規。與景教之旨為相合矣。

第十九節　支那宗教法典儀文習俗之所以混而不分

支那立法為政者之所圖。有正鵠焉。曰四封寧謐。民物相安而已。彼謂求寧謐而相安矣。則其術無他。必嚴等衰。必設分位。故其教必諦於最早。而始於最近共有之家庭。是以為治之經。莫重於教育。有王者起。必奮其所有之權力以為之。於是禮文儀節。勃然以興。人子之於二親。凡所以事其生。凡所以事其死。皆有所必循。而為人道所最不容已。擗踴哭泣。悽愴君蒿。凡彼之所以嚴其死親者。即彼之重其生親。而後有此也。雖然。彼之所以嚴其死親者。毗於宗教之事也。而彼之所以重其生親者。有法典。有儀文。有習俗。顧支那之聖人。於之數者未暇深辨也。皆曰人子之孝行而已矣。嗚呼。支那孝之為義。貫徹始終。彌綸天地。蓋其所包。實至廣爾。

是故支那孝之為義。不自事親而止也。蓋資於事親。而百行作始。彼惟孝敬其所生。而一切有近於所生表其年德者。將皆為孝敬之所存。則長年也。主人也。官長也。君上也。且從此而有報施之義焉。以其子之孝也。故其親不可以不慈。而長年之於稚幼。主人之於奴婢。君上之於臣民。皆對待而起義。凡此之謂倫理。凡此之謂禮經。倫理禮經。而支那之所以立國者胥在此。

是故物有自吾人觀之。其相繫若甚微者。而自支那之禮教言。其相資若甚重者。則如謂孝弟為不犯上不作亂之本是已。蓋其治天下也。所取法者。原無異於治一家。向使取父母之權力勢分而微之。抑取所以致敬盡孝之繁文而節之。則其因之起於庭闈者。其果將形於君上。蓋君上固作民父母者也。且由是戾氣踵興。為之官宰者。將不恤其民之生計。如子弟矣。而亶聰明。作君作師之元后。亦將陵轢其民。而無丕冒涵育之仁功矣。是故如造穹窿然。去其主石。則主體墜地。今夫子婦之於舅姑。雞鳴而起。櫛縰笄總視膳抑搔。奉席問趾。此自吾黨視之。真復何關人事。而彼中聖賢人。必一一不憚瑣屑。詳其節目。著為禮經。不亦甚為可歎矣乎。顧彼既以家法治天下矣。則上下所以相維之理。必時時深刻於人心。而後有以成其治。如是之儀文。正所以為深刻之事耳。夫豈得已。而姑為如是之繁猥也哉。

復案。民之生也。有蠻夷之社會。有宗法之社會。有軍國之社會。此其階級。循乎天演之淺深。而五洲諸種之所同也。當為宗法社會之時。其必取所以治家者。以治其國。理所必至。勢有固然。民處其時。雖有聖人。要皆囿於所習。故其心知有宗法。而不知有他級之社會。且為至纖至悉之禮制。於以磅礴彌綸。經數千年。其治遂若一成而不可復變也者。何則。其體幹至完。而官用相為揩拄。譬如勢植生物。其形體長成充足之後。雖外緣既遷。其自力不能更為體合。此群學之大例。斯賓塞爾論之詳矣。

第二十節　支那之俗為不可以常理測者

所可怪者。支那之民。其畢生所為。若皆束於禮教矣。顧其俗之欺罔詐偽。乃為大地諸種之尤。此於其國之商賈尤可見。雖曰大道生財。而忠信終以有獲。而求操是業者之不為誑。則終古不可得矣。故入市之人。必自操其衡量。而賈客所用以稱物者。當有三衡。其一過之。所以為取。其一不及。所以為予。而最後乃有真衡。所以待客之不輕信而將為實驗者。其民德之可怪如此。雖然。不佞能言其故。

蓋其國之立法而以求諸其民者。有二物焉。必其民之馴伏而不作亂一也。欲其民之勤力而作苦二也。夫相其國之地利天時。生其土者。非安坐而可得食也。且歲時不齊。其生事常難必。故民之衣食。必勤動無逸而後得之。

使民既服其上矣。而皆有生業之可操。此國家之洪福也。然以得食之艱難。而地利天時之不可恃。民常懷好利貪得之情。而為上者又未嘗立法焉。以為之禁。寇攘刦奪。律之所嚴禁者也。心計之巧。手足之勤。由是得之。上之所深許者也。是故支那之民行。不可以吾歐之民行為比擬也。生於支那。民之所有事者。各恤己私而已矣。誑者以深恤己私而得利。見誑者以疎於防範而受紿。然則誑者固無罪。而見誑者且足戒也。嗚呼。往者斯巴達。常許其民之為竊矣。而支那則縱其民為誑子。是二者皆不可以常理詰也。

復案。吾不知讀此節者。其感情為何若也。將以謂所言過歟。抑以謂十八九得吾實耶。然有絕無可置喙者。則支那民所有事。在各恤其己私。此其所譏呵。真可謂中吾要害者矣。顧孟氏推求此果之原因。則若謂本於稼穡艱難。而天時地利有以使然之故。非篤論也。夫中國處溫帶之中。地利天時。可謂適中而至美。無可議者也。而民所惟私之恤者。法制教化使然。於天地無可歸獄也。夫泰西之俗。凡事之不逾於小已者。可以自繇。非他人所可過問。而一涉社會。則人人皆得而問之。乃中國不然。社會之事。國家之事也。國家之事。惟君若吏得以問之。使民而圖社會之事。斯為不安本分之小人。吏雖中之以危法可也。然則吾儕小人。舍己私之外。又安所恤。且其人既恤己私。而以自營為惟一之義務矣。則心習既成。至於為誑好欺。皆類至之物耳。又何訝焉。

第二十一節 法典之立有宜與禮俗相得者其說何如

然則并法典禮俗為一談者。天下不常之法也。如所立於支那者是已。法典禮俗三者。宜辨晰而不可合者也。雖然宜辨晰而不可合矣。而謂三者之不相涉。則又不通之論矣。

昔唆倫之為雅典立法也。有叩之者曰。君所以錫此民者。固最良之法典歟。則應之曰。唯唯否否不然。自斯民之所能受者言。是固最良之法典也。美哉斯言。世有法家。所宜共明其意者矣。（前語見布魯達奇唆倫列傳。）帝謂猶太之民曰。余錫汝典。厥惟弗良。苟繹其旨。亦曰非帝意所謂良。特施於猶太之族。斯為良耳。夫摩西科律。其中之難言者眾矣。自有前說。而一是有所歸獄已。（前語見舊約法律篇。）

復案。為此說也。必作則垂憲之人。其意識超越群倫。為先覺先知而後有此。向使所立者為公定共立之法。則其中必無此義。亦理之易明者矣。

第二十二節　續申前說

大抵俗之美者。則法近情。民之淳者。則律可簡。柏拉圖言荷拉大曼都所治之民。事神最恪。故其折獄之易。有非常俗之所能者。兩造既集。聽其誓言足矣。他日又曰。藉令所治。非畏神服教之民。其誓言為無可用。必用其誓。惟誓者於獄之彼此。不關利害。而無所容心。或為司法。或為證人。皆可誓也。

復案。近者中國嘗飭有司。更定刑律。乃去凌遲梟示諸極刑。而飭司法之官。無刑訊。此誠聖主如天之仁。身為斯民。所當感激歌頌於無已者。顧言事者。則以刑訊為不可除。除且無以治獄。而寇賊姦宄滋熾。

彼為此議。夫豈不仁。蓋亦有見其不可行。而後言此。夫泰西之所以能無刑訊而情得者。非徒司法折獄之有術。而無情者不得盡其辭也。有辯護之律師。有公聽之助理。抵瑕蹈隙。曲證旁搜。蓋數聽之餘。其獄之情。靡不得者。而吾國治獄。無此具也。又況譸張之民。誓言無用。鶻突之宰。惟勘不明。則舍刑訊。幾無術矣。今夫獄未定而加人以刑。天下至不仁之政也。欲去至不仁之政。而事之難如此。此吾民之所以可哀。而吾化之所以不足道也。且又知善政必全而用之。取其一而遺其餘。即其一不可得也。論者其勿言復刑訊。而言其所以行此無刑訊者。仁者用心。政如是爾。

又案。所謂三權分立。而刑權之法廷無上者。法官裁判曲直時。非國中他權所得侵官而已。然刑權所有事者。論斷曲直。其罪於國家法典。所當何科。如是而止。至於用刑行罰。又係政權之事。非司法之官之職也。吾國行杖監斬。皆刑官為之。此乃立憲政體所無之事。學者審之。

第二十三節　法典以俗之美惡為隆汙

當羅馬舊俗之未漓也。吏盜公帑以自肥者。無專律以待之。已而吏漸漸有盜者。則人人以為極可恥。不深究治。特令盜者自復贓。以為其聲。

已足罰之矣。聞者疑吾言乎。則請觀式解倭之判詞。可以證也。

復案。讀此將曉然於刑罰世重世輕之故。蓋欲防民之惡。而出於刑。此最後而至不得已之術也。而其術又恆不驗。往往蹔驗矣而終不驗。益累而重之。馴至自窮而已矣。民、群蟲也。而善相感。至於不可感。必所習之惡。而以其所行為無足恥者。彼方以所行為無足恥。而其不可行者。惟君若吏所立之法在。而又以謂君若吏之立此法者。以其事之於我利。而於君若吏不利。夫如是。雖日殺人。而彼之伺隙以犯吾法者。猶自若也。西人之知其然也。故其於刑。凡可省者莫不省。而移其急急於刑罰者。以急急於教育。蓋亦謂民之為惡。非其本性樂乎此也。而常由於計短。而事理不明。惟教育深。故雖細民知自重。知自重。故示之以辱。其效深於以刑也。

第二十四節　續申前論

羅馬有承產孤兒。設立保傅之法典。其法典有二。有立其親母為保傅者。有立第二承產之人為保傅者。第二承產者。謂兒不幸而死。則產傳諸其人也。故立遺之頃。使所重在保兒。則立其母。使所重在保產。則立其第二人。大抵民德既衰。保傅之事。例歸其母。而古昔風俗淳美。民主之法。深信其民。往往立第二承產人。為孤兒之保傅。亦有時與母共分其權責也。今若取羅馬之法而思之。將見其事與不佞前言之理。固相合也。蓋造十二章律時。羅馬之風俗固最美。故孤兒保傅。常取最近之親屬。彼且坦然不疑。以謂其人既為最親之屬。而有承產之利益矣。則宜任保傅之勤。初不疑其人。即以第二承產之利。利所保之孤兒之前死也。至於叔世。民德已衰。法於其民。遂不若前此之任信。緣此而保傅之律。不容不改。故凱于與札思直黏改其律曰。立遺之頃。如以第二承產人為難信。而防有加害孤兒之事者。立者於尋常讓襲之事。可立明囑。（尋常讓襲之囑。其文曰。如孤兒某不願襲產者。吾得代襲之某人簽押。）至於應法第二承產之人。載之密書。可勿宣佈。外立年限。必至其時。乃可宣也。（其密書文云。如孤兒某未成丁身死者。吾襲其產。某人簽押。此押俟宣佈日乃可簽也。）律意思患豫防如此。此在羅馬盛時。民且無所容心。而以見疑為大恥深詬者矣。此世風升降。而法從以疎密者也。

第二十五節　再申前論

古羅馬與斯巴尼亞。皆夫婦異財者也。羅馬律載。凡人於其婦有所贈遺。於未婚之前可。於既婚之後不可。此因其時之俗。而有此法者也。蓋羅馬之論婚也。以儉樸謙遜。而既合之後。或以伉儷之溺愛。而所為或至於失中。

威西峨特民族之法。民以資予其所欲昏之女子。不得過己所有者什之一。既昏之第一年。法不得有所贈予。此亦因其時之俗而有此法者也。蓋斯巴尼亞之民奢。而新昏相樂。其賜予尤無度也。

合二法而較之。羅馬之夫婦。好德愈於好色者也。故其情以久而加親。法之所欲扶者。恐民用其情而過也。斯巴尼亞之夫婦。好色而喜新者也。故其愛有初而易歇。法之所欲止者。恐民一用其情而無餘也。

第二十六節　三申前論

地倭多壽與華倫狄粘法典。其中所以為夫妻離異。大抵沿羅馬之故禮俗。譬如夫撻其妻。待以奴婢之賤。則其妻可以去。乃數傳之後。此律已改。蓋此時其夫婦居室之禮。已異於前。所用者東方之俗。而非歐洲之舊矣。故史載札思直黏以國后之貴。乃為宮監所呵。謂將施夏楚之威。如塾師之於童子。此非積威約漸。禮俗陵夷。烏能有此事乎。由斯可見。俗隆則法與俱隆。俗污則法與俱污。雖最良之法。不能見之於呰窳之俗。猶甚苛之法。不能行之於文明之民。此法之緣俗而立者也。雖然。法之既立。

亦自有其左右風俗之效。則請於此篇之卒節。詳而著之。

復案。法以俗為隆污。此其說固然。然而善為治者。未有以法媚俗者也。必將使其民仰跂之。於以收進化之效。又憶呂新吾有言。國家懲一事之失。立不變之法。防一吏之奸。造非常之律。法之不良。無逾此者。夫叔季法令之所以煩苛。大都由此。此君主之法。所以常不及於立憲。立憲之國。最重造律之權。有所變更創垂。必經數十百人之詳議。議定而後呈之國主。而准駁之。此其法之所以無苟且。而下令常如流水之原也。

第二十七節　論風俗民德之陶鑄於法典者

民權為人所奴隸。所習慣者即其奴制也。自由之民族。所習慣者。即其無所屈服也。

不佞於前十一章之六節。已詳論一自由民族之憲法。乃今觀其效果。論其憲法。所以鑄成民質者何如。由民質而蒸成風俗者又何如。（十一章六節所論者。英倫憲法。故此節所論。即其憲法所陶鑄之民德國俗。反復詳盡。法家稱之。）

今夫一國之法典禮俗。其成也。所牽於天繫於地者。至眾也。顧禮俗之成。其左右於法典者。又至切也。

其可見者有二權焉。議法之憲權。與行法之政權也。民皆有所欲為。又皆欲自鳴其獨立。故於是二者。若獨好其一權。夫謂庶民之眾。於是二者。皆知重而不偏。其義心與學識。皆不逮之矣。

以行法之政權。有用人分職之公事。能酬人希望之情。能免人畏懼之意。故常人為政權之所寵者。則常懷效忠感激之私。而其人於彼若無所希望者。則相攻不相得之情。亦恆有矣。

情動於中。莫能自制。為疾惡。為妬娼。為縈情好爵。而爭趨利祿。如是之民。固所恆有。而亦不必為之諱也。假使無之。非遂善也。特如羸病老洫之夫。其忿慾之亡。非其澹定。特黃門稱貞。坐血氣之衰。而波瀾不起耳。烏足尚乎。

黨論之淆。門戶之攻。所常存而不能絕者也。其常存也。以其常不勝之故。

左右兩黨。皆平人也。使其一過強。則以俗之自繇。其一將受其壓制。當此之時。其國民之附於弱黨者必驟眾。此其勢常成於自然。若一身之傾。傾於左者。其手足必右。傾於右者。其手足必左。動乎不自知。而所以相救者至捷。

人人皆自立。而無所屈服。往往用一時之意氣。而出此入彼。方舍其舊而謀其新。無異棄石交而從仇讐也。故如是之國民。其親愛常若不可恃。而相怨亦可以無終。

其國君亦猶是也。向之得罪於其君。乃今為所倚任者有之矣。向之為其所尊寵。乃今被僇辱者有之矣。此若異乎恆情。而其事若可危者。顧彼之為然。實出於不得已。非若他國之君。為其所自擇者矣。

如常情然。每患其所親享之幸福。不可長也。而所謂幸福者。又常變其形體。使受者不自知。（蓋謂所歷禍殃。往往為福祉之實。）至患情既生。則所保持者。常若彌重。故常慮遠憂深。以所居為至危殆。雖有磐石四維之安。而彼不謂爾也。

方或取行政之權而攻之也。其措詞常至激烈。而其所有為之己私。則諱莫如深。必非眾人所能察也。於是悠悠之黨眾。於所居之境地。本不自知其險易。方深信其說而不疑。以謂國果至危而莫之救也。則譁然聳矣。此雖為過。而其國以此。則有以去害而能安。蓋為國者。與其禍至而不知。無寧居安而慮難也。

然而國中之立法權。（謂兼議院。）則為國民所深信。又以選舉之秀。其知識常較顯愚之眾為優。故其力常有以釋群疑、解眾難。使之少安而無躁。

是故其國之制。民權雖重。而常較古之庶建為優。庶建者民主。而民有直接之權力者也。往往以一二人發難。為激切之誥言。眾民蠭起從之。其禍或至於不捄。

然使所張皇聳眾之端。無可指之的物。則雖有危辭。所激動者。不過喧聱訾謗已耳。不至亂也。激動而不至亂。則於國有時而有補。蓋民既聳矣。斯百爾有位。不能以不恪恭。行事發言。皆眾目之所視。群手之所指。又使為上者。取其立國合群之大經大法而蔑之。則其下之群情。常慘澹酷深。而大禍乃不旋踵矣。

於是其國有極可畏之象焉。陰森靜謐。如大颶將興。萬籟忽寂。當此之時。人人謀合至厚之力。以與其上之犯憲者。為反對也。

其次則民之心有所危矣。而其患乃由於外鑠。如敵國之侵陵。民之榮寵樂利。將不可保。則向之果黨分門戶者。為禦外侮。而鬩牆之嫌怨都捐。往往隤然一同。以聽主戰媾和者之號令。

然使其上。蔑常亂紀。犯立憲之大經矣。而於此之時。有鄰權焉。至於其國。則將有革命更置之事。而於憲法。無所更也。於其政制。靡所易也。蓋革命之成於自繇者。政所以鞏自繇之制者也。

故曰自繇之國。有解紛排難之義鄰。奴隸之民。來督責壓制之新主。何以故。使如是之新主。其力足以篡專制之民賊矣。則足以自為專制。且加厲焉。又可知也。

一國之人民。所得安享保持其自繇之幸福者。必其國之忌諱先除。使人人開口見心。得直述其懷來而無畏也。故使非法律所明禁。彼固將取其思想。一一宣之於口。筆之於書。

如是之民。實恆處於沸騰鬱勃之一境。故其心之感情眾。而理想不深。理想為物。澄湛晶瑩。非沸騰鬱勃者之所能遇也。故若居上之人。馭之以術。雖使之奔趨於不己利者。亦易易也。

其民保愛自繇。性命不啻。餘國之號自繇者其名。若國之享自繇也其實。故方群起而衞國土也。雖毀其產業。捐其財賄。置佚樂而事勞苦。皆若甚易而爭趨。且能任至重之征賦。其為重也。雖至暴之專制。有不能以責其民者矣。

復案。吾國之士大夫。於西人之治。既不識其所以然。又不悟其形制性情。與吾國所有者之大異。故見其賦法之重。未有不詫以為奇者。其不知者曰。此夷狄之厲政耳。其知者曰。惟其民之甚富。故任重賦而輕之若此。實則二說皆非。向使其治為專制。抑稍進之而為君主。但使國非公產。而民於其國無所可愛。雖比戶素封。其為賦不能半今日也。彼惟人人視其國為所私。不獨愛其國也。而尤重乎其所載之自繇。故其保持之也。雖性命有不恤。矧乎其身以外之財產耶。是以今世之國。以非立憲。以與立憲者角。即以大蒞小。以眾蒞寡。將萬萬無勝理。何則。不獨愛國之心深淺殊。而臨敵之眾勇怯異也。即軍費之無涯。非立憲之民。又烏從而得之。

且彼之所以輕重賦者。知其重之不得已也。知一時之重。而他日之不重者。將無窮也。抑所收為己之利益者。將倍蓰乎所出也。故至重矣。而出之者若不覺也。向使他國見而效之。將其所致之內憂。危於所欲捍之外患者。且什佰矣。

故其國財力之可恃而有恆。常為天下所深信。其貸者民也。其償之者亦民也。雖所圖之事功。若遠過其國力。然而無所慮也。至於言戰。則所用之財力。以與其敵仇相抗者。至宏極鉅。雖鄰國之所驚。顧彼政府。籌而濟之。未嘗或竭蹶焉。

復案。英國以富而為強者。三四百祀於茲矣。非富而為強者。實以立憲之美。而為強也。惟美。惟法。惟德。莫不強者。而皆立憲而後有此。向者法敗於普。所償軍費。京垓以上。顧不十年悉償。而法且加富。向非民主。能如是乎。己亥英國南非脫蘭斯哇之役。所費亦至不貲。以跨海數萬里。以海軍之國。而爭大陸之利。故勞費如此。然其究也。敵終不支。而英亦未聞以此役而受莫大之損也。至今故相張伯倫。欲行保商加稅之法。而以用自繇商法之久且堅。民猶未從其議也。

所必保其國土者。即以保其自繇也。欲各保其自繇。故爭以私財貸國。民知其國見勝於人。則其財非己有也。斯其愛國保護自繇之意。愈益殷已。

其民之所居者島也。本不重拓土得國之功。蓋以島國而勤遠略。其勢將虛其本而自弱。況其島又甚腴。無待戰勝而後富。又以其民之平等而無所屈服也。故所重者尤在一身之自繇。而一人。（謂國王）之威武。或一眾（謂貴族）之顯榮。皆非所重者矣。

復案。夫謂立憲之國。不勞民以事攻取之遠略。此其說誠有然者。顧言攻人則然。至於自守之般。實過專制。又以此言英。非事實。英之拓國也。於東則有印度澳洲。於西則有北美。是三者之幅員。皆與中國埒。故十九世紀之三島。其富天下莫與京。非此效歟。時至今日。雖以美國之民主。德國之重自守。皆一變故策。而力行帝國主義矣。自繇之國。固不樂於奪人。而天與者又何為而不取。況均勢平權之說。乃今日所最重者耶。故由前之說。使中國知及時而自強。其勢猶可以無恐。由後之說。使終古不化。則其事有難言者矣。

武士軍人。在其國為一業之眾。其能事固有時而足貴。而有時亦以生事而召災。且自國民視之。養兵、國之鉅費也。是故其眾右文。而不若大陸之尚武。

以自繇之完全。法典之寬大。而又無褊狹之故訓。以束縛其民情。遂使其民。樂懋遷之通業。國中所產物材。被以人巧。皆得高價。凡此皆天之所為。非人力也。特其民善用其所得於天者。而發達之至極點耳。

以其國之處於北方。物材既多。民用不盡。而所需之物。非其土之所產者又多。故其與南民交易也。事出於不容已。於是擇其富厚。與其國能交相益者。而通商之條約立焉。

其國極富厚矣。而賦又極重。故中產之家。欲資生而勿勤動。不可得也。往往其民。名為游歷養痾。實則暫去其鄉。以求大利。但使大利所存。雖奴隸之國。無所避也。

國之貿易大通。而民以營業為風氣。可爭利益。多如蝟毛。侵人見侵。為術萬變。故其人心皇皇。惟恐自衞不周。因而受損。忮求之情日甚。見人之得。常以為過多。視己之贏。常以為太少。

其所立之法典。固常中和而樂易也。獨至商律。若航海之條例。則每刻深而不讓。一若所與立約之國。皆仇家也者。

假其國殖民於遠方。其志非為國廣土地也。乃為其民閎懋遷耳。

復案。嗚呼。此英國三百年來。所能大闢土宇。而日以強盛之祕術也。之真因也。夫其理亦至明耳。國得一屬土。非徒得也。欲持而無失。將必有守禦之事焉。守禦又非徒然也。必有財賦。而後集事。使此財而出於本國。是虛根本以實枝葉。非計之得也。此漢之珠崖。所以議棄也。脫無所糜費。而任其自然。是其地終古不興。此清朝昔日之臺灣。與爾時之新疆、西藏、蒙古、東三省也。惟得地以閎懋遷者不然。懋遷者。日盛之事也。日盛故其財賦必盈。盈故能自為其守禦。且治化日開。供求日眾。形勢易固。其本國且以資無窮之利焉。是故古之廣土地者受其累。而今之閎懋遷者蒙其利。此吾國籌邊之人。所未嘗夢見者也。

新立之國。苟有治制。必引用其故國所前行者。常情莫不如是也。故殖民之治制。必與母國同規。以其地之日興。遂若故制利行之所致。而向者篳路襤褸。所啟闢之山林。往往蔚成大國矣。

復案。吾每於租界。察外人之所制立者。而歎其種民之能事為不可及也。即如天津上海間。其所租有之地。往往不敵一鄉鎮。而居留之眾。

至多亦不過數百千人。顧其中制度釐然。自議制行政司法。至於巡警之備。教育之資。綱舉目張。靡所不具。則隱然一敵國矣。且其形常有以坐大。多多益辦。歸斯受之。此其所為可畏者也。回觀吾國之眾。其旅於南洋美洲者亦不少也。顧所立者。除一二廟宇。所以為祀神飲福之地。無可言者矣。是何二民之相異耶。蓋彼國常有地方自治之規。故雖商販小民。皆知所以合群而立治。而吾國自三代至今。所以與其民者。不過鄉射儺賽之事而已。至於政法。非所得立者也。孔子謂觀於鄉。而知王道之易行。使此老而生於今。所言當稍異耳。

嘗得一屬地焉（意指北美。）以其形勢之便。口岸之美。物產之富且多也。其患失之情乃愈切。雖行之以舊之國律。顧其地則藩屬也。是故其民雖若自繇。而國體則為奴隸。

如是之藩屬。以言其民法。非不良也。而轉為國際法之所困。蓋一切法典。皆上國所施行。非其民所自立者。由是其地雖興。不可長久。何則。以其聽命於主人也。

主人之所居。乃甚大有名之島國。且以其航海懋遷。為日久而為數多也。其海權遂從之而坐大。又以其民之崇尚自繇也。其國無城邑。無陸軍。其所以禦侮者。盡於海軍而已。其海軍必軼諸國而上之。而又以諸國之方有事於大陸。而無暇於置海軍也。其海權乃日張而不已。

海權甚張之國。其民必矜。航路四通。自視聲威。無遠弗屆。有欲取者。計日可達。蓋其國權之發皇充周。猶海流矣。

其於外交。勢力尤大。有事則威力為小弱者之所畏。無事則交誼為強大者之所祈。夫以其政府之謀屢易。而國中政黨之紛。是宜無所可畏者也。顧天下常震其一怒之威者。以其有此具耳。

故其國行政之權。於國中固常有變置之處。於國外則常有見重之勢。然使事勢所成。以彼國有執吾歐之牛耳。莅條約。主齊盟。其忠信不欺。恆較他國為可恃。何以知之。蓋以彼憲法之殊。主議大臣所行。必以時質諸國會。雖欲隱匿。不可得也。是非議者之能為公也。不能為不公也。

且彼議者。計之孰爾。使為詭曲之事。他日害見。不能逃其責也。故不獨以利人也。即以利己。亦不若主持直道。最安而足恃也。

其貴族之權力。往者常無藝矣。其王忌而欲有以奪之。則以振興民權為務。以與貴族之權相抗。故當民力方振之先。爵權漸墮之後。貴族卑弱。乃為極也。

其國之始。亦專制之權所壓伏者。雖至於今。其治跡猶有一二存者。

吾黨考而論之。見平世自繇之治。乃以獨治專制為之基。

若夫其國中之宗教。人人固各有信向崇拜之自繇。故其所持守者。出於灼見真知可也。出於輕心妄信不可也。由是其民之視宗教也。或於諸宗。本無所擇。姑從眾焉。取其國教。或於眾信。特立異同。宗門支別。乃以日夥。（以下六七段皆言英國當日宗教之事。）

每有民焉。於一切宗教。無所信向。名守一宗。實非所重。顧非所重矣。而國家欲取易之。則必不可。彼非重所信也。重所主也。彼以謂使吾之宗教向背。乃由政家。將寖假性命身家。不得自主。思想言論。亦非自繇。爾迺憤然。起為難矣。

使諸宗之中。有一宗焉。上欲之民之奉也。乃壓制而驅束之。則此宗必為其民所尤疾者。何以故。民之受一物也。必不能去其所附者以為思。此宗之所附者。奴隸之事也。則雖流涕而告之以宗旨之自繇。必不信矣。

復案。吾國由來不爭宗教。舊有之外。釋迦穆護。雜然並行久矣。景教之入中國。殆先於唐。然其始盡微。至於明而後盛。當彼之時。雖士大夫信而奉之。俗不為忤也。何至於今。而教案日繁。搢紳弗道。蓋彼之所以行之者。條約也。條約得以兵力者也。孟氏謂民受一物。不能去所附以為思。其例可謂至信。

宗教水火。然以自繇仁愛之義。法不得用血肉之刑。雖然。彼造邪說。而用種種之虐。雖過於血肉之刑可也。

教會之眾。所以為時俗之所輕。轉不若平民之見重者。其事勢所緣。常至眾也。而莫大於利益之不平。故其中知道者。謂其眾與社會為分。不若與攻苦食啖之民。均苦樂而與之一體之為得也。然又欲俗眾之尊敬宗門。乃退而自屏於岑寂。篤行自修。塼一心神。以為事天度世之業。

其敝也。往往教侶宗徒。不能保宗教矣。即其身亦不為宗教之所保。修其能事。不過以口舌勸導人而已。所著書論。其行世者。往往為一時所寶貴。所言者。大抵天神示現之事證。與夫上天真宰所以陰騭下民者。

乃國家則禁宗徒之聚議矣。禁其聚議。是教會有不善。且不許其以法自改良也。夫其國既名自繇。乃寧聽教會規則之不修。而不願宗徒自為其改作。是誠莫測其用意者矣。

若夫貴權。乃其治制要素之一。所與他國異者。貴者與賤。多雜處也。蓋尚自繇。故俗平世。雖有巨子大人。其地勢與小民莫相若。其流品固高下相絕。而其身家。則無所異而不可區。

主治之家。夙有勢力。然求其權之必伸。必日就月將。時有新力。為之附益。否則腐矣。故其求人自輔也。樂取有用緩急可倚信之人才。而徒供耳目之好。為左右近娛者。所不貴矣。此其朝廷便嬖。俳優。以文學為貢諂導諛者之所以少也。夫如是之弄臣。皆乘人主之驕昏。以自營其一身之富貴。若某國者。吾知免矣。

復案。道之不明。則恥尚失所。今夫中國之翰林。所謂玉堂之署者。自唐有之。天子取一切猥雜。凡所以供奉其私者。而納諸一曹。毗於賤者也。逮宋之後。稍稍崇優。顧所謂文學侍從。所謂報國文章。極其所為。不外如孟德斯鳩所言。以文學貢諂導諛。為人主弄臣而已。其猶非高尚之物。斷斷如也。然而世爭貴之。父兄以此期其子弟。一若既躋其林。於人道即為造極也者。何其謬歟。若夫武人軍官。能執干戈。以衞社稷。同仇敵愾。視死如歸。此非所謂殺身成仁。舍生取義。男子最貴之業也耶。然而舉國恥之。以其恥之。故吾國惟無賴惡少。而後當兵。而當兵之業。遂若真可恥者。猶向者以其尚之。故吾國俊秀。必期詞林。而詞林之曹。遂若真可尚者。是不謂之恥尚失所得乎。以恥尚之失所。其國乃淪於至弱。又況農工商賈。賢者不居。美術九流。才士所鄙。則其國不特不強也。且以不富。不特不強不富也。且百為簡陋。野邑湫穢。其氣象乃日趨於野蠻。其學術技能。無足道者噫。

故其民之所以取重於時者。非輕婧之技能。虛飾之藝術也。必在乎有實而誠美者。夫民之一身。所有實誠美。而見重於時。特二事耳。其所擁之富有也。其所具之才德也。

其富者所享之饒奢。亦常存乎其實。而不騖於虛。衣食居室。所極講也。賞會微感。所不逮也。彼無所求取於自然。而順受自然之所畀予者。故富者以其饒衍。而享用極豐矣。而於輕浮不久之娛。則無取也。由是所殖者多。而所費者寡。非不費也。無可費者也。則有時而費諸奇詭可詫之端。大抵其民之用心。理想優。而感情絀。故長於裁擇。而短於風趣也。

民所汲汲者。有實可指之利益也。故其國少雍容悅懌之風。夫雍容悅懌。生於暇豫者也。彼方營營然。如舍瓦石者矣。尚安有其暇豫者乎。

羅馬文物最盛時。殆與其專制之霸朝相終始。是知君權絕隆之世。其民有最暇逸者。而文物聲明之事。大抵自暇逸生也。

乃至威儀辭氣之謙讓都雅。亦以此時勝也。蓋其民有畏慎之心。斯發之為虔恪。其與人也。常務為悅。若恐傷之。於是禮文之事勝矣。雖然。吾黨之所以為儀容。而自異於質僿之野蠻者。意當存於德心。不宜徒刻意於其外之文貌也。

大凡一國之民。於治柄皆有所分者。其女子似不宜與男子常共處。蓋惟如是。而後有以養其斂抑之情。尩弱之行。斂抑尩弱。婦德存焉。而國粹賴以保矣。不然。將以男子之恣睢。自繇之狄濫。而女德有不可問者矣。

以其國之水土天時。有以鼓其民喜事之情。增意識之遠也。而其制又使人人於治柄有一分之可操。故國家之思想至盈。而談說常及於國是。每見有人。用其畢世精神。以計畫一宗之事業。自詭求則得之。顧旁觀者。為計其事業之情形。與夫人心險易之不可知。成敗利鈍之難以逆覩。無可操之算者也。而若人顧喜為之。

人之用其心於推籀裁審也。或為之而善。或為之而舛。為自繇之國民。其善舛非所計也。惟各為其推籀裁審焉足矣。蓋惟民知用心。而後其國群與小己之自繇可長保也。

專制之治不然。其善舛亦非所計也。惟有為其推籀裁審。斯大害已。蓋有其推籀裁審。其專制之大本已搖。

復案。商君之治秦也。民有言令不便。與言令便者。皆以為亂化。而遷之於邊城。俄國亞歷山大第三之侵突厥也。民或議其戰之利否。蹶然抵几曰。此何與若等事。若惟有執兵戰耳。是二君者。皆真知專制之本者矣。

世固有為揄揚過實之談。而其意非以悅人也。聊用自快其一時偏宕之情而已。又有人智慧工巧矣。顧不工於攻人。而工於自苦。於耳目所聞見。皆致其鄙夷厭惡之思。雖所遇至隆。極生人所得邀之幸福。然其心猶以為未足。甚者或悁悁而發悲。

復案。此言於當日英人。必有所指。今不可考矣。

以其民於外之無畏也。故舉國皆矜。嗟乎。彼王者之氣矜。亦以於人無所屈伏已耳。然則彼之民庶。乃無異他國之君王。

惟自繇之國民。而後有自矜之實。若他國者。虛憍而已。非矜情也。彼舉國皆矜之民。常群聚而州處。則其矜無所用也。往往與外人遇。轉以羞怯者有之矣。吾黨為之旁觀。每見其羞澀之容。而內之矜情愈著。

一國之民。其性情品質。於所為之文字。尤易見也。其思深。其用意遠。蓋讀其書。無殊論其世矣。

人群處。每懷社會之謗譏。至閒處獨居。於俗之劣行愚情。每思之而發噱。若彼國之民。其諷刺之篇章。常犀利而刻露矣。然求若古之猶文耐爾易。而若荷拉思者乃無一焉。

專制之君主。史氏不能諱其實也。其不能諱。即以言論之不自繇而見。不諱之民主。史氏毋庸諱其實也。其毋庸諱。亦以言論之極自繇而然。雖然。門戶之見。常無由祛。人人皆主其先入之誠心。而己意為之奴隸。此在平等之國。不異專制之霸朝也。

其國之詩人。往往能闢蹊徑開襟獨行矣。而微婉隱約之風。所得於敦厚溫柔者。又其所短也。故於其詩。求密克安遮洛之豪壯激烈易。而求荷拉斐勒之芬芳悱惻難也。

第二十章　論通商法律

第一節　貿易之理

夫貿易之可論眾矣。以吾書體裁言之。每不盡意。如泛舟然。非不欲安流平川。徘徊容與。以盡攬兩岸之景物也。激湍射洪。一瀉千里。勢為之耳。

通商者。所以治囿習拘虛之聖藥也。每見其地民風恢台。則商業必盛。而其地之商業盛者。人心樂易。又可決也。此可視為公例者矣。吾國之俗。其日去僿野而進文明以此。蓋商業既興。異國之俗。若在庭戶。優劣文質。得相觀而互較焉。相觀互較。進化之事出矣。

通商有利有弊。可以開風氣矣。而亦有以漓舊俗。純樸敦龐之美。遇之而亡。柏拉圖言之審矣。雖日進野人於君子。而破觚為圜之可慮。誠難揜者。

第二節　貿易之精神

商通而天下太平。勢必至理固然也。甲乙二國通商。則其利相倚。甲以購貨而利。乙以售之而亦利。蓋惟兩利而俱存。故常互倚而不爭。（此書出於《原富》之前。而其言如是。可謂明識者矣。）

以國與國言。通商所以為合也。以人與人言。交易之結果又異。吾見國民純於貿易精神者。往往舍逐利以外。不知有他物焉。凡人道之所以貴。民德之所以隆。在他所所不以利言者。在彼皆待利而後有事。

商業盛興。其民所最重者公道。公道重。其取予交際必嚴。是故自其一方言之。則以公平而俗無侮奪之事。此其善也。更自其一方言之。則以公平而俗重施報。此其弊也。自重施報。視自營為人理之當然。而利濟親民之義廢矣。

其民不事懋遷。成俗當與是反。往往刦奪公行。如雅理斯多德所著為取財之一術者。雖然。刦奪矣。而慳嗇之情。乃不與之並立。是故好客濟人之雅。不常有於都市之中。而綠林豪客之鄉。反有賓至如歸之樂。撻實圖史言。日耳曼未成國時。有失路遠人。至其地求食乞宿。無論知與不知。有閉門弗納者。則其族惡之。若犯教律也者。接待既已。更為引進他家。他家之愛客亦然。自王國既成。其俗漸變。非其民忽慳也。法不便耳。白爾根邸律二。其一曰。蕃民敢擅引遠客。指示羅馬人屋宅者。有罰。其一曰。蕃民容納不相識遠人。脫其人有罪罰。容納者為分償有差。

自此三者行。其民愛客之情隱矣。

第三節　民之貧窶

民之所以致貧有二。其一苛政深律為之。如是之民。於進步事功固無望也。其貧窶也。以其奴隸也。其一不見可欲。安於簡陋為之。如是之民。奮發有為易耳。其貧窶也。以其自繇也。

第四節　諸制商業不同

商業每緣治制為異。君主之商業。大抵以國俗之奢而後有。雖所通者。亦應民用。而其本旨。則以致瑰貨奇物。以饜其驕奢娛樂。喜新厭故之情。若夫民主之商業。則以生計之殷而有事。其中商賈。知列國之所貴賤有無。常取有餘。以周不足。此如泰爾、加達支、雅典、馬賽、伏羅楞、威匿思、荷蘭諸國之經商。盡若此矣。

如是之經商。其收利常微。而厚實之歸。在持之以恆久。其業之情性。惟民主之商近之。君主之商。其所望常奢。其責訓恆重。其本費已不訾。而耳目習閎麗。則不能事娖娖之業明矣。故曰。生計之商。見於民主。而珍奇之賈。出於王朝也。

故凱克祿曰。既為君上。又兼民業。吾不無見之矣。蓋如是之民。心腦之中。既為其大慮矣。而又斤斤於細微。是固理之反對而不並立者也。凱之意蓋如此。

然而國有生計之商。往往能成生民偉大之事業。其勁氣毅情。為君主國所無有。此其故可略而言也。

蓋經商之業。當相因而發生。始以小販。繼運中貲。浸假乃為駿發之業。始也見小得而可喜。其終乃收厚利而忘疲。

且商業將為莫大之進取。其事當涉於國家。君主之制。其國家為商之所疑。猶之民主之制。其國家為商之所信。是故商業之大進取。其事為君主國之所無。而為民主所恆有。

復案。此有徵之言也。印度之開也。斯巴尼亞最先至。後乃英法相與逐鹿。然而法卒敗而英卒成者。其故無他。如孟氏之言而已。歐美商業公司。其制度之美備。殆無異一民主。此自以生於立憲民主國。取則不遠之故。專制君主之民。本無平等觀念。故公司之制。中國亘古無之。邇者吾國聳於外洋之富厚。推究所由。以謂在多商業。則亦相與為其形似。設商部。立商會。鼓舞其民。使知變計。一若向有大利在前。吾民皆夢然無所見。而必待為上之人。為之發縱指示也者。顧彼西人。則以我為天賦貨殖之民。夫以天賦貨殖之民。而成就不過如是。則其所以然之故。必不在商之能事明矣。嗚呼。吾安得識如孟氏者。與之深論此事也耶。

總之。以民志之先定。其國之理財制產。民無不可恃之虞。斯冒險不避難之民興。而人懷進取之意矣。且如是之民。其赴機立事也。當自詭於必成。若天才亦當可邀也者。前者既獲利矣。乃今將求其益多。彼知厚實之來。皆一已之所安享。而莫之或奪也。

非曰君主之國。必無生計之經商也。顧以其形質言。非所以勸進是業者也。亦非曰民主之商。必不致珍奇之貨物也。顧如是之業。與其法度。實不相謀。

若夫專制之治。其商業愈無可言者矣。嘗謂奴隷國民。其患失之心。當殷於進取。而自繇之眾。當樂於進取。而不必斤斤於保持。此其大經矣。

第五節　生計商業之所以成

馬賽面海立船步。隱然於駭浪驚濤之中。八方之風。皆有屏蔽。以形勢之佳。當為海客帆檣之所集。又以鄰壤磽瘠。其商業欲為侈靡不能。本土產物。所闕者多。非勤致諸外。則弗給也。所交通者。多半化僿野之種。非立公信。其利不可久也。欲其上政理平和。不為苛暴。非馴靜不嚚。不可得也。且所業利微。非習俗儉約。民無由養。蓋其業之可長恃者。即以其得利之不豐耳。故馬賽商業。乃生計之商業。非致珍奇尚侈靡之商業也。

生計商業之興也。有時或緣於暴政。此可察諸事實而見者也。以苛政之威。民或逃諸山澤島嶼之中。苟以求活。歷時既久。往往生計之商業興焉。此如泰爾、威匿思及古荷蘭諸城市。皆以逋逃之藪。而轉為商埠者也。驚魂甫定。要求自存。而所以自存者。大抵皆收諸其外也。

第六節　推廣航路之效

以一國而事生計之商業。其通甲國也。必以乙國之物產為之資。則所得於乙國者。其利雖薄。甚者或無所贏。然而猶願為之。此如昔之荷蘭。舉國之商。皆以通運南北之物產為業。其為此也。吾法酒醴。實為之媒。於此其利即薄。猶勤為之。何則。其所期於通運之後。利固甚大耳。

荷蘭之通有無也。每有貨物。致之自遠。其市價乃與產國之值。相去無幾。此其故非難言也。譬如船歸自遠。需壓載重物。則裝白石矣。需庋貨之材。則用諸種木矣。諸如此品。皆其舟之本有所需。是以及歸而撤之也。但使得價。無減於前。在彼即同於有利。此荷蘭所以坐擁遠方石穴森林之術也。

商業之於人國也。不獨利厚者。為有造也。雖無所利。而亦可為。且有時自一國而言之。雖折閱之業。於民亦有也。吾聞荷蘭捕鯨之業。其收利當不足以更費。然而他業。如造舟。如帆纜。如餱糧。乃視之為興廢。故正業捕鯨。雖不必利。而一舟出海。無數之業。待之而興。國民之益。固自若也。大抵捕鯨之事。如賭鬮焉。每出皆期於得彩。是故前者雖廢。後者踵來。不為沮也。以人類常有僥倖之心。故鬮博終不可廢。雖遠知明識。往往蹈之。方其有所冀幸也。即有危敗之災。愁懼之苦。皆所忽而不見者矣。

復案。孟氏但就商業言之而已。若夫兵謀。則漁業關於海軍甚鉅。猶之鐵冶之業。必為國所保護者。皆此理也。吾國有船政。而當國者如弁髦焉。遑言其他也哉。

第七節　英人商業之精神

英國之商稅關征。方之他邦。可謂無定。蓋其國之政府屢易。故有時前之所重。乃後之所輕。或前之所除。為後之所復。彼方以此著其自主。而無待於外之實。而不知其政之紛。而為商之所不便也。顧其通商也。為一國上下所注目而保持。其所重者本國之法律。而其與外人所定條約。不足以束縛之也。

故他國以商務殉其政策。而英倫以政策殉其商務。政策即從商務而定者也。

今之道國者。有三重焉。曰宗教。曰通商。曰國民之權利。知之至深。視之絕重。行之甚力。寰宇列邦。未有逮英人者矣。

第八節　困商之政

有數國焉。以其政制之異。有與為通商者。則為之法。以困辱之。如商運之貨。必其國之所產者。載貨船隻。必受貨之國所建造者。不然不得入其口岸也。

雖然。彼立困商之法。而自以為得計。欲行之而利。必其國能自致遠方之物而後可耳。不然主之與客。其受損正相等也。是故吾人所通之國。必其自為商國。其責利常平。而法令常與商業相得者。必其所見者遠。而交通多塗。常欲以國產之饒。供諸天下。必其民之以商而富。其受物多。

而其酬之也亦常可恃。必其俗敦崇忠信。通達和平。其交鄰也。志存於兩利。而無取於侵陵。夫而後於商業最利。不然。其國固不足通。蓋彼方日求上人於戎馬疆場之間。欲其立平法寬政。以為交益之資者。固無有矣。

第九節　閉關鎖港之政

為國有不可不慎者。非有大故。不可與人輕絕交通而已。日本之通商也。其於歐獨受荷蘭。於亞則獨受支那。以是之故。支那之商。於日本常獲十倍之利。其至少者。亦倍稱也。荷蘭之商。於彼亦然。蓋無論何國。以其民之必有需於外物也。故行若前之政策。必為壟斷者之所欺。夫物價之所以平。無他。以競爭耳。競爭自繇。而供求相劑。斯百物之平價出矣。

復案。至今法人謂理財之學。以孟氏為開山。觀於此篇之言。有以徵其非阿所好也。

其於入如此。其於出亦然。慎勿擇一二國焉。使獨受吾貨也。波蘭者。產麥國也。其入市。常悉委之於普魯士之丹輯。印度之中。有數王國。所與定約受貨者。盡荷蘭商也。若此所為。必其民之甚貧而後可。蓋甚貧之民。其志聊以求食。勿飢而已。非欲富也。

即不然。則奴隸之民。而為強有力所壓制者也。夫自食其力。享天地自然之利有不能。世安得有民。自損如是者乎。（波陀牙之通印度。先於荷蘭。壟斷之事。波陀牙已行於前。）

第十節　商業所宜之法制

國有生計之通商。不久將有鈔業。鈔業立。則泉幣愈通。且有以救三品之不足。此民之大利也。然使其國為君主。為專制。則其通商也。徒以致珍奇。恣奢侈。雖設鈔業。必有病民。何則。專制之君。左錢財而右威柄。其府庫必取盈。其權力必至盛。夫錢財者致物之具。有之不必兼權力。而威柄者馭物之器。有之亦不必裕錢財者也。使治制既然。則國內之民。舍其君王。且無積聚。藉令有之。未及其盈。已為君上之所奪而據之矣。尚安得有鈔業。以薈萃財幣之眾流。以為蓄洩流通之事也哉。

是故專制之治。其商業無公司。其原因同此。夫公司之義。乃欲私家之財。重固不傾。同諸公帑。專制之國。惟王者之財。乃如是也。即在尋常之國。公司之制亦有不甚宜者。故非局量恢閎。其業非公司則莫克舉者。固不若一聽私家。自繇治業。所享之利。乃尤大耳。

第十一節　續申前說

生計商業。所有事者。大抵在需而不在饒。故其國海稅。量國用之有餘。而蠲以與商。可也。夫生計商業之精神。在上下交勉於節用。故蠲征收。在國者即形其不足。而藏富於民者。常覺其有餘。國之與民。無二致也。君主之下之國。乃不大然。蠲稅與民。於義無取。且課其後效。不過使俗之奢者。益事於奢。向也珍異之貨。奇衺之物。民以賦重。不敢縱情。故雖國用取足於斯。病民猶淺。乃今去之。是上下交相失也。又何取乎。

第十二節　商業自繇

商業自繇。與商民自繇。絕然異義。不可混也。商業自繇者。非曰惟商賈之所欲為。國之人不過問也。果如是。則利商者或轉以病商。故國家以法度約束商賈。非侵奪商業之自繇。夫即在崇拜自繇之國。商賈所不得徑行其意者眾矣。

今夫英倫。非商業自繇國乎。乃羊毛之出國有禁。煤炭之由遠郡至都者。必經海船。馬匹之出國者有罰。而藩屬船舶。操轉運之業者。其食水必取於英倫。凡此皆其商所不得自便者也。乃合而言。於其商業。轉有大便。故曰商業自繇。與商民自繇。不可混而一也。

第十三節　商業自繇於何而失

夫海稅者。與通商同時而有者也。通商之於國也。出其所有餘。受其所不足。利國之事也。海稅者。享有土之權利。而於此集國用焉。亦利國之事也。是故政府。於是二者。宜執中而不偏。務使二者有相得而無相病焉。斯其民享自繇通商之實矣。

不幸有賤丈夫焉。為之牙儈。牙儈出。而商業乃有無窮之苛繞不公。而取之無藝。此商業自繇之所以失。而國病也。且其病之也。豈僅其所取者而已。其所無取。病之愈深。英倫之治海稅也。不以儈而以吏。盡取吾法一切煩苛而去之。其於事也稱給捷。往往莫大之端。以一二言而已辦。故其商賈。無廢時失事之憂。不若吾國之累於牙儈。一受其欺。即倩人焉為之申理。商之所失。乃彌不訾也。

第十四節　貨物設官之商律

英有君民相約之大典。藏諸政府。為其國立憲之首基。大典有云。即當戰時。於外國商家貨物。不得捕捉充公。其執抵者不在此論。美哉大國之所為。其商業之自繇。良有以也。

邇者斯巴尼亞與英。失和而戰。斯巴尼亞新律。有敢以英之貨物闌入境者。厥罪死。而以斯巴尼亞之物產。載往英地者。罪與同科。如是之律。於古無之。必求其同。惟日本耳。此不獨其事之不仁。倍交通之公理。而罪與罰。無比例也。即言律義。亦淆亂龐雜。而無所分。何則。彼以民法之過犯。以入於得罪軍國之科也。

第十五節　拘執商人之律

雅典之律。例不得以民間往來私債。拘執逋者之身。此法唆倫之所立也。考唆倫此法。實受之於埃及。而為寶科歷所立於前。塞穌斯狄所脩明於後者。

夫自民法之大經言。此律固為其最美。顧通商之國。有時不盡循用者。亦自有說。蓋商務既興。貸貣緩急。自所時有。往往以鉅貲付人。訂立期約。不獨有所受也。將亦有所付。使貣者不以時還。其業有立仆之勢。則取其人之身。而拘責之。猶事勢所不得已者耳。故自尋常之通緩急濟有無言之。律禁拘執人宜也。蓋國民之自繇權。

自國家視之。重於私家之財利也。雖然。使商業而既興矣。期約不信。其事不行。於國群將有大損。小己之自繇權。方之又在所屈。是故衡於二者之間。其身固可拘。其自繇固可奪也。

復案。國家立一律令。必裁衡至當。義精仁熟。如此。夫而後有道國與民之效。不然皆茍且之政也。

第十六節　盡善之律

芝泥注為盡善之律焉。凡民逋負未償而身死者。使其子既承父產。不為清償。例不得與民事。亦不得入國會。以是之故。其民謹於償逋。而情相任信。不特小己之信矼也。而社會亦大為人情所倚賴。蓋私家之財。有公帑之重矣。

第十七節　羅支之律（羅支島國居西海。在安息西南）

考羅支民所立法。其責逋者子孫。尚不止此。嬰比力古謂父債子償。雖聲明不承先業。無可免者。夫羅支為民主國。而立法如是。則其用意。起於維持商業可知。顧自我觀之。則維持商業固善。而求用法之公。又宜立為限制。如子既長成。在外營業。其父有債。不宜取其所後得之產業。

以為抵償也。夫經商之家。固曉然於其當躬之責任。而一是進取。宜審其事勢。與當前之財力而為之。

第十八節　裁判商務之法官

芝諾芬著賦稅論。謂督商官吏。有能裁判爭端。案無留牘者。宜加以不次之賞。此其言善矣。蓋今日商務理事官之不善。雖古人亦見之矣。吾嘗謂商業之裁判。不同國法之訟獄。必待文書之繁。而後能辨者也。凡皆日用常行之端。今日既然。明日復爾。故其斷決之也。宜當前了之。非若他事然。動關民人一生之苦樂。而一生之中。其事大抵不數數見者。如婚嫁承襲。一人之身。率不過一二遇而已。

故柏拉圖謂使城邑之內。無河海之通。因之而無商業者。其民法之簡。雖半通商之區可也。蓋地通商。異種之民總至。契約質劑。日以益多。財幣之通。生業之廣。皆非不商之區。所可同日而論也。是以通商都會。其與他所異者。其法官則彌少。而法典則彌多。

第十九節　王者不事商業

氏倭斐盧見其后氏倭多拉有船。滿載珍寶之貨物。立命焚之。曰。予皇帝也。若乃使我為一舟之主人。使我而商。彼窮困之元元。又將烏以為生計乎。若氐倭斐盧者。不謂之聖主不可得矣。雖然。使不侒為氐倭斐盧。將更曰。使皇帝而商。罔市利而盡之。誰將為之限制。立契約而習之。誰將為其法官。使左右而效我之所為。其浚利不且深於我乎。夫民之所以親信君上。而服從之者。以上之公且正也。非以上之富厚而善計也。賦稅頻煩。民亦困矣。乃今又取其生計之塗而奪之。是所為不已甚乎。

第二十節　續申前說

方波陀牙與喀斯狄人之得印度也。其商業大盛。而本國之支店。尤賑無比倫。當國之王。乃擇其肥而一一噬之。以此。其東方之公司不克立而中仆也。

印之部有哥亞者。波陀牙節督假王之所駐也。嘗承制予殷商以特別之利益。商不之信也。以節督之屢易其人。法令至不可恃。而商業乃降衰。為節督者。未嘗謀改良也。又往往破壞其完全無弊者。以畀其後人。已則盡氣竭力。收其旦暮之利而已。雖所從事者至小。猶不顧也。

復案。取右之所言。而加諸吾國之官吏。雖不易一字可也。今夫處叔季之末流。固不得高言不求利。而為中人以下立說。亦不能無恤其私。然求利恤私矣。獨怪吾人往往棄其大且久者。而從事其小且蹔者。智者所為。固如是乎。曩嘗與友朋私論。以為中國民智。雖無足言。然其所以自營。當不至於拙劣。乃今觀之。若其中惟二政策焉。二政策何。曰無後政策。曰短命政策。無後政策者。謀僅及身。而不為子孫留餘地也。短命政策者。快意當前。並不為己身計再往也。豈利令智昏。果如此乎。乃相與嗟歎者久之。友人錢唐夏穗卿曰。是非其智之不足任也。以法之敝。有以逼之。使勿如是而不能也。今夫設然諾。立威信者。就功利言功利。猶東作然。所以竢西成之豐稔也。乃今使甲而治春疇。使乙而課秋壠。甲乙各自為其利害。則烏得不取其當前之可收者而盡之。有為後人計者。後人不汝感也。有為後日計者。後日之事非其事也。由是其政策。皆若無後短命者然。是故求中國之治。非上有聖主不能。蓋自制封建為郡縣以來。二三千年。盡如此矣。若夫歐美諸邦。雖治制不同。實皆有一國之民。為不祧之內主。故其為政也。智慧雖淺，要必以一國為量。而作計動及百年。雖伯理由於公推。議院有其聚散。而精神之貫澈始終則一而已。中國之所恃者。天子耳。生於帷幬。長於阿保。其教育之法至不善。故尊為明聖。而其實則天下之最不更事人也。惟締造之君。發跡閭閻。如漢宣、光武、唐太宗者流。夫而後乃有賴。否則必得宰相重臣。如明之張太岳者。猶可以粗舉。顧無知人之明。而有得人之效。此至不常之事也。則安得不治世少而亂世多乎。

第二十一節　貴族經商

國為獨治之制。而聽其貴族經商者。此反於貿易之精神者也。紇那留謂氏倭多壽曰。使貴族而經商。則於市府最不利。而商賈與齊民交易之利益。將從此而悉亡。

且聽貴族經商者。亦反於君主之精神者也。英國貴族。不禁為商。而王朝之柄日弱。此亦其一原因也。

第二十二節　私議一則

吾國人見他邦貴族可以經商。則以謂宜變法。使吾法貴族亦得為經商之事。不知此非良法也。果其行之。將以毀貴族有餘。而商業無毫末之益。夫吾國見行之法。商者本非貴族。特商而善。則可冀封爵之及己。此甚美之法也。彼曹固望一日得與貴族比肩。而即今又無貴族之勢。以自異於其等倫。道在勤治其本業。以勤治本業而有厚實。厚實既主。則名高隨之。

一國之法。使四民各執所業。畢世不遷。甚至子孫。必業其祖父之所業者。此必專制之國。而後爾耳。蓋專制之民。不容競爭。故其俗遂不能不如是。至於他制。此法無所用也。故或曰。業有必世而後精者。此亹言也。夫人類莫不進取。進取之者。治所業而善。將其地望更進。而有以自異於等流也。

復案。使其國以平等為精神。將執業雖異。而於社會。皆為分功。而不可闕。初無所謂貴賤者也。操術固有巧拙難易。而貴賤不甚相懸。而後諸業皆奮。而其群無廢事。中國重士。以其法之效果。遂令通國之聰明才力。皆趨於為官。百工九流之業。賢者不居。即居之亦未嘗有樂以終身之意。是故其群無醫療。無製造。無建築。無美術。甚至農桑之重。軍旅之不可無。皆為人情所弗歆。而百工日絀。一日其國入於天演之競爭。乃儳然不可以終日。愚謂如孟氏之說。國家宜於民業。一視而齊觀。其有冠倫魁能。則加旌異。旌異以爵不以官。爵如秦漢之封爵。西國之寶星。貴其地望。而不與之以吏職。吏職又一術業。非人人之所能也。如是將朝廷有厲世摩鈍之資。而社會諸業。無偏重之勢。法之最便者也。然此法亦必於立憲之後。乃有可言。使無變今之俗。雖日取國人而教訓之。猶無益也。觀於今日出洋學生。人人所自占。多法律、政治、理財諸科。而醫業、製造、動植諸學。終寥寥焉。而國家所以廣厲學官。動曰培才為朝廷所任使。是上下交相失也。可以見矣。

夫名位可以納貲而得之。彼商賈之家。所勤苦而不辭者。往往為此。或曰。名位所以俟才德有功者。不宜以金錢易也。雖然。此不佞所不敢斷言者也。天下固有國焉。用前術而甚便也。

吾法非貴族而地望略與貴族埒者。有文武之二途。文者如律家。長袍假髯。其尊重介貴族齊民間。雖無貴族之聲光。而權利則具有之。泮奐優游。身名俱泰。其為國司法典者無論已。其次亦享中人之資。入其塗者。欲自表見。舍德行才學無他術也。武功一途。則尤諠赫。家資有益進之機。即使利祿稍微。使其人嗜欲不多。則隨分已足。而轉以問舍求田為恥者有之。有時毀家。以事王室。乃至無以自將。則奉身而退。以讓賢路。而後來者步武前人。每役必奮。亦惡議者之責其不恤王事耳。名利之見。固所不深。即使獲利不豐。而榮譽施身。已訓其意。蓋爵祿弗及。而以所行之忠義。亦自慰而有餘也。凡此諸端。皆吾國之所以為盛。夫使三百載國之聲威進而彌上如此。則其事之非出於天幸。而由於法度之修。殆可決已。

復案。此節末二段。孟氏乃合己之身世與其國之當時事為言。至今蓋未暇考。姑就其文譯之。未窺作者之旨也。

第二十三節　不利通商惟何等國為然

大地之所以為富有。民人之所以為產業。二宗而已。土地也。貨物也。土地謂之靜產。貨物謂之動產。夫一國土地。大抵地著人民之所主也。各國之為法律。每使外至羈民。不樂有其靜產。而地方之所得培養。亦必主人而後能。故土地者。國民之所私。羈民不並享也。惟動產為物不然。若泉布。若鈔幣。若貨物之交易單。若公司之股票。若船舶車輿。總之凡一切可以周流動轉之貨物。以其不著於地。雖謂之宇內公產可也。自動產言。宇內若成於一家。而各國共分其多寡。由是有酌盈劑虛、挹彼注茲之事。此動靜二產性質之大異也。靜者視幅員之廣狹為貧富。易見者也。動者之多寡難計。而國力之饒儉。往往視之。操之彌多。其民彌富。溯所由得。則以地產之多也。實業之興發也。民力之勤動也。格物之日精。而科學新知進也。顧不由人力而出於天幸者。亦常有之。世界各國多貪。其競收動產。常不遺其餘力。脫有貧國。其於宇內之動產。不特不能日益其所本無。乃日亡其所已有者。如是之民。雖名有土地。實無異富國之民之佃丁。終歲勤劬。種植樹藝。而已之積蓄。末由進也。以所操之無具。傈然不能與天下為爭。其國終無由以益富。夫如是。則與為其多通也。無寧為其少易。何則。若然之國。固將以通商而日貧也。

復案。孟氏此節之論。與計學之理。實未盡合。蓋猶是十八世紀以前之故見。後人駁之詳矣。但其辭甚危。其義自淺人觀之。則若甚信。恐讀者之誤。遂謂鎖國之政。雖不益富。猶足救亡。則為害甚矣。究之此節之謬。亦非甚難見者。學者試掩卷致思。將自得之。吾特指其說之不可用而已。

使國之為交易。其所出之內產物少。而所受之外產物多。則進出之差。負者日甚。其所受者日微。馴至赤貧。極於無所受而後止。(此等謬說。《原富》已駁之矣。)

通商之國。其中之金錢。雖忽罄無憂也。浸假其物將自還。何則。彼得其金錢者。皆將取其貨。而於彼有所負者也。惟若前之國則不然。何則。他國於彼。無所負也。

觀於波蘭。可以證吾前說已。夫波蘭之國。於所謂動產。幾於絕無。有者惟穀麥之屬。所登於其土地者。而有是地者。越陌連阡。皆其國之王侯貴族也。貴族虐用其民。盡所出之穀麥而收之。以轉售諸外國。易其奇巧玩好。以恣其耳目口體之奉焉。然則波蘭之民病如此。乃以有通商致然。向使無之。民不若是之困也。蓋無通商。則穀不外流。而王侯之倉箱。將以果萬象之口腹矣。且穀不外流。則貴者無取占田之多。而并兼之風可殺。由是分以與民。未可知也。牛羊毛毳。亦將衣被其民。而罽褐之屬。當不如是之騰貴。夫衣好文繡。器用雕塗。彼貴族之性質固然。使不通商。則無所得於外者。將反而求諸內。然則其國之實業工作進矣。故吾謂使波蘭而絕交通之塗。則其民之生當有豸。而不必漸成於蠻野。蓋欲民之無成於蠻野。國之法律。固易為之防也。（若波蘭之治。雖不通商亦亡。孟氏姑以通商為其民貧國滅之因。此真有所蔽之詖辭也。）

若夫日本。乃大不然。其通商也。受者之無窮。政以為出者之至眾。亦不相衡以為平。無異小邑之課其出入也。惟交通之既廣。則利國之事。亦不可以一二數也。蓋民之用宏取精。而百工之藝事以進。民食其力。能事亦以益張。雖有不期之來。其內力恆有以自助。此誠大國之風。而非小邦所敢望者矣。夫幅員廣。民物豐。固不能常期以儉樸。豫大豐亨。非治象歟。而通商之效。能化饒衍以為有用。而有用者。浸假且為其不可無。此其民所由足於用而驩虞也。（須知孟氏所言者。乃十八世紀以前之日本。顧其所以稱道之者。已若此矣。）

由此觀之。通商之事。於富國利。於貧國損也。其國中百產豐盈者。

與人交通。必無所失。而一切悉仰於外者。乃為憂耳。使閉關而足。雖不閉關而亦可。惟閉關而不給。乃不可以不閉關。

復案。當孟氏成書之日。計學談者蓋寡。故雖明智如作者。尚有故見之封。然吾輩居此學大明之日。而斥指百餘年前之作者。此何異當鐵軌盛行之日。電郵四達之秋。而笑古人傳置之未精。方行之已隘乎。此不獨讀西書為然。即披中籍。尤不可無此意也。

第二十一章　論商務法律與其變易世家之效

第一節　總論

商業隨時世而變遷。然亦有為形氣之所定而不可變者。如地利天時是已。

吾人今日所以與印度以東交易者。大抵載銀而往。古羅馬之與印度通也。歲費塞斯特銀五十兆。此銀如今日然。即以易貨。載之而西。各國與東洲通者。無慮皆然。以銀鋌往。以貨物歸。

雖然。此其事成於天時地利者也。蓋印人之情性。恰與其所以為生者合。是故吾之所珍。非彼之所貴。猶之彼之所貴。非吾之所珍也。以天時之不齊。故我之所出者。於彼為無用。四時炎熇。民多袒裼。其衣被者。取諸國中而有餘。宗教觀念。入之至深。吾之所享飫者。又彼之所諱也。是故其所貿易。舍易中之金銀。殆無可用。吾必出此。而後彼以其產為酬。以其民之儉勤。百昌之蓄盛。若無盡藏焉。歐之古人。嘗著書言印度以東風土矣。顧其政治謠俗禮文。大抵與今所見者。不甚異也。故印之教化。振古如茲。而凡與通者。皆攜金銀以往。載貨物而歸也。

第二節　非洲之商業

非洲建國。大抵瀕海。而其民皆野蠻若半化。嘗揣其所由然。竊以謂起於壤地褊小。而大幕隔絕。不相往來之故。人事無足言者。不特無異術也。實業亦微。然而其土多黃金。天然渾淨。不俟人力。為研鍊淘汰。故歐洲文明之國。與通商則大利。術惟鼓其嗜好。使逐逐於吾之無足貴者。而彼之吾償。恆倍蓰不啻矣。

第三節　南國之民其嗜欲與北國之民大異

吾嘗察於南北二民之間。見天道之所以裒盈益謙者焉。夫南民至足於供者也。而其求蓋寡。北民至不足於供者也。而所求已多。蓋南土至腴。而民之衣食。得少便足。北土極瘠。而民常憂飢寒。此二者所得諸天之懸殊也。顧自人事而觀之。則南方之民。媮生而惰窳。北土之眾。勤奮而趨功。使北人而不勤。則其勢將成於極貧。而狄陋之風見矣。南人雖恆舞酣歌。而以百產之盈。俯拾便足。雖然。自立無倚之風。南人之遜北人遠矣。是故南國多奴隸。何則。彼不爭於治生者。不知貴其自繇也。惟北人不然。知放棄自繇。其勢且無以自救。天既瘠其生矣。非平均為競。以各奮其材力焉。必不逮也。北民非自繇則夷狄耳。彼有所迫而使然也。南人非奴隸則為亂耳。必治化既開。而後免於斯二者。

復案。右之所論。於歐洲誠然。亞不如是也。至於支那。且與所言若相反者。夫吾國固無真自繇。而約略皆奴隸。顧試遊於南北諸省之間。問孰多奴性。孰惰孰勤。孰多遠慮而謹蓋藏。則南北優劣之間。宜所共見而無待辨爭者矣。間嘗深求其故。知其一由於近都而屢振。夫屢振在朝廷以為重畿輔。而闓澤之施。必自近始。不知其適足以害之也。又以近都。故上之勢力尤重。而責其所以盲從馴服者尤深。又況雜以戎羌胡羯之風。垢汙懶賤。習為故常。此五代趙宋以還。古者幽并六郡之風。所以銷磨散亡而不可見也。顧吾國北方。風土中平。尚未至於寒瘠。而鷙忍強立。憂深慮遠之種性。猶有存者。得人焉起而矯之。三十年間。將有以袪其敝俗。而成至貴之種民也。夫豈南人柔脆闒茸之質。所可幾及也哉。

第四節　古今商業相異之要點

世運有升降變遷。而通商之局。亦從而異。如歐洲今時交易之路。大抵由北而南。又以氣候不同。使各國所仰之貨互殊。此可得而實驗者也。

譬如南國之酒醴。常售於北方。此古之日所無有也。是故古昔海船。其言載量。常稱穀麥之多寡。至於今。則稱所載酒醪之噸數矣。

又古歐洲商業。大抵匯萃於地中海之四周。船舶由此口而往彼口。是所通者皆在南也。至於今日。則以地氣相若。物產略齊。其交通之局漸歇。而商業之盛。乃在風土謠俗相異之區。故古之商場。擬今為擅也。

右之所言。若與第一節所論印度之商。理相枘鑿也者。而其實不然。蓋商業固待異而後通。然使所異過多。二俗相絕。其商業亦將不行。何則。民之所需。不相類也。

第五節　相異之他因

戎馬之蹂躪。專制之凶威。皆可使商業由殷賑而成衰歇。故商業猶一物焉。飛行絕迹於大地之中。謹避苛政而親暱自繇。每有地焉。於古之時。不過沙漠斥鹵而已。至於今。乃為輻湊麕集之區。而往昔繁盛之都。以人事之變遷。轉為荒廢之墟野。

戈爾基（在哥加索之南。黑海之東。）者。由今觀之。浩浩乎長林豐草之所生也。其居民之數。又日加少。今日喪地於突厥。明日鬻土於波斯。其所以為自存之術僅如此。而孰知當羅馬盛時。其地有無窮之城郭。

而為宇內一大都會也哉。夫求此於其地之金石陳蹟。恐蕩然罕有存者。而布來尼與斯托拉保之史書。則具在可覆案也。

夫商界之歷史者。人類交通之歷史也。國家治亂之相承。種類強弱之迭起。移徙聚散。凡此皆其至大之原因矣。

第六節　古代遷

亞洲阿敘利亞史載沙彌剌密（阿敘利亞神后。都涅尼威城。當吾戰國之世。）擁貲無窮。其富厚非一世所能致也。則可知其始之侵奪鄰封。猶後日其國之見侵奪矣。

夫商業恢者。其國靡不富。而富厚必成於奢侈。奢侈固病。而百工則常由此精。吾人知當沙彌剌密之世。亞洲工業稱極精矣。此非其國商業恢臺。交通廣遠。烏有是乎。

安息之為帝國也。其商業極張。顧所轉輸。皆珍異奇巧。非布帛菽粟之屬。是故古之商業。大抵先寶貨。其歷史寶貨之歷史也。波斯之華靡。受於墨臺者也。墨臺（在波斯西。裏海南。）之華靡。受於阿敘利亞者也。

自古洎今。安息之經大變者屢矣。往者波斯東北諸部。若伊戛尼亞。

若摩支阿那。若巴格圖里亞。皆富有之城郭。而今日無一存者。至於安息北界。在裏、黑二海之間。故亦繁盛多國邑。乃今為墟。

額拉托沁尼與雅理托布盧二子。由巴脫骨洛所紀。而知五印之諸貨。其入歐者。皆道惡蘇河。而抵滂圖海者。又摩戛斯法樂言。當龐泌征密都理大提之日。諜言商旅由印度歸者。以七日之程。達巴格圖里亞。沿意加盧水。入惡蘇河。用此印度之物。得以度裏海而抵尸盧河之口。由此五日。可達法悉河。法悉河入於黑海者也。阿敘利亞、墨臺、波斯皆古極盛帝國。其與東西諸遠國。能交通無隔礙者。則諸城郭國。為之居間轉輸。故能終達耳。

乃古所常通者。至今皆茀塞不可行。蓋自韃靼種興。安息城郭諸國。為其所侵轢剿絕者。固不少矣。至於今猶病之。惡蘇河今亦不注裏海。以韃靼塞其故道。使移注沙漠中。其所以然之故。殆未易明也。（自注。自埃及多祿米以來。亞西變故至眾。方其時。水之西注裏海者。本至眾也。乃俄國王圖成所載。僅有阿思答拉巴一水。至於今。則並此不見矣。）惡蘇而外。尚有雅札狄斯者。亦注於裏海者也。向為文明野蠻兩種民之天塹。乃今其流域亦移。聞亦韃靼以人力徙之。（自注。愚意阿拉湖。即此水之所成者。）

名王塞盧谷（秦時人。從亞歷山大征波斯者。）嘗欲以人力通裏黑二海。使此舉而成。當於世界之開通有大助。惜其賫志而歿也。顧居今意其為此。必當兩海相隔之地腰。惟此土至今。尚為人跡所罕至。居民鮮少。林木陰森。而水泉則非所乏。蓋高加索諸水皆瀉其地。惟此山高聳於地腰之北部。分二支趨南。如人臂然。計此必為前畫之大沮力。無疑義矣。況其時去今二千二百餘載。機學未興。聞彼時人。且不知為閘操縱水流之法。則其功之難就。固易知耳。

復案。吾每覩古代之鉅功。未嘗不震聳流連。歎古人之志量。為今人所萬萬不克及者也。彼西人無論矣。乃若吾國之神禹秦皇。若漢唐之都會城邑。若隋之官道。若元之運河。雖用意不同。要皆為豪傑之能事。人類稱中三才。而其功有以補天設之不足者。非以其能開通夷平。有以利民生於無已也耶。夫利成事者以機。古人用機。必不逮今之人甚遠。而其事之艱鉅。又常倍蓰於今時。然而猶勤為之。乃今吾國。雖數百里之鐵道。無高山大川為限者。猶相視而莫肯舉。是何度量相越之遠耶。治西學者。每不欲學工程。以學之往往成屠龍之技故。此亦弊之必見於十年以後者也。可慨也夫。

使當日者塞盧谷不死。而其畫果行。則其所以合裏、黑兩海者。其擇地必與後來俄皇大彼得所擇者同也。蓋大彼得之所擇者。正當達奈與和爾加二水並流最狹之隙地。而加斯邊北部。則固古人所未歷者也。

安息諸帝國之通商。其所通者。珍寶瑰異也。而同時希臘、泰爾之通商。其所通者。布帛菽粟也。卜查德著迦南錄。其第一部即歷數希臘之殖民地。大抵皆濱海。且有踰巨靈之峽。西出大西洋。設商步於東岸者焉。(自注。達德蘇、加狄支二步。皆於此時立矣。)

當此之時。航海者無指南之針也。故其行必循岸以進如此。循岸故舟行迂遲。而多危險。如鄂謨詩史載烏烈時戰歸。轉歷海國十餘年。其所經多怪。而文字為世界第一妙詞。為後人所傳誦。

以遠方各國之不相知。故其為生計之懋遷最利。航海者大抵各祕其所通。以長收其利實。夫以智慧多聞之種。交於窾啟僿陋之民。是固宜其利市三倍也已。

古之埃及。其宗教民俗。皆以交通為嫌。故當其時無通商之可論。水土膏腴。民之所需。閉關已足。蓋西方之日本也。民生日用。一切無所待於外求也。

人少猜忌之情。故雖通商。不相侵侮。紅海商業。繞其周之小部。自主為之。但有步岸。即具舟船。如其時之弋圖美亞、敘利亞、猶大。其商船皆至眾也。唆羅門為一世聖主。而舟師所用皆泰理亞人。以其習海也。約瑟甫自謂其民為農眾。於駕海之業。所知甚微。是故猶大之商賈。其往來紅海者。僅以歲時而已。既而取二海口於戈圖美亞。其一曰義洛特。其一曰義將芝勃。由此而猶大航業遂興。逮其後戰敗亡此二口。而其國航路之業亦廢。

獨腓尼加之眾不然。以走海通商。為國命之所託。其所通者。非但珍物異貨已也。即其有航路。亦不因於戰勝而後然。其民材智儉勤。夷險一概。以是而商業大興。亦坐是為各國之所仰給有無而不可屏絕者。

民舊並紅海而居者。其所交通。不出此海。而往往與非洲之內地接焉。洎亞歷山大有東方之役。世然後知有印度。證以其時人情之眙愕。可以證前說之不誣。當此之時。所與印度通者。大抵以金銀往。而挾以歸者。則百貨充牣。而獨無阿堵物也。猶大舟船。其從紅海歸者。則多載黃白。顧所從來則非洲耳。非印度也。

且其時所謂非洲者。殆不過東偏之一部。航海方術。當極幼稚之時。其不能遠越重洋。而必循邊行駛者。殆可決也已。

頗聞舊史言。唆羅門與耶和沙花二代舟師。每出常三年而後反。雖然。此時之延長者。不足以證地之窵遠也。

史家布來尼與斯托拉保皆言。印度紅海。舟制遲重。故彼所須二十日而後達者。用希臘羅馬之舟。得七日而已足。然則以比例言。凡後舟以一年達者。前舟抵彼。必用三年明矣。

雖然。船之速率懸殊者。其走海抵步之遲速需時。與其速率無比例。蓋船遲其周折愈眾。既不能御風憑虛。勢必並山邐迤。曲折出入。每有停泊。必候風色。而後張帆。彼柁師能者。得輕駛之舟。左旋右抽。匪不從志。而拙滯者。方困於重險。日禱祥飆而不能得也。故曰無比例也。

以同一時日。印度舟行之程一。希臘羅馬舟行之程三。是其不同。何必古昔。即今所見。可以知也。蓋印度之所以走海者。桴也。筏也。其豁水至淺。非若希羅二國之舟。所謂艨艟艓舸。成以鐵木者也。

大抵舟制如印度者。類近世所行於淺水者也。如見於威匿思及義大利諸小港者。餘則見諸北方之波羅的與荷蘭之邊郡者。（自注。昔昔里海口及芝蘭海口。皆佳而水深。）以出入口門。與停泊之便。其形制如瓜皮。身寬而底圓。至於他國。多深水港澳。則其制如豆莢。身狹底削。其豁水逾尋丈者有之。以其身狹底削。故其入水深也。雖風不甚順。其所用之針。與風來之向。相去不數度。其行駛自若。而瓜皮圓底者不能。瓜皮圓底。每欲張帆。必俟風從後至。故舟之入水深者。其阻風之時絕少。風入帆腹。雖欲轉舟。而兩舷之水夾持之。舟既狹長。故其柁亦從以得力。雖風來舟往。方向甚近。不退行也。若夫底廣而圓者。其舷入水無多。無多故不能為沮力以夾持。使風從旁來。其舟身已轉。況吹向船頭。斯半步不進。有退飛耳。舟形二制之異如此。此深狹之舟之所以駛。而淺廣者之所以遲遲也。

復案。歐洲舟制。雖汽機未用。已臻極精。其西通二美。東達印度。侵尋而得澳大利亞。以及南洋諸島。皆在明季。皆用帆船。而汽舟則始嘉道間耳。帆船御風。極近乃至四宇。譬如風從北方來。而舟欲往東北若西北者。猶可用也。且如欲往北方。此打頭逆風矣。然猶有戧戧之法。左右互易以斜趨之。猶可以達也。

故舟制不精。其失時之故有二。一、以其常須候風。若方向屢易。則失時愈多。二、以張帆不多。蓋底圓而入水淺。其舟身不得旁水夾沮之力。傾覆甚易。故雖順風。張帆必少。夫時至今日。造舟之術。人類同精。其為術也。常有以濟天設之窮。又有以救古人之失。而二士之間。舟制相越如此。夫使今而如此。則於古昔又何如。

更有進者。印度之船小矣。而希臘羅馬之船。以比吾國之所有者。又懸絕也。夫船小。則其當風波也難。方一颶之來。以吞沒小者有餘。其於大舟。顛簸而已。且二形相比。其體積之相逾數大。其冪積之相逾數小。故小舟之冪積。與其體積。其比率每過於大舟。常法凡舟之載重也。必半於其全體之水容。使其舟容水重八百噸者。其貨載以四百噸為滿。四百噸者。以二百噸為滿。然則前之舟體。於其載重。猶八於四。而後之舟體。於其載重。猶四於二。明矣。今使大舟之冪。於小舟之冪。猶八之於六。則小舟之冪。於其重乃六之於二。而大舟之冪。與其重較。乃八之於四也。由此觀之。是二舟之所以當風浪者冪也。其所以鎮風波者體也。而大舟之所以禦風波而與之相抗者。其能力過於小舟遠矣。

復案。此節論古代懋遷。顧其所稱頗為冗長。至末數段。語及舟制。乃虞姁家最粗之談。而孟氏獨津津不勌如此。亦足徵當時此學之幼稚矣。

第七節　希臘通商

希臘之初民。皆海寇也。宓那思號海王。獨操海權。顧考其世。特較他盜優耳。即其所謂海權者。亦不過指所居本島盈盈一衣帶水耳。浸假勾萌之木。忽成干霄。雅典一都。遂為歐洲文物之初祖。是時海權。乃有遠駕長馭之實。以商則贏。以戰則勝。西亞名王。受其要約。（謂波斯。）而敘利亞、凱布剌思、腓尼西亞之海船皆受制。不敢與衡矣。

雖然。是所謂雅典海權。有特異者。吾聞芝諾芬言。（見雅典民主論。）海者。雅典之所治也。然以阿逖加為國。毗連大陸。往往強於海而弱於陸。方國眾跨海遠征時。北方之眾。得入略之。故其時名酋渠帥。常遷其輜重於海島。而故國土田。則任敵讎之侵掠焉。本非土著之民。故不以患也。至於入海擅舟楫之利。則以海權。其勢常足以制人。而不為人所制云云。此其所言大似言今之英國也。

復案。以島民而擅海權者。未有不為天下之強國也。蓋其國以四海為天設之險。不獨不易受侵也。且不受鄰國交攻之影響。且既為島國。而所居在寒帶以外者。其土地未有不腴。此所以泰西英倫。其國不被外患者。至於今幾及千載。而日本雖以元代之強。不能克也。盎格魯之民族。西殖於米利堅。東蕃於澳大利亞。是二土者。雖皆大陸。顧其中本種原人。皆榛狉至弱不足自存之眾。此其族之所以日益盛大。而其民所享自繇。常較他種優厚者。亦此故也。

雖然。雅典之眾。喜功好大之眾也。其日盛者。非勢力也。乃其廣己自大之心也。日求張其海權。而未必知所以享此權者。其為治也。國之公帑。常民分其利矣。而富厚之家。轉蒙其壓力之厲己。其礦產甚豐。其虜奴甚夥。其海旅如林。其勢力之加於市府者甚厚。而唆倫之立法。又自古稱最良。由是而言。其通商而交於異國者。宜無遠之弗屆矣。然而雅典之眾。固未能也。考其時貿易之所通。大抵不踰希臘之疆域。與夫黑海之濱。然由此已得其大利。不亦異乎。

至於歌林特則異是。歌林特者。又希臘一大都會也。其所居之形勢誠最優。中分兩海。而為卑魯波匿蘇之起訖。方希臘全盛時。其中市府。儼若列邦。此地實輨全希。為之重鎮矣。商業所通。過雅典甚遠。有二步焉。一以受亞洲之灌輸。一以為義大利之匯注。馬烈阿山勢。遠趨海中。以折其下為東西二流風水之所搆會。舟行過此。最為險艱。故走海群舶。以入歌林特為常法。欲入隔山彼水。往往寧負舟越陸以為之。則前海之為畏塗。可以見矣。希臘固多美術。而民巧物華。此為最尚。他市府所不敢比肩也。顧其叔季之俗。則以富而偷。其宗教之荒民尤烈。為廟以祠金星。(案。金星於歐洲為女神。主情愛。)度宮女千人。為守祠之女祝。厥後雅沁尼于撰史。所載婦人名豔。大抵出此祠也。

不佞意當詩史鄂謨爾之時代。(當中國商周間。)希臘最隱賑之國邑。乃在俄洛德思、歌林特、烏爾可明奴三市府間。故斯托拉保言歲星(古希臘以歲星為天帝。)偏愛俄洛德思人。乃使富樂若彼。其稱歌林特也。亦有侈富之辭。又謂烏爾可明奴多金。以與埃及之羝卑相比擬。自茲厥後。俄歌二邑。常為富實之區。而烏爾可明奴則衰歇矣。此其理有可言者。蓋烏爾可明奴地近赫離斯滂及波羅旁狄。由是而通黑海。故其富厚。必由沿海商業而來。此希臘舊記神話。所以有遠取金羢之故實也。又舊說稱其地為仙人明尼夷降生之處。往取金羢之侶。所謂阿爾覺諾者。其子孫也。雖然。此其地勢。於古則然爾。降及中古。海步闢者愈多。皆希臘移民之地。外與未化之種交通。內與根本祖國為聯接。由此烏爾可明奴。遂失其獨擅之形。不數百年夷於眾邑矣。

先於鄂謨之時代。希民之商業。舍其內地與一二蠻野之外夷。無足數者。乃浸假而有殖民之事。於是外屬之幅員日益。其國之商業。亦以日張。夫希臘半島之國也。土壤雖未甚寬。顧亦未可謂狹。海岸壁立。有以障大海之狂瀾。港汊迴環。亦有以受舟航之遙集。今試取希臘之地勢而觀之。則見山海華離。為海線最長之國。島嶼星羅。勢若眾雛之依其母。其祖國之形勢。足控制其殖民諸屬而有餘。蓋此時文明國土之所眾輻共轂者矣。其漸入於昔昔里義大利諸邦也。拓土開藩。儼然新國。其繼入於黑海安息與南非也亦然。其市府之日盛。得遠人之至止而益彰。北辰居所。眾星拱之。形勢之美。天下所無。其為吾歐文物之起點。非偶然也。

嗟乎。希臘先代之民。其所留傳。而為人類所景仰於無窮者眾矣。國之祠宇。則天下王侯之所供養也。節慶華酺。萬國來遊。則若群鱗之趨大壑也。神君書法。遠近禱祈。受而記之。罔敢或斁。而尤為吾人所讚歎者。其一切美術。若宮居刻塑。圖畫文章。皆詣極造微。前無古先。後無來繼。脫有云能勝之者。徒表其人之一無所知而已。嗚呼。彼誠以何因緣。乃有此極盛之果耶。

第八節　亞歷山達與其戰勝之業

自名王亞歷山達興。所以變其時之商局者四事。取泰理之地一也。南勝埃及二也。東征印度三也。而從此通亞南之大海四也。

波斯南境。實暨辛頭之河。且先於亞歷山達。有名王曰達柳思者。嘗置船辛頭。沿流入海。聞且抵紅海之濱。然則謂希民鑿空。始航印度洋者。無乃過歟。豈無波斯之民。導其先路。豈居於此水之濱。目覩洪流。而不知因之以為利。夫亞歷山達戰勝印度。固也。顧謂通商航海之業。必待勝家之雄略而後能。凡此皆不佞此時所欲深論者也。

西至於波斯灣。東盡於辛頭河。北抵於巴羅伯米蘇山。而南訖於亞剌伯海。為波斯帝國之荒服者。阿利安納之壤也。其地之南。為不毛炎熇之沙漠。傳言往古沙彌剌密與凱魯思二軍。實喪於此。而亞烈山達之遠征也。嘗以海旅自隨。意經此之時。其眾不能無大損。沿海之濱。弋子地、倭法支及烏力喜二野族居之。於波斯為棄地。波斯俗諱走海。至今猶然。是由宗教鬼神之說。故其國無航業焉。方達柳思之以舟沿辛頭河入海也。必非有意開通航路。為民道其先驅。蓋自負天眷。見聖天子在位。海若效靈。姑為雄夸而已。故其事無果效。商業航路。兩無裨也。愚人暫離昏闇。往往不久復入其鄉。則達柳思之事是已。

亞歷山達之未東也。故老傳聞。皆言五印之南。為不可居之壤。傳又言沙彌剌密之眾。生還者僅二十人。而凱魯思之眾。生還者不過七人。

亞歷山達之入印度也。從其北方。本計率師東首。嗣以南國多城邑。河流壯闊。乃留先定之。已而果濟。自西境東趨印度。其由陸而達者。既節節為亭障。移其民以實之。至此乃議以海通焉。已乃造舟師於海答斯比。納之辛頭河。沿流方舟。下至海口。置其眾於上流之巴答拉。已則登舟為觀海之役。察沿河之形勢。凡處所之宜開新步設船廠者。悉志之。既返巴答拉。乃分其舟師。遵陸以進。使水陸二軍。相楫柱為聲勢。其餘舟。則循辛頭。緣烏力喜之濱。帶弋子地、倭法支與嘉爾曼耶之壤。而抵波斯。其駐軍也。穿井築城。變弋子地、倭法支食魚不穀之舊俗。蓋欲海濱所居。皆為文物有法度之民。是役也。有聶爾匑、奧尼思吉圖二史為之記。所往返者凡十閱月。及抵壽沙與亞歷山達遇。乃大酺以犒其軍焉。

埃及歷山港者。亦亞歷山達之所營也。營之所以規埃及者。故歷山港為全埃北門之鎖鑰。埃及之前王。所以此閉。亞歷山達。所以此開。當是時。亞歷山達心目之中。無所謂通商航路者也。有之自通印度洋始。

雖然。印度既通。彼於歷山港無新策也。蓋使其國與印交通。固其心之所欲。然通矣。則必取道於埃及。而彼於其地之形勢。猶未盡悉也。東之辛頭。西之奈祿。是二水者。皆彼之所親見者也。而中間泱泱之亞剌伯海。則所未見者矣。考其自印度歸也。大起舟師。以浮於烏廬、泰吉利、優佛勒狄三水之間。波斯人舊沈磯石以阻舟師者。皆為其所蕩去。遊於波斯灣。而知其水之通海。觀其遵海察形勢。一若在印度之所為。建船廠於巴比倫。造樓船者以千計。別開軍港以受之。輦致五百答倫之金於腓尼西亞、敘利亞二國間。廣募習海人。以置諸沿邊之殖民新邑。優佛勒狄、洎阿敘利亞諸水之上。其新建巨功。所經營不遺餘力者。為不少矣。由此言之。彼所以通五印者。乃欲借徑於巴比倫波斯灣。殆無疑義也已。

或曰。亞歷山達蓋嘗有意於亞剌伯矣。使得其境土。殆將都焉。此難信之說也。何則。世有帝王取所未經而一無所知之土而都之者乎。即自今日觀之。使果如或言。其為計且大不便。何則。居亞剌伯則與全國相絕。

失控馭之方故也。觀於後世。凡亞西王者。每有征服。則急去亞刺伯。而他設都焉。可以知其地之非形勢矣。

第九節　繼亞歷山達以後諸王之商業

當亞歷山達之克埃及也。於紅海之界域。且未詳悉。若夫紅海以外之巨浸。西歙非洲。東歕大食。尤未夢見者耳。是以當時之說。謂亞剌伯之南界。不可以舟繞行也。從其東西而下者。皆望洋返。其言曰。往者剛必時之師。嘗欲度大食之北方。而幾全覆。又多祿米嘗遣兵以救塞盧谷於巴比倫。途經沙漠。極生人未有之困難。地炎不得晝行。行必以夜。夫使其地之難行如此。則南服之不可通舟。是可決也。其為說如此。

若夫波斯。如前所云。固不習海。其克埃及也。以其國俗。被所勝者。故埃及之不習海。大較如波斯民。及希臘諸王與之遇也。彼不獨不知駕海。如泰理、弋圖美亞、猶大諸部之民也。乃至紅海小水。亦其所不習者。竊意自涅菩狹弭查攻毀泰理。奪其紅海沿邊諸小部。過是以降。通商航海之業。直為波斯人所忘久矣。

若夫埃及。方其奉波斯。而以己為之屬也。其國不與紅海毗。考其疆索。若建瓴然。依奈祿之兩岸。時至則河水漫之。地狹而長。為東西兩嶺所夾出。數傳之後。與海相忘。故其民之更知有紅海。與東方大浸也。實希臘之主開之耳。

何以和之。蓋希人逆奈祿而上溯。往往獵象於河海之閒地。浸淫以及於海濱。則為置市邑啟土宇焉。其所傳之地名皆希臘。而地之所祠者。亦希臘之神。故決為希人之所為也。

希臘以海國。兼埃及而有之。遂有以張其商業於極點。紅海四周之海口。皆其屬也。而與希臘爭長海上之泰理。及是已亡。而希民又無波斯諱忌走海之惡俗。由是埃及。為天下舟航之所輻輳者。

復案。往讀美人馬翰所著海權論諸書。其言海權。所關於國之盛衰強弱者至重。古今未有能奮海權。而其國不強大者。古希臘羅馬。皆海國也。希臘用蕞爾國。而能與強大波斯抗者以此。韓尼泊引加達支之師。道斯巴尼亞。繞長白山左轉而入羅馬。勢如破竹矣。卒不能制羅馬死命者。坐羅馬有海軍。而韓尼泊無之耳。至於後世。拿破崙竭十餘年之力以圖英。顧事不成。終為所困。亦以舟師。先為英人所覆故也。中間若荷蘭。若波陀牙。若斯巴尼亞方其遞為強國。狎主齊盟。皆當海權極盛之時代。最後甲辰日俄之戰。其始也。以海軍嗚。蓋旅順三鐵甲毀於魚雷。而日本已操必勝之算。乙巳五月。波羅的海旅告熸。而俄國乞和之使出矣。此實證諸歷史。可謂不遁之符者已。吾國開闢以來。國家擁一統無外之規。常置海權於度外。至於今。其敝見矣。自與各國相見以來。失敗原因。莫不坐此。顧議者夢夢。尚持棄海從陸之談。嗟乎。使棄海而從陸。則中國終古為雌。將以建國威。銷敵萌。與外人爭一旦之命者。可決然斷其無此事也。

敘利亞王。以其國南服之通商。悉推之以與埃及。其所勤勤者則北部之交易。取道惡蘇河。與裏海者也。彼意二水。為北溟之支部。方亞歷山達帝之未死。亦艁舟二水間。討其源流。意裏海與黑海通。而惡蘇河注其流於東海。（案。希臘學者如斯托拉保、滂布奴梅拉、布來尼諸人。皆以裏海為北溟之支部。而雅理斯多德、額羅多圖。生於其前。轉謂裏海不通外水。得其真實。）自茲厥後。若塞盧谷。若安狄沃古。皆加意造舟。為探測裏海之事。故古之裏海。乃有二名。其為塞盧谷所測者。曰塞盧思海。而為安狄沃古所得者。則曰安狄沃海也。然其所發明探討者。純在北涯。至於其南。則置不過問。此或緣埃及多祿米之代。紅海已有海軍。視為禁水。或由波斯迷信之俗。以走海為不祥。未可定也。是故波斯南部。向無習海之工。直自亞歷山達奄有其地。而後徐出也。至於埃及諸王。則國有凱布剌思之屬島。又有腓尼西亞與夫安息之濱諸步。此其興航業。握海權。所由甚易也。此誠無事於力征而後得之。但人棄我取。順其民材。與其所喜好者。足矣。

顧吾所竊怪者。彼時之人。必信裏海為通於外浸者何耶。亞歷山達探之於前。繼而敘利亞、巴社、羅馬諸名王。於裏海皆所有事。顧不能取所信者而搖之。雖指示顯明無益也。是可知人道怙誤遂非。古今相若。方其航於南濱也。則以其水為無垠。寖循東西。知有畛矣。然而不以為湖也。而以為澥。蓋古之所探測者。東不逾雅札狄斯。西不越阿爾班尼亞。而裏海北部多淺水。不容舟行。以所未經。遂謂無盡。其於存疑之道。可謂悖矣。

考亞歷山達之用師也。東至於吸班尼思。而吸班尼思者。辛頭最東之支派也。故當日希臘所與印度通者。止於西北一隅而已。後世有塞盧谷者。采入其阻。至於恆河。復由恆河。順流而下。因之而得孟加拉灣焉。是知古今人於地理有絕異者。今人以駕海而得陸。古人以緣陸而得海。是亦世變之林也。

雖有阿波羅多路之前證。而斯托拉保終疑後代希王。足跡所經。無逾於塞盧谷、亞歷山達二帝之所前至者。雖然。其東行之跡。或無過於塞盧谷。至於南陸。則過之矣。巴格圖里亞之王。得錫哲之水矣。而南印馬拉巴諸海口。又其所親經者。故自此所通之航路。又可得而考焉。

據布來尼言。通印度之航路有三者之不同。第一。自西阿各海岬。而抵巴達利拿島。此島正當辛頭河口門者也。此條航路。即亞歷山達舟師所取道者。嗣乃更由直捷之海道。自西阿各海岬。駛抵錫哲河。是河即前者巴克崔亞之王所覓得者矣。顧布來尼所謂更捷者。以時短言耳。非地近之謂也。何以知之。蓋錫哲河既為後王之所覓得。其地必遠於辛頭。特其取此道也。不為繚繞。且風順耳。至於第三航路。則海商之所由。其放洋出海也。在紅海之南端。自迦尼或沃西利之海步。西風司令。東抵穆芝黎。是為西印度之第一都會。由此乃更之他口焉。其所以由紅海南口。揚帆東行。不緣亞剌伯南岸委蛇東北行者。蓋印度洋時至則有信風。號曰⿵風亡⿵風旬。其司令也。常以卯酉二方。故可用之以駛正東正西。遠與赤道平行。以古人航海術粗。故未嘗遠離島岸。獨⿵風亡⿵風旬興有定時。吹有定向。舟子識之。則其用與羅經無異矣。（案。⿵風亡⿵風旬與商風異。商風之吹。通年一向。特赤道南北異。在北者東北。在南者東南。至於⿵風亡⿵風旬。則前半年一向。後半年反之。地上數處不同。如在吾國東海。亦有東北西南二⿵風亡⿵風旬也。⿵風亡⿵風旬音芒旬。）

布來尼又言。海舶大較於每歲仲夏掛颿。向印度行。而以冬至後言旋。此以今日海客之事證之。可謂脗合。印度大海。西起阿非利加。東迄恆河之所注。曰孟加拉澥。汪洋巨浸。其中歲歲有兩颰颮。其一起西吹東。始於八九月。其一反是。始於冬至。然則今人所由非洲東岸。以抵馬拉巴。其往返之海道期日。歷數千年。猶與多祿米之海舶所走者同也。

亞歷山達海旅之出也。由巴荅拉以抵蘇沙。凡七閱月而後達。蓋以七月掛颿。以不知風候。走海於無船敢出之時。正當兩颰颮交代之際。此時風向推遷。陰陽交戰。往往結成颱颶。希旅舟行。於六七八月。又由巴達拉而向蘇沙。勢必中途遇颶。颶定又逢逆風。是以遲而後達。

復案。印度洋風候有定。自西十月至次年六月。皆波平風順。舟行無顛播之苦。七八九三閱月。則颶風司令時。小舟帆船。遇之頗為危險。颶。其字從具者。以其扶搖旋轉。常具八方之風也。而郵船大舟。則亦無慮。西人水手有歌訣云：「六月尚早七月來。八九須防海有颱。十月已過波浪穩。新歲颰颮卻倒迴。」此走海者之所熟也。

布來尼又言。其出以往印度也。於夏末首途。此蓋言由埃及歷山港發軔者。由此而行經紅海。至彼正以及時。掛颿東向。可以得颰颮之助順矣。

不佞於此。所以詳其行海程期者。非無謂也。蓋航海一業。為歐人牢籠天地之功。顧其技術。由粗而精。其漸如此。其始以波斯之達柳思。由辛頭上遊。緣河循濱。遠曁紅海。需時兩年有半。而後克達。其冒險茹辛。可謂至矣。繼而亞歷山達。率其舟師。一循故道。則十閱月而達蘇沙。以三月行河。以七月跨海。其為捷速。不既多歟。自茲以降。愈益精能。其由馬拉巴以趨紅海者。四旬而已。持較兩年有半者。又何如耶。是亦讀史者。所宜留意者也。

復案。今日郵船。每小時可走十四五彌盧者。由歌侖保。以抵伊丁。例不逾七日也。

斯托拉保言。希臘海舶。所由埃及而往印度。罕有至殑伽名水者。故自吸班尼思以東之地理。希人皆不識也。此其言亦過矣。蓋希臘海舶至印。從無於西岸南行東轉者。常法自紅海南口。趁西風之便。以抵馬拉巴。既至下錨。事貿易畢。則候風而回。未聞繞其南隅之哥漠楞。左轉緣東岸可路滿德諸部。而上及恆河者也。古埃及與後羅馬諸王。定制。海舶往印度者。皆以一年往返也。

由是知古希臘羅馬。雖與五印交通。其足跡舟航之所及。以比今人。遜之遠矣。凡吾輩今日所瞭然者。誠古人所未見。吾人所為。豈徒與之通商而已。且彼之商業。有待我而後興。彼之沿海航路。有待我而後達者。

復案。此何必印度。招商輪船局未有之前。若旗昌。若太古。若怡和。皆以外人轉運吾之人貨者也。

雖然。古之商塗。所以交通歐印者。實較今人為便。何則。以今人通印。往往繞非洲之南極。所謂谷德好步者。而復抵馬拉巴、孤芝拉等口也。特今人為此。以南溟諸島。尚有商利之可規。故樂出此。不然。舍近取賒。無是理也。斯托拉保又云。希臘與達布羅辨民通商。亦循是道云。

第十節　非洲之四至

考諸傳記。知未有羅經以前。繞非洲以通海道者凡四次。腓尼西亞王聶古。發使最先。而埃及之優多穌則避其王剌狄魯之怒。而入海為是者也。是二者皆於紅海放舟。而其事以濟。厥後波斯王哲爾思。遣沙塔師比。而加達支王則遣哈奴。皆從巨靈峽（即芝勃羅塔）放舟。乃皆不濟。

蓋欲繞行非洲。以得谷德好步。轉而北行為最要。故若取道紅海。較之取道地中海。而西出巨靈峽者。其速倍之。惟紅海以南。並岸水深。而出巨靈峽者。其並海水淺。欲由此而達谷德好步者。非有羅經之用不能。得羅經而後可離岸放洋。直趨聖德林島。或西趨南美巴支。更折而南可也。以未識羅經之用。故由紅海可回達地中海。而不可由地中海而達紅海也。

以周繞之無從。又回環窵遠。舟之出者。不易得歸。故古與非洲通商者。其東岸則取道紅海。其西岸則取道巨靈峽。限於地勢。人力無如何也。

紅海西偏。即為非洲東岸。自北端之額倫。迤至狄拉。即今所謂巴比爾孟特海門者。通之自希臘諸王主埃及始。從巴比爾孟特而至紅海南端。阿魯馬峯在焉。皆未經舟人行測之水。亞特密多言。埃及人雖識其地。而未知其相距之近遠。所以然者。以其徒由海岸望之。未嘗舟行其地也。

逾阿魯馬。則接大洋。其地愈為古人所未至。此亞特密多與額拉都沁所皆云然者矣。當史家斯托拉保時。羅馬人所知非洲瀕海地者止此。蓋即沃古斯達稱帝時矣。自此之後。又通二海峽。曰荷拉伯同。曰普拉順。此二名以其文義觀之。必為大秦人所命無疑。顧斯托拉保不載之也。以當其世。猶未通也。

地輿家多祿米。生羅馬阿都利弇及安敦辟羽二帝間。而某地輿家。得紅海之廣輪形勢者。生世略後之。然而多祿米之言非洲也。南盡普拉順岬。其南緯十四度有奇。而後人所至不過荷拉伯同。其南緯僅十度左右。吾意後人所指乃實至之區。而多祿米所及雖遠。則未經人跡也。

當是時。居普拉順岬者。為安都魯波法支種人。斯無疑義。所可異者。多祿米為輿地專家。於阿魯馬、荷拉伯同二地之間則甚詳。而自荷拉伯同至普拉順二者之間則甚略。此蓋由當日東印通商極盛。而非洲雖較邇。乃為舟船罕至之區。其得此寥寥數口者。或由陸行。或海船遇風。不期而屆。至於今。非洲四表。凡可維舟口岸。幾於無不周知。而其內地則罕有至者。古之時其事反此。彼固明於其陸。而闇於其水也。

向謂繞達全非。有腓尼西亞王聶古之遺使。與刺狄魯所遣之優多穌。然此二役。當多祿米時。固已目為荒誕難信。蓋多祿米之言地勢也。自大星奴海（自注。恐係支那南海。）以西。有大陸焉。自亞細亞聯阿非利加。至於普拉順岬而地盡。其今所謂印度洋者。於其意為內海。有若一大湖然。蓋當日之通印度。以其北垂。從之左轉東趨。而多祿米意中之大陸。則亙於其南也。

第十一節　非北之加達支與歐南之馬賽爾

加達支之交通律。其所以待羈旅異族者。最可怪。如其律載。非加達支人。而商於薩狄尼亞與巨靈峽之間者。厥罪溺死。即其民法。亦有可駭者。如云凡薩狄尼亞人。不得業耕種。業之者死。凡此皆公法國憲所未曾有者矣。加達支之強也以富。卒之其富也以強。以民主國。為非洲北徼之主人。其國權與地中海相起訖。已乃更推之。以洎大西洋之流域。哈奴者。其國之航海家也。奉其沁涅特之命。以三萬人西出。而布之於巨靈峽與塞爾納之間。塞爾納之去巨靈峽。猶巨靈峽之距加達支。哈奴云爾。蓋其殖民之界。盡於北緯二十五度。在今白燕島南。不過二三度而已。是其舉措。亦非常智所可測也。

哈奴他日。更從塞爾納放舟。欲再略從彼以南地。顧其所著眼者。非大陸也。聞是時遵海瀕而行者凡二十有六日。以糧盡。不得已旋柁。顧考其史。知加達支於此行無所獲也。史家西臘格思言。塞爾納以南海道。不中舟行。多淤淺海藻。自今觀之。其地實多有此。但西臘所言者。乃加達支海賈事。而海賈所難者。哈奴或不以為難。哈奴之出也。具舟六十艘之鼓檝者五十。是可以濟矣。夫事之難易。不可執一端論也。有非勇敢果決。不克有成。有或濟焉。若行其所無事。事之難易。不可執一端論也。

若夫哈奴之役。固古人行事之卓然可傳者矣。其紀載即其所自為者。其言質。無所用其誇誕。蓋偉人自敘所經。往往如是。其諠赫顯榮。而為後之人所感慕者。存乎事實。鋪張揚厲。乞靈於文字間。抑末耳。

即其文辭之質易。亦與其事實相稱。蓋所紀者。有徵之人事。非若海客談瀛之恍惚而怪幻也。若所述之氣候水土。與其民俗行事。至於今求之。猶有徵驗。蓋雖往古。無異於近世舟行者之所詳也。

如其云舟行時。當晝覺大陸中闃然如無人。至夜乃聞絃管聲起四面。往往見野火。大小不一云云。此與今日吾輩所見。殆無少異。蓋其地當晝炎熇。土人輒入深箐中避日。夜乃出海濱。群聚歌舞。其為火者。畏猛獸也。又其人雖蠻夷。而生性酷嗜音樂。聚則以是相娛。

哈奴行紀中。又言所見火山。其意象不減義大利之斐素威也。又云得毛女二。欲攜歸加達支。則寧死不從。故所攜者僅二身之皮革而已。此於當時情事。皆實錄也。

此書所尤足寶貴者。以其為布匿所僅存之古籍。而後之人或視為無稽之談者。則緣羅馬之深惡加達支。雖滅其國。睊睊未已。雖然。吾人於布匿、羅馬二者。實未定孰為可信。今人之多主羅馬者。特以羅馬之為勝家耳。

近世論古之家。有主羅馬先入之說者。如某氏言。使哈奴所傳而信。則當日所開殖民地。何至布來尼之世。已蕩然無孑遺也。嗟乎。使其地而猶有存。乃真可怪耳。夫彼哈奴之所營立於非西之海岸者。非雅典也。非歌林特也。（言其非名都。）方其載加達支之民。而分置之於新步也。擇其耐苦。最便商業者耳。凡所以禦蠻獠拒猛鷙者。度所得為。亦草草耳。乃選焉加達支之國滅矣。加達支滅。故殖民之地。無繼往者。向所散置者。睽居孤立。榛狉之間。而莫為之後餉。則區區者。年月盡矣。抑雖有存。亦將入焉。而與其地之蠻俱化。然則無有孑遺耗者。固其理也。安得以此而疑紀者之誕誇哉。且不但此也。就今有存。此叢莽深林中。誰敢更過而訪其有無者乎。吾聞諸西臘格斯、波里彪諸公。以為加達支之殖民。存者猶不少。夫使其言而信。則是皆哈奴之遺績矣。何則。彼所海岸之殖民。捨加達支而外。無他種也。

向使其國不見滅。而哈奴之所為。更進而不懈。則世界有無盡藏者。將皆為加達支之民之所有。蓋非洲海岸。當北緯四度。東經十五度間。黃金之所產也。向使加達支得之。則所以裨其國者。必大於今日之人之通其地矣。何以知其然耶。以今世已通南美之金銀地。而各國皆受其影響故。向使加達支得之。是宇內之無盡藏。而為其國所獨有。夫豈羅馬所得拊而奪之者哉。

古有言斯巴尼亞之富厚者。其事多怪。雅理斯多德言腓尼西亞人。曾至塔得蘇。見銀之多。以舟載之不盡。其地人雖雜器皿皆以銀。又氐阿多魯言。加達支人於卑利牛山。獲金銀無數。歸時船錨皆以金銀為之。其雄夸如此。雖然。雅里氏亦傳其所聞而已。至於事實。尚待考也。

斯托拉保引波里彪言。羅馬有銀鑛。在比狄斯河上流。開採用四萬人。每日供國課二萬五十都拉馬。積而計之。是歲出五百萬磅也。羅馬人即呼其山為銀山。蓋無異後世之波拓什云。今世銀鑛稱日耳曼之韓諾華。其鑛工所用不及萬。然而所出過之。吾聞羅馬時所開銅鑛不多。而銀鑛亦有限。至於希臘人所識者。僅阿狄數鑛。且其產甚瘠。則無怪聞斯巴尼亞之鑛。而驚其豐富也。

當斯巴尼亞爭襲之戰。有羅約翰侯爵者。以鑛業破家。而以旅寓復業。獻策於法蘭西王。言卑利牛山多鑛。可開採。書中引泰理、加達支、羅馬三朝事為證。王縱使覘之。久之無驗也。又試之。又無驗。

加達支轉運金銀矣。然不棄鉛錫。其取道由高盧南口。以達地中海。加達支欲獨握利權。則遣希美歌於噶什特利遲島。開殖民地。噶什特利遲者。即今之昔司里也。

以嘗由比狄加而達英國也。故人疑加達支人識羅經之用。乃其實不然。彼之為此。必並岸以達無疑。其海將希美歌由比狄斯河。以四閱月而抵英。聞當時有羅馬海舶從之。欲識所經道。希美歌恐彼之得其祕也。則故遇抵而止。即此可知其所由海道之必近山矣。（案。由此見西人競爭海權之概。古今有無數之冒險家。視通一新地猶達仙鄉。然地球一彈丸耳。彼之發達於其上。不亦宜哉。）

古舟舶行海無羅經。顧有時為壯往。足令人疑其有此者。此固無足訝。蓋風日恬美。夜有樞斗可望。晝有日出入亭午可測。即此亦可以辨南北分東西。特雲霧晦冥。則有險不可恃耳。故非常法。

羅馬布匿之為第一戰也。其解仇要約。則羅馬主陸。而加達支主海。故哈奴議約時。聲言羅馬人。不得盥於昔昔里海中。海舶張帆。以某某峯為界。他若昔昔里、薩狄尼亞、阿非利加等處。羅馬人皆不得商於其地。欲為交易。必至加達支都城。其制限之嚴如此。特許互市於其都者。蓋欲束之。使出於一塗。而後便操縱也。

復案。吾讀布匿第二戰紀。韓尼伯持加達支數萬之師。所以必由斯巴尼亞。經高盧。繞長白山。左轉而入義大利者。無海舶為運兵耳。故累勝之餘。終不足以制羅馬之死命。而羅馬以柔御剛。無殊漢高之於項羽。後乃卒滅加達支。後之人論其事者。皆曰以加達支失海權故。且引之以擬拿破侖之圖英。事之無成。所坐與加達支等。顧觀孟德斯鳩此言。則加達支固主海權國也。何與前說牴牾如是。抑其權始盛終衰。而韓之取道西陸。舍徑田紆。與其功之無成。別有他故。姑以存疑。俟他日更考云爾。

初加達支人。與法南馬賽爾人。以爭漁而大戰。既息。則相與為交通。顧馬賽爾工業毗加達支。而權力終不逮。則大忌之。以此而睦於羅馬。方羅馬與加達支戰於西陸也。馬賽之民大利之。以兩戰家皆資彼為轉輸。及加達支、歌林特二國亡。馬賽商業。愈益發舒。夫馬賽以民主而依於羅馬。向使不為內訌。自相屠戮。羅馬不之忌。馬賽之興。亦未可量也。

第十二節　德祿島與名王密都理大提

羅馬之滅希臘市府歌林特也。其中富商皆避地於德祿島。以宗教之盛。其地為神庇。西接義大利。東通安息。為適中之區。蓋自希臘。與非洲北維。均見弱於羅馬。此島為通商要步矣。

希臘之從事殖民最古。波羅旁狄與黑海間。皆希民之市府也。雖在波斯勢力之中。而民享自繇之實。法制一如其舊焉。當亞歷山達之東征也。所夷滅者。皆半化國。於希臘之殖民無擾也。滂圖之王。號諸殖民共主。而諸市府之民法。則聽民自為之。未嘗示專制也。

滂圖（古安息國名。在黑海南）之坐大也。以收希臘諸殖民之市府。密都理大提（滂圖名王。興於西漢元成間。）興於旁近國。屢有徵發。雖累挫衄。而軍容不衰。海船衝車。有希臘名工。為之製造。接合諸鄰。有不從者。則賄致之。歐夏諸夷。皆其所惠養者。以此得轉戰頻年。士盡精練。其臨陳利器。與夫列陳進退之法。皆得之於羅馬。編立專伍。以待降人。是故其兵可敗而不可亡。向使其國之王。席強盛餘業。守成和眾。無取其先君所辛苦而僅立者而破壞之。將其國巋然久存可耳。

當此之時。羅馬處極隆之運會。斐立白、安狄沃古、白索斯諸公。更仆迭起。以與羅馬爭東陲之權力。而羅馬一一芟夷之。夫固已外患悉平。而所憂僅內訌矣。乃密都理大提蹶然崛興。以與爭一旦之命於亞陸。二家相為勁敵。形勢之利。一彼一此。希臘、安息之間。流血橫尸。亙數千里。蓋自古有兵戰以來。未有如是之烈也。德祿以彈丸海島。而當其衝。商務掃地殆盡。嗚呼。民且靡遺。矧其所操之生計也。

不佞向為羅馬興盛衰亡記。嘗取其政策而論之。蓋彼直以破壞為主義。不僅求為勝家而止。是故於前則殘非北之加達支。於後則夷希臘之歌林特。二者皆通商極繁都會也。若彼所為。非取世界而并吞之。將所為適以自滅。惟滂圖之君不然。故既取希臘諸殖民地。與黑海諸部而主之矣。

則愛惜保全。不復摧毀。何者。彼將以此為大業之基故也。

第十三節　羅馬走海之長技

古之海戰與陸異。故其教卒也亦殊。羅馬立國以陸軍。故其視陸軍最重。其教卒也。據地而山立。敵至不違。必死其所。以是為勇。此軍志也。若夫海戰則不然。見利則進。遇害斯避。分合變化。以勝為期。故其事尚巧。而力次之。雖然。此在希臘之眾。已非其所長矣。至於羅馬。彌不逮也。

是故民之見選為海卒者。必於其次而不任戎行者。此羅馬海旅之所以多復奴也。

至於爾時。事異情變矣。陸軍不見所獨推。而海戰亦為所不忽。蓋自羅馬以來。陸戰之事。未嘗比古而加精。海軍之重。則方古為日進。則以能者之當即此而去彼故也。業之尊重。因之亦移。即此可以觀世變也。

第十四節　羅馬經商之能事

夫羅馬者。長於統馭。以兵立國。而非經商之民也。故其於商利也。若無所爭。方其攻加達支也。惡其匹敵。非惡其爭商利也。且有時於異族通商之市府。有厚賣焉。如以地與馬賽爾。而其族且因以強盛矣。嘗求其故。蓋羅馬之所畏者。北族之強很。而雍容商賈之民族。非其所忌。是故總羅馬之能事。與其所心慕之榮華。所身受之教訓。乃至其所以治理之政猷。皆非使其民為經商逐利者矣。

其市府上國之民。所以日勞其生而有事者。曰習戰鬭也。議選舉也。分朋黨也。爭訟獄也。其在野之民。所孳孳者。事稼穡也。若夫邊鄰都邑之間。其政府例嚴酷而任法。凡此皆非輔相商業之事。明矣。

羅馬有國律。有交涉律。而二者於保商之意皆微。特國律以如交涉律之已甚耳。其法典家彭逢牛有言。彼民於吾黨。非親戚也，無杯酒乾餱之恩。無盟約扶持之誼。特非寇讎耳。國產吾有也。入彼之手。則為之主人。平民吾民也。彼挾其財。則為之奴隸。然則彼民之於吾黨。其地位正匹敵耳。

復案。讀王介甫度支副使廳壁題名記。中謂吏不良。法不善。則財莫理。財莫理。則賤人私取與之勢。以與人主爭黔首。云云。是名理財。實以禁制天下之發財。既禁發財。而又望天下之給足。而安吾政。所謂多所牴牾者也。

其民法之狹烈不減此。如康士但丁律。載婚嫁不以其等者。所生為天生子矣。而婦人列肆。以雜零貨物與奴婢往來。及開旅館。設戲場。當壚買藝。交於犯法責鬪圈中諸男子者。皆以賤論。此其法所由來舊矣。

或曰。商賈之業。大利國家。古之民宜知之審矣。且法不行者。交易之路不通。而羅馬法行之國也。夫如是。則羅馬之民。必重且奮於商業。此其言不佞所耳熟者。雖然。苟求其實。則羅馬之俗。固以商賈為汙處。而以之勞心紆慮者。殊寥寥也。

第十五節　羅馬與異族之通商

羅馬之主盛也。其版圖彊索。跨歐亞非。其所以能為是者。以其民權之薄弱。與法令之重酷也。欲金甌之無玷。則懼與外族為通。何者。恐異族之得其兵機。而轉用之於羅馬也。由此。乃并其富民之塗而塞之。則邊關之禁。蝟毛起矣。華連思與孤拉地安之令曰。民不得以膏酒及他漿醪。致夷狄諸半化國。而華連狄粘、孤拉地安、與氐阿脩更著令曰。民不得以黃金闌出邊塞。假使夷狄有金。則務以術取之。使無能有。云云。至於鐵。其禁令尤嚴。犯者罪至大辟。

多美地安皇帝。尤闇怯。嘗令高廬部。盡拔所種蒲桃。以其足造酒。而為北狄所嗜飲故。直至後代。波羅菩與尤利安二帝。始除其禁。以二人不畏北狄之來也。

及羅馬之衰。而北族轉盛也。嘗責令開關。指定城邑為互市。然即此可見羅馬氏之不重商業。而賤惡之。不然。互市之事。烏待相強乎。

復案。由此言之。古歐洲之有羅馬。殆無殊吾亞之有支那。故國俗之同如是。雖然。羅馬分裂久矣。而中國北自龍庭。南接交趾。所猶為一家者。非猶地勢使然也。種族齊一。其一大因也。而北族之強健自立性質。又不逮於日耳曼。故能有此果也。

第十六節　羅馬與亞剌伯印度之通商

羅馬之東南。有大國曰大食（即亞剌伯）。更東逾海曰印度。二土者。羅馬所獨通之國也。當是時。大食擅山海之利。所售者多。所市者寡。由是羅馬之黃白。赴彼如赴壑焉。沃古斯達之為帝。廉其實。心豔之。則定策與和親。不成。乃寇之。於是遣其臣曰噶魯者。取道埃及使於其國。噶魯既入大食境。偵其富饒。而人民契需媮樂。喜平和。無遠慮。而怯兵戰。則狡焉思逞。發兵與戰。圍其城邑。所傷亡者不過七人。幾得志矣。顧以譯導者之謾。采入甚遠。氣候熇蒸。轉餉難繼。軍中不和。所為無律。竟覆其旅。無一還者。

沃古斯達乃泯其野心。與大食平。約為互市。羅馬具金銀以易物貨。蓋至於今。吾歐交於大食。其商業猶如此。亞勒波之駝綱。蘇爾士之船舶。歲所運致之金銀。猶無算也。（自注。亞勒波駝綱所運往亞剌伯金銀。歲約值二兆鎊。其闌入者不計。船舶所載往者。與此數同。）

大食者。天生商賈之民也。而非以為戰。顧自其國。近與巴社。遠與羅馬交通。則皆隸之而為副。是故其民。於噶魯來使之日。則商業興。得穆護默德則武烈競。倡設新教。響應景從。遂以戰勝攻取。為回部立不拔之基焉。

羅馬印度二大國之間。古日之通商極盛。斯托拉保言。埃及一部所用商舶。計一百二十艘。而皆以金銀易地產。統計羅馬所出。歲不下五千萬塞士德斯。而布來尼亦云。大食物產。至羅馬者。有倍稱之利。吾意此言。特其大經而已。夫使商業利厚如此。則風聲所播。民必爭趨。而商利必日平矣。

雖然。通商盛矣。而問互市之局。於羅馬為利為損。則又可論也。羅馬之收東貨也。必以金銀。而當此時。又不若今世然。有群洲之鑛產。以資挹注於無窮也。羅馬末流。圜法日腐。意即緣金銀珍罕之故。而金銀所由珍罕者。坐印度漏巵耳。故雖大食物貨。其運售京師有倍稱之利。然如此之利。乃以羅馬人。而取之羅馬。自社會言。未見其有利益也。顧使自其一方面而觀之。則以有此通商之故。羅馬之船舶日增。其海權日闢。一也。異方貨物棣通。內國之往來加密。獎進美術。惠養實業。二也。養民之業既多。則生齒以庶。三也。俗益侈富。其於民主不利。而於君主最宜。其理不佞前證之矣。故羅馬商業加盛之秋。即其民主更制之日。而民習豪華之俗。若非此則不可以生者。天道好還。物理往復。羅馬曩者。以兵力收天下之菁英。乃今散之以侈靡。揆之人意。誰曰不宜。

吾聞斯托拉保言。羅馬商於印度。較之埃及故王所為。實增倍蓰。此人事之可怪者也。蓋羅馬所重非商。而埃及去印為近。顧何以前之為市。反盛於後。此其所以然之故。宜特詳也。

考埃及之由海而通印度也。實後亞歷山達之東征。當此時。敘利亞王奄有東部。斗入印之北疆。是以歐亞互市之場。彼實握之。此即前第六節之所及者。其運道水陸交通。自得馬基頓新設殖民市府於其間。而其事乃尤便。自此之後。歐洲通印。大抵不出埃及、敘利亞二塗。嗣敘利亞國土分析。茇克崔安那新國。崛起其中。而交通之塗如故。又史家瑪利奴言馬基頓商。更通新道數處。為前此商旅軍人所未經者。其道自彼得臺直至疏羅。遠通支那之東北。夫以經商徒旅。其開道鑿空。至於如是之窵遠。此其偉圖。良足驚歎。故當敘利亞、芟克崔安那二國時。亞洲物貨通歐。於南則由印之辛頭河。稍北乃道惡水與裏海等。而東北諸路。大抵經疏羅、彼得臺等處。直接優佛勒狄水矣。即今觀之。其通塗蓋循北緯四十度之平行圜。經支那古西域諸國。而其地民物文明。意且勝今日之所見者。何者。以其未被韃靼之腥風也。

然而敘利亞則推廣商道於陸。日以滋遠矣。而埃及之航海舊塗。則未見其隆盛也。

俄而巴社興於亞西。為一統之大國。而埃及則折而入於羅馬。蓋當羅馬極盛。而其幅員最廣遠時也。兩大國鄰。必相疑之勢。疑則兵戰興。且其戰也。非僅求拓疆域而已。乃相扼為存亡也。或得沙漠為甌脫。居二境間。而兩國各以重兵戍其界。夫兵商常相妨。由是而交通之途梗矣。又況異族各逞雄心。並深忌嫉。宗教不同。種族迥別。一切謠俗性情之異。皆所以使之相暌日遠者乎。夫如是。故東西商旅交通。向之不以一塗者。乃今東之以歸於一。而埃及之歷山港。遂為二洲之都會。輻湊川交。肩摩轂擊者矣。

至於所運行以通於內國者。可一言盡也。當是時所運致於羅馬者。以穀麥民食為多。故其商政。實關國計。非尋常服賈。所可並論。而當日水手舟工。亦高特別之利。蓋食為民天。而豐嗇視彼曹操業之勤惰故耳。

第十七節　西羅馬破後之通商

夫羅馬以文明國民。而見亡於北虜。此在人道。其為不幸非一端。而商業不通。則其一也。夷狄之性。始以行貨懋遷。為特便於掠奪。及其既破人國也。則視之如農工然。曰此固亡國人民之一業耳。

故羅馬之亡也。商賈之業。掃地而盡。所謂貴族。一國之事。幾盡歸其所主持。顧於此業。莫有顧恤之者。

維司峨特之法典。國民雖以私家。可以占江河之半面而有之。其餘半則以容網罟。通舟船焉。由此觀之。知當日轉運交通。必其至少。不然。安得有此法乎。

尤可歎者。其業產充公之律。與其視外來船舶之淪覆於其水者。蓋其人之意。以謂外國之人。與彼無群法公理之維繫。是以雖遇禍災。彼所以待之者。固無所用其天理。亦無所用其哀矜也。

復案。此泰東教化。最為弱點者也。西之教。曰愛仇。曰宥人之罪。祈天宥我。東之教。曰以直報怨。曰復九世之仇。春秋韙之。以所習之如是。故每聞兼愛之說。則以為非人情。雖以孟子之賢。且訾其無父。夫所謂無父者。非真無父也。特不設差等於其間。待其父猶眾人焉。曰無父耳。然不知仁心之用。發於至性之自然。非審顧衡量。而後為施。果然。則乍見孺子之入井者。必訊其父之為何如人。而後可以施匍匐之救。則所謂惻隱之端。所存不其寡歟。夫人類徧於大地之五洲。而人人有其所同得於天者。為相感召。由此而愛力生焉。此老子所謂常也。故其言曰。知常容。容乃公。公乃王。王乃天。天乃道。嗚呼。使人道必以仁為善長。則兼愛之說。必不可攻。兼愛者不二本。孟軻氏之說。乃真二本耳。

又案。說之違真理者。則常至於牴牾。夫橫渠西銘之道。兼愛也。墨道也。而程朱黨與孟子之說背馳。則必以為非墨。夫孟子固聖賢人。而以云其學說。則未安者眾矣。程朱又安能盡護之。吾國之論人也。善則無不善。惡則無不惡。而不知形氣之中。固無此物。莫不二者相參。而率有多寡。孟子亦人耳。雖賢聖。又安得無過言哉。必並其過者而守之。此吾學之所以無進步。而其敝常見於末流也。

天之所以處水族者。其為地原至狹。故其視天下之民。無所往而非異類焉。其生事至觳。故其視天下之富。無所遇而非可歆者。方其未為勝種也。離離然散居北海之濱。北海。(謂波羅的)者。又天下之最小海也。

群石業業。而彼之所以養生送死者。亦取諸群石之間而已矣。（案。海有石。往往碎人船。水族乘便為掠奪。故孟氏云爾。）

若夫羅馬之民族。則顯庸創制。作法垂統之民族也。凡所釐定。至於今由之。但觀其所以待覆舟於其水者。方之水族。其文野仁殘。相去遠矣。海濱居民。法不得取漂流船貨。犯者有罰。至掠避風之船。尤所禁也。

復案。景教最禁乘人危而為己利。遇險忘己相援。尤相矜為高行。不問同種與異族也。英國寶星多品。其最貴者曰維多利亞十字。已故君王后之所制也。臨敵衝鋒陷陣。著奇功瑰節。而後得之。然不多覯。獨平日冒險救人。本於仁心。事跡眾著。則往往得之。憶道光間。姚公石甫觀察臺灣。有波陀牙船遭風入淡水港。當是時。尊攘之風甚盛。居民掠焚其舟。拘其眾。姚不加察。以獲醜入告。朝廷以異數酬庸。及廣州議和約。西人以此事并案。有煩言。使者琦善疏其事。與前奏絕異。奉旨逮問。張亨甫方家居。聞之。徒步七千里。入都謀營救。道死楊椒山祠。天下氣節之士。咸是石甫、亨甫而訾琦善。

第十八節　特別法典一則

維司峨特法不重商如此。然有特別法典一則。則所以惠遠人者也。其法謂異國羈旅。有爭訟者。得用其本國之士師法典。亭其獄。案此律於當日雜居人民。行用已久。其旨謂。凡民僅能受所自立法典所約束也。此俗是非利害。不佞當於後此。更詳論之。

復案。此法其義至精。顧其實行。則歐洲古容有之。而至於今。不可見已。且使有之。亦與吾國今所謂治外法權者大異。蓋雜居商旅。其享此利益者。地主人之所予也。而吾國之治外法權。所不能不予者也。苟出於吾所發心而自予。雖戴人以為君。未為奴隸也。苟出於不能不予。雖受人以為臣。其於自主者幾何。故此事關於主權甚大。不佞當於再見時更論之。

第十九節　東羅馬季世之通商

回部崛興。破敵滅國。拓地萬里。已而散處諸洲間。埃及舊邦。奄於新主。乃大開印度商場。牢攏東方百貨。以誘致天下。握其利權。當此之時。君埃及者。皆卓犖英鷙之沙爾丹也。十字軍憑迷信之力。所向無前。幾不知世間有艱險事。回部用堅毅之力。始終與之相持。而十字軍卒無功。凡此皆歷史中。所可考見者也。

第二十節　歐洲以商務開通其理何若

雅理斯多德哲學。獨出冠時。其學力自東徂西。為深思好學者所寶貴。故言政治物理。舍雅理氏靡所折衷。蓋黑暗時代。孤明獨炳之慧鐙也。顧篤信其說。時或太過。則見諸人事。輒為古人所愚。即如貣貸子錢之說。雖新約福音。未以為害。雅里獨鄙夷之。以為賤丈夫之業。由是風氣所播懋遷之業。相視愈污。其始猶賤者居之。繼則操其業者。必無行誼之尤。乃弗去也。夫其事為國律之所困辱。雖人事所不可無。躬行之者。必為社會之所羞。明矣。

夫日中之市。以所有。易所無。天下極公平之業也。乃自有前之說。遂使奮貨殖之業者。必出於無榮譽之國民而後可。蓋彼視其業。猶之以財假人。責報無藝。壟斷罔利。聚斂厚征。舉凡以非理取財。惟商業以逐利資故。其所行無攸異也。

猶大自失國以還。為諸歐所不齒。無已則以貸財為業。所得雖豐。而無如王公貴族之橫奪何也。顧此所為。民人雖以為快。而於貧困。無毫末之益也。

欲知其時之事。但舉所見於英國者。足以類推已。英王約翰。常囚諸猶大人而奪其財。有忤恚者。輒取其一目。又有一猶大人見拘。日拔其一齒。至第八日。猶大人不勝痛。乃獻一萬馬克於王。其所為之無道如此。顯理第三之世。有芮克郡之猶大人曰雅郎。王自索白金一萬四千馬克。而為其后索一萬焉。夫貴族貪惏。徵求無已。彼時之俗。大似今日之波蘭。特波蘭猶有所設辭。其為術蓋緩。不若當日之徒酷狠慘急而已。王公貴族。恨不盡取其民之囊橐而傾之。顧有不然。則以國民權利。載在盟府之故。而猶大非國民也。則刀鋸三木。何施而不可。

復案。國民權利。載在盟府。此列邦立憲之大義始基也。而吾國亦有之乎。曰有之。春秋昭十八年。晉為伯主。韓起聘鄭請環。而子產告之曰。先君桓公。與商人皆出自周。庸次比耦。以艾殺此地。斬之蓬蒿藜藿。而共處之。世有盟誓。以相信也。曰爾無我叛。我無強賈。毋或匄奪。爾有利市寶賄。我勿與知。恃此盟誓。故能相保。以至於今。今吾子以好來辱。而謂敝邑強奪商人。是教敝邑背盟誓也。毋乃不可乎。云云。茲非其證歟。再不佞嘗謂。春秋聖哲固多。而思想最似十九世紀人者。莫如國大夫。如不毀鄉校。拒請環。不從裨竈之言而用寶。拒晉人問駟乞之立。不為國人禜龍鬬。鑄刑書。皆彰彰尤著明者。至其詞令之美。雖在今日之外交家。猶當雄視一世。嗚呼。使吾國今有一國大夫。

勝於得管仲矣。

夫猶大之所以見侵。曰以異宗教故。乃久之而彼中有人。崇信基督之為彌賽亞矣。而王公則又取其產業而籍之。此真百思所不能喻者也。此俗之行於古。知者以他日有律。禁其如此。然王公所以自解其施奪者。其說乃極可歎。彼謂猶大人崇信基督。意不必誠。故必以此試之。乃有以驗其真脫邪魔羈軛否耳。雖然。此特遁辭。以言其實。則以猶大未奉基督。王公於彼。歲有徵收者也。乃今去故就新。王公且無所得。則以向之時取者。乃今罄所有而籠之。以自彌其所亡失者。嗚呼。彼日之民人。其為王公之產業。猶土地也。而猶大一族之民。其苦樂惟王公之所欲為久矣。有時以其欲奉基督教。則刦其財。又有時以其不欲奉基督教。則焚其身。抑何此族之不幸耶。（案。英國律。禁奪猶大入耶穌教者田產。乃一千三百九十二年所定者。又法國以猶大人為奴。身死則主人受其產業。一千二百六年。法王與香邊伯爵訂約。兩界猶大只許以財貸其地人。不許踰境作貸云云。）

夫使風俗如是。則商務似終古無開通之日。顧望絕路窮。而人事有轉變者。蓋猶大為各國所禁錮矣。乃終之有術。以保其私財。王公貴族。未嘗不惡其人也。而於其財。尤所以豔者。猶大以此。有以自存。

今商界所用之匯票交易單者。猶大人之所創也。而商業得此乃大便。行旅不憂於刦掠。而貪君污吏。雖欲害懋遷之業。其道無由。雖有至富之商。其所持者不過一紙書而已。數雖至鉅。而所持者至簡。求人不知。甚易易也。

復案。當法國腓立白之代。盡驅猶大種人出境。奪其田宅。乃避地於義大利西北之狼巴邸。（倫敦銀行萃處。名狼巴邸街以此。）有商於法者。猶大人與之以書。雖千萬至法皆可取。蓋其出境時所寄頓也。歐洲匯法。始行如是。至於今。商業所為。幾舍此無他術。中國匯法。不知始自何時。而山西人則吾國之猶大也。

及今商路四通。其為社會福祉。有識者無異詞。往日宗教之家。有以經商行賈為污處賤行者。乃今大變其說而轉稱之。

夫通商始於腓尼西亞、希臘。吾歐所舊有也。其所由中絕。而社會受其殃者。起於篤信古學者之詖辭。而中古之世。得一術焉。使商路棣通。而無畏於貪殘之施奪者。考其由來。則又以貴族之橫暴而後有。嗚呼。世事利害倚伏。可預言哉。

由斯以降。為國君者亦漸進於文明。知徒奮淫威。其事為無益而有損。夫欲其國之興。舍慈淑廉公。靡他術矣。

其始也。莫不以勢力機智相高。乃今知其事之無當。而國俗斯日尚矣。故其定策發謀。大抵異昔。向所自熹。以為得聖人之權者。姑無論其為民所畏惡也。即言功利。豈有得哉。

其人以中智之姿。託於臣民之上。威若雷霆。勢若風雨。嗜慾所至。將使為窮兇極惡而有餘。雖然。彼之為此。以有利耳。乃今知其無所利也。則廢然而思返。是非其人之至幸也耶。

第二十一節　新通東西二大洲。其事於歐影響何如

開通世界者。其諸指南羅經之力歟。何者。得此而後通亞非二洲。不然。所知者僅濱海三五處耳。又得此而後通南北美。不然。雖終古不通可也。

波陀牙人得之。以航額蘭药。南下而得非洲之南極焉。東瞻巨浸。又由之而得印度。其所經歷之險阻。亦云眾矣。而摩增弼、麥蘭達、噶理孤諸大島。皆出現焉。波之詩人嘉摩因。曾為歌詩。鋪揚其事。至於今讀之。無異讀奇幻之沃狄璽。豪壯之伊乃翼也。

先是歐之與印度通者。以威匿思為巨擘。其通貨也。必經突厥之塗。其中深阻艱巇之境。為不少矣。自非洲南海道之通也。海步緣塗漸立。而

義大利遂失重焉。非商界之樞點矣。蓋至於今。不過一隅而已。雖近東諸國。地接亞洲。乃其商業。尚視海國之素與印度通者為進退。義大利於近東諸國中。尚非其大者也。

波陀牙之商印度也。實享戰勝之權利。然著為苛法。至今為印度諸部之所苦者。非波陀牙也。荷蘭實先為之。當此時。為斯巴尼亞王者。察理第五也。其家世之聲靈。亦赫濯矣。而所遭之天幸尤無窮。白爾根邸、喀斯狄、阿拉貢先後為所有。而終之乃為羅馬護法之皇帝。天若大啟土宇。以相其尊榮。造新世界。以使之臨御也者。

始通亞美利加者。歌崙博也。雖斯巴尼亞所為遣之人甚寡。不及歐洲最小部之所能為。而歌之用其眾也。則以得兩洲而兼收他部矣。

斯巴尼亞建新洲之奇績於西。波陀牙窮舊洲之海道於東。大地團圞。二者遂遇。既遇而爭。定其爭而為之畫界者。羅馬教皇亞勒贊闍第六是已。

雖然。彼雖尋而得之。欲晏然獨享其厚利。勢不能也。荷蘭繼起。亦航海四通於亞洲。則驅斯巴尼亞人於印度。（當時。凡東方無兼。皆稱印度。曰印度。統支那及南洋諸島矣。）而新得之美洲。於其土殖民者。亦非一國也。

斯巴尼亞於新得地。視之。無異以兵力克取者。他國之見。於彼為優。則以為得此者所以為通商。其行事。亦準此旨行之。有數國焉。其規模尤闊遠。公司商會。具自主之權。而公司亦統轄國土。為便商之制度。雖為側生旁出之治權。而亦無害於根本之國家。

復案。原文於此。頗不清晰。所謂根本國家。可譯殖民者之祖國。亦可譯地主之國家。夫謂異族至人邊境。原原而來。生聚成國。且其獨立之權。統其地土。如此而云於地主之國家無害者。豈理也耶。意作者之意。必指祖國之國家也。嗟乎。大地既通。物競彌烈。不幸主動之力。屬之歐人。歐之厚。亞之薄也。雖然。天演之事。其因果非旦夕可盡。安知從此無所謂反動力者乎。以愚觀之。特早暮耳。

殖民藩屬既立。於祖國尚附而不離。前古所為。如是蓋寡。無論藩屬自為國家。或以國家而治商務。皆如此矣。

復案。此處詞又闇晦。姑順其文譯之。

立藩本意。為商業之便利。其便利。有非如此。不可得諸左近居民者。夫自居民言。如是之利益。本互有者也。故其立法。常以祖國。獨享藩屬通商之利。此其所為。固亦有說。蓋設立居留。所以擴充商業。非以設立新市府。亦非為新帝國也。

復案。此節文義亦不融。

故歐洲國家正法。視藩屬商業。直同辜榷專利者之所為。若以舊律科之。則刑罰之所及者也。雖然。吾人於此。不必依舊律。亦不必問古有此不。何則。以其理之不可通也。

即使兩國向所交通。不得據此。於藩屬殖民地。而治商業。以殖民地自有禁令故也。

雖然。殖民地於通商則失其自繇。而母國為之保護。設兵以為之防。立法以相扶助。是亦顯然可補前失者矣。

由是而歐洲有第三條之公法。凡一外國通商。為某殖民地之所禁者。亦不得於其海面交易。欲為此者。必有條約載明而後可。

地球之中。各國紛立。猶之一國之中。箇人之對待也。交涉之際。其治之者。有自然之公理。亦有自立之法律。故一國以海讓人。無異以地。曩者加達支。嘗約束羅馬之民。以航海之界限矣。而希臘亦約波斯。於一馬可馳之距。不得近其海岸也。

復案。此後世公法海界之濫觴。英法禁俄。不得以黑海艦隊出君士但丁海門。而各國有事。海界皆所嚴畫者。加以近世漁業盛行。此後海上之紛。常不亞於大陸。支那海軍單弱。庭戶漂搖。而當軸諸公。方注意陸軍。吾恐他日禍發所防之外也。

殖民地去母國近遠。於安危之數無關。何以言之。蓋兼其絕遠者。以吾國之鞭長莫及也。顧吾國寇讐。所與吾爭此殖民地者。皆在歐洲。然則吾所謂遠者。寇未嘗不以為遠也。故曰無與安危之數也。

且以其地之遠也。其氣候水土。必與所生之本國絕殊。是以其人生事所需。必一切待供於本國。如此則商務興矣。昔者加達支。欲殖民之仰重於本國也。則禁薩狄尼亞與戈什加之人。不得樹藝牧畜。犯者罪至死。夫如是為。其意無他。不過欲二土居人。一切皆取給於北非而已。

近世歐人之待其屬也。其用意乃與此同。然未嘗驅束之以峻法也。法之殖民於喀利邊諸島也。以有易無。如得分願。彼之所以餉我者。皆法之所不產者也。而法之利產。皆彼之所資。

自美洲開闢以來。歐與亞非二洲之商業乃益盛。此無異得美以為之牽合。蓋歐之所以商於亞者。非美之所貢。無以為之資也。所貢惟何。則銀是已。天下商業。莫不以銀為易中。而亞之商業。尤非銀不行也。終之則美之種植鑛採。必藉非之黑奴為之。故非之海舶日益盛。

觀吾歐今日之權力。殆極盛者矣。有歷史來。未之或見也。其財用之繁浩。其事業之恢閎。其軍旅之眾多。其善人之周贍。酣嬉雍容。雖非社會之所急。而操一技者。亦可以得食。微凍餒之可憂。嗚呼盛已。

竺赫德神甫言。地球萬族。支那最富。合全歐之商務。不及支那內地之交通。此其言或信。夫使歐洲商業。僅限於歐洲。彼支那國內所為。過之可耳。乃今者歐洲所通。實徧三洲之海陸。故歐之握大地商權也。猶吾法與英與荷蘭之握全歐商權也。

復案。孟氏生於十八稘。而其言乃如此。向使生於十九、二十兩世紀間。將其言又何若。嗟乎。當彼之時。中國猶全盛也。觀於竺赫德之言。可以見已。道咸以降。海禁不得不開。而中國處處形其劣敗。至於今情見勢屈。且懷不可自存之憂。雖然。世變之事。往復平陂。夫向之全盛。既為其劣敗。則今之殷憂。安知非天之所以玉成者。去日已遠。來者方將。未可定爾。

第二十二節　斯巴尼亞所得於美洲之富貴

自商界有美洲。而吾歐享無窮之利。使全歐之利如此。則其所以利斯巴尼亞一國者。又何如乎。何者。斯巴尼亞所得於美之金銀。其多且富。吾歐所舊有者。方之蔑爾。

乃事有出於人意之外者。其國之不幸。幾屢書而未已。察理第五為之王。真吾歐一世之雄也。身死。而腓立白第二繼之。詡臺獨登。至今為天下所閔歎。國有募兵。餉儲常乏。群聚譁譟。疾視長官。已而遂叛。此亦各國之所無。而斯巴尼亞之所獨有也。事效相詭如此。不足令貪得者憬然悟歟。

自茲以降。斯巴尼亞之王國。轉日即於衰微。所坐無他。富盛之餘。內容日腐。生氣日亡。驕汰日增。如江河然。趨下之勢。莫能自還故也。

今夫金銀者。非真財也。而財之代表也。方其有限。其所以代表者。固可恃而久長。又其物之性情。固不朽而至壽者也。然使社會之內。其物無所用而益多。將其所為代表者愈微。其對待之價值。乃日減已。

斯巴尼亞之入南美也。克墨西哥、秘魯而并兼之。是二者皆金銀所產國也。則棄其物產之富。而專取所謂代表者。不自知代表之日賤也。當是時之歐洲。所積儲之黃白。為數之微。幾不足道。而斯巴尼亞。忽然以其一國之所有。敵全歐而有餘。故其思想之瞀亂。志氣之驕盈。亦前此所未嘗有者。且二國所可取之金銀。其出土者既甚富矣。乃其所未出土者尤無窮。土人之用金銀也。以之飾廟宇。範鬼神。約指垂瑱。塗堊宮殿。捨是而外。為用蓋寡。故於其物也不貪。不貪。故於地寶。但取其最易得者。得鑛。以火煅之。能事盡矣。至於采掘淘鍊之祕。所未聞也。吾意其土人。尚不知有汞。若以汞為媒而得金。愈非所及已。

由是無幾時。歐洲之黃白。倍其所舊有者。且此非無驗之想像也。何以言之。以貨物市價。處處倍前時也。

復案。吾國自通商以來。二品之多。實大進於往昔。士大夫之論外交。往往張其害而忘其利。觀今日金銀之值。不敵乾嘉三分之一。可以知已。吾輩日日言漏卮。使真為漏卮。宜郡國蕭條。民物彫敝久矣。其然豈其然乎。

斯巴尼亞人之於南美也。鑽鑛鑿山。製戽水之機。操破石之錘。汲汲無休時。貪心之熾。視生命如草菅。鞭笞土人。馬牛不翅。浸假而歐洲之金銀自倍。顧金銀倍矣。而斯巴尼亞一國之所有。乃僅存其半值。歲進若有餘。而無如其物之日賤也。

歷時倍前。而金銀之積亦倍前。顧贏利之微。則又半之。夷考其實。所減失者。殆不啻半。此可論而知其所由然者也。

取礦以鍊金。所待以周事者。非一端也。鋌成。踰海輸之於國。又不可以無費也。此其所需。以比例言。猶一之於六十四。蓋亦微矣。乃浸假而二品之值。僅半於其初。而所資之勞費不異。然則後之比例。猶二之於六十四矣。每屆海舶之至。纍纍滿載。量與始同。特貴賤相懸。其真值初二者今一。而人功物力。所待以給事者。則始一者而今二矣。

循是以往。地寶之出無窮。特所積自倍者。所值自半。倍無已者。其半亦無已。此斯巴尼亞之封殖。所為無益於富之真因也。

自南美出現人間。而歐人往採地寶。洎於今二百年耳。而金銀盈溢商界。課今昔之值。蓋古之三十二者。今為一也。此無異言其積之自倍者。凡五次也。然則繼自今。又二百年。將古之六十四者。後為一也。何者。吾歐所有之黃白。其數又自倍也。夫今日之鑛。以五十庚陀而出四五翁斯。至六翁斯之金不等。假使此後鑛瘠。但出兩翁斯。將鑛主之所收。僅足更費。繼今二百年。即令出四翁斯金。而鑛主之所收。亦僅足更費也。更費云者。無贏利之謂也。金既如此。惟銀亦然。特較金鑛之事。尚稍優耳。

雖然。此以言瘠鑛耳。假其苗脈盛旺。則其事又何如。曰無益也。所得愈厚。則所積愈多。所積愈多。則所值愈賤。所值愈賤。斯收利愈微。

波陀牙嘗得鑛於巴芝。其肥為諸見鑛最。惟肥如此。故斯巴尼亞之鑛利愈微。顧鄰鑛之利微矣。本鑛之利。亦不能獨厚也。

復案。孟氏於此自注云。安孫爵主言。計歐洲所收於南美巴芝金鑛。歲約值二百萬磅。皆取諸山趾河底之沙金云。夫自南美肇通。地不愛寶。

五洲所以為流通之二品。六七自倍於前。而自孟氏成書以來。所出於新舊兩金山者。又無算也。果如前說。則黃金直應與土同價。然而不盡爾者。何耶。蓋易中雖多。商場滋大。譬諸為博。籌增矣。而博之徒亦日眾。供求相劑。故其值不至於遂微。又況世界生齒日繁。嗜慾豪奢。百倍前古。塗砌釦飾。至於簪釵彄釧之需。所磨滅而蓄殢者。亦無算也。

歌崙博始計。將由西道以通印度。先以其策告諸法政府。法政府謝之。至今國人。猶以為憾。乃不知法政府當日所為。乃極為有智之事。所未足盛稱者。特幸而中耳。果使如歌崙博言。則法亦不過為斯巴尼亞。此無異有人祈天救貧。而得點金之手指。他日手之所觸。莫不立變黃金。其人以此。竟飢寒死也。

自各國設立公司與板克。而金銀之所以為財富代表者。其用益微。而二品之值。至斯而極。蓋彼又為所以代表金銀者。為商界所信用。有其承乏。而金銀愈不貴矣。

無鑛之國。以人民之信用為鑛。此其所流通以為錢幣者。不亞斯巴尼亞之所獲。而斯巴尼亞之所獲者。又不貴矣。

幸也有荷蘭之通於五印。而斯巴尼亞之金銀。以有用而稍珍。蓋東方之賈。貨必易金。以二品去。以百物歸。是謂取吾歐之所有餘。以注東方之所不足。是歐亞之通。於多鑛之國。有大造也。

是故東方之商業。非斯巴尼亞民。所親為而收其利者也。乃不啻所親為而收其利者。何者。間接之利。無異於直接之贏也。

吾聞斯巴尼亞政府。禁民以金銀為塗飾。夫使吾說而通。則彼之為此令也。何異。荷蘭政府。禁民之用椒薰者乎。吝其所有餘。其愚尚待論哉。

雖然。吾之所以論美鑛者。其說不可以概他鑛也。若日耳曼。若匈牙利。其中之鑛。皆償費矣。而有微贏。以此遂為其民之美利。治所處一國之中區。為五方之民所輻湊。業鑛工者。大抵數千萬人。所銷耗者。皆其地所有餘之物產。夫如是則鑛也而無異工業之場矣。

是故日耳曼、匈牙利。得礦而田野闢。樹畜滋多。墨西哥、祕魯。得礦而田野荒。樹畜坐廢。斯巴尼亞國勢之重心。自得南美而易位。南美為之主重。而斯巴尼亞為之附庸。雖為政者。竭思索智。求為所以易之者。終無補也。蓋國之輕重以民。民之西趨。猶水之赴壑。雖有政策。於何易之。

貨物之至於南美者。每歲計值五千萬磅。而其出於斯巴尼亞者。二百萬五千磅已耳。然則主國之於藩屬。所操其商務者。二十得一而已。其於民何所利乎。

嗚呼。儻來之非福。其於一國猶一人也。是故國之善富者。以實業以生聚。以田野之治闢。以水陸之棣通。斯巴尼亞王。歲受加狄支榷金。為數至鉅。然質而言之。蓋無異以一鉅富之人。處於極貧之社會。財之出入。貨之往來。彼與外國之人為之。於其民固無與。然則雖有通商。其國家不以是為損益也。

向使其國中有一部分焉。所出之財賦。與加迪支之所榷取者相若。王之權力。所增進者。豈可量哉。何者。如此則王室之富厚。自其民之富厚而後有之。一部之富。將所以鼓舞其餘部者。相生無窮。而其民力舒而任賦。夫國家之殷賑。與府庫之盈溢。固有時絕然為兩事。而不可同日而論之也。

第二十三節　又一問題

夫新洲之商務。以母國自操。是誠上策。惟既不能自操。則聽餘國之交通。亦未始非計。是二者之得失。非不佞此時之所論也。顧竊謂斯巴尼亞之政府。於商界似不必為無益之煩苛。蓋使商政而苛。則各國之來貨。不能不貴。新洲雖多金銀。亦未必以多金易少貨為利也。行寬大之政者。

其效將反此。故為新洲計。宜令各國競為廉貨。客競為廉。主人之利也。夫母國之於藩屬。其所宜顧者亦多矣。境土之安危。征賦之厚薄。變法易俗之難易。而尤重者。則未覩之不便。其可憂常大於已知。雖然。使之數者而皆為之所矣。則吾之前言。庶幾有可用也。

復案。是二節之論。孟氏為鄰國發也。使所言而信。將雖有至腴之金礦。於得之之國。未必為有利矣。夫以其言為謬。則斯巴尼亞擁墨、祕之礦。而其國日衰。又以其言為然。則自是以還。美澳二洲出金尤夥。未見其甚病國也。故福祿特爾讀是篇之論。謂孟氏於計學所明者淺。故所發皆一方之言。未可據為公例。愚謂此如古人言至美之物。惟有德者足以堪之。故同是物也。在此為福者。在彼未必不為禍。使其國當發達之際。民智日開。得此為助。自有其利。而無其害。至於老洫之國。則益厚其毒而已。是固不可以一端論也。若孟氏之言。自不佞觀之。當者固什八九也。

第二十二章　論泉幣法律

第一節　人類之所以用錢

當人群之未出於草昧。抑出於草昧矣。而可易之貨無多。則其為市也以交易。摩洛戈之駝綱。常載鹽以入非洲之內國曰鼎博圖者。與易金沙。摩洛戈堆鹽於西。鼎博圖堆金於東。摩洛戈視金不足。則減其鹽。鼎博圖欲多得鹽。則增金沙。兩家增減進退。至各得分願而成易。無所用錢也。

若夫百產交臻。列肆雲屯之國。苟無錢幣。不可行也。若純出於市易。所耗失必不訾。惟三品之便於取攜。故用之則可以免此。

國與國為交易。所欲得者既殊物。而所需之多寡又異量。甲國所徑取於乙國者多。乙國所還取於甲國者寡。其於丙國之所產。所欲得者又甚多。使微錢幣。將相差之數。孰為彌之。惟有通行之泉貨。則無慮此。所取過所予者。以錢彌其差數足矣。如是者謂之買賣。始於交易。終於買賣。而為之樞而轉而事者。則泉貨也。是故泉貨用。則為市之權。視取物最多之國。泉貨未用。則為市之權。視取物最少之國。何則。微此將二家之差數。終古無由彌也。

復案。此近世計學之嗚雞也。蓋孟氏為言。且先於亞丹斯密。雖其說往往有拙滯者。顧治斯學。欲溯其本源。而觀其萌達之趣。方當有取於斯。且其書為法國學者所大重。不得以其椎輪采椽而薄之也。

第二節　錢幣之性質

錢幣者。百物價值之代表也。代表而用金類者。以其耐久也。以其雖經行用。所磨損者微也。以其可為微分。其本值猶如故也。代表而必用貴金者。以其輕而易攜也。且金類之為物也。將鍛鍊之。以為其一律。甚易。以是常德。故可用以為物值之公量。文明之政府。其用此也。莫不為之加範印焉。所以著其成色與銖兩也。成色正。銖兩合。必一視而可知。待察試而知者。皆無法之圜法矣。

雅典古者。不知用金而以牛。羅馬古者。不知用金而以羊。雖然。牛羊之相似。不若金圜之相似明矣。

三品者。百物價值之代表也。而楮鈔者。三品數目之代表也。國家廉公。而行法信。則後之代表。與前之代表無殊。無殊云者。其所以命物馭功。果效同也。

復案。希臘史官額羅多圖。言鑄錢始於黎狄亞。而希臘效之。雅典人以銀鑄錢。於其冪為牛形。蓋未忘其始之以牛為易中也。如是古錢。歐洲今尚有之。蓋在史公所述錢如王面者前矣。

夫三品泉幣。為百物之代表固矣。而百物亦為三品泉幣之代表。此惟國家廉公。物力周給。而後能之。如是之國。物即財也。財即物也。二者轉變代嬗。惟有之者之所欲為。惟相當之率。貴賤多寡。有定程耳。夫如是之物情。政法雖平。而不能有是者有之矣。未有政法不平。而能得是者也。何以言之。假使立法不平。利逋負者。將其物產不足表財。何則。以其無財而得之也。又使專制國君。取下無制。將其所有。皆不足以表財。壓力大橫。信用輒亡。民有藏弆閉霾其寶器者矣。又安得隨所欲而即轉為代表者耶。

為國家議法。為百姓理財。其權之盛。不獨使百物為財之代表也。且有時即物可以為錢幣焉。而於社會有通行之實。方凱撒之為羅馬令尹也。令逋亡之戶。得以田宅。抵還貸家。而國家為定其所當之價值。泰比流之為皇帝也。令民欲得見錢。得以地抵藏省。而質其值之半。然則當凱撒之世。以地還債。無異見錢也。當泰比流之代。地之值萬金者。無異五千金之見錢也。

英吉利君民盟約。載之大冊。而藏諸府中。約凡民有逋。使其家動產。足以清償。而情願持以抵責者。貸家不得即取靜產。奪其土田。收其租賦。然則英人。凡宮中之所有。皆足以為財矣。

日耳曼之法典。載明傷人。得以鍰償。有罪罰作。得以鍰贖。以其國見錢之少也。又得以牛羊械器抵鍰。此見諸沙遜法典者也。且為之章程焉。以為民便。如云國幣每穌。值牛羊幾許。穌之二圜理密者。當十二月之犢。又穌之三圜理密者。當十六月之犢。自此法行。民之錢幣。皆牛羊物貨矣。而牛羊物貨。又皆錢幣矣。

蓋錢幣不獨為物之代表與簡號也。且即為錢幣之代表與簡號。此俟於言市易時論之。

第三節　意設之錢幣

錢幣有二。有有形。有意設。列國交通。其始所用。皆有形者。更歷久遠。至於今。大抵皆意設者矣。何以言之。圜法之始立。莫不著為律令曰。重幾許。色幾分。而後為某幣。乃繼之以王者之貪濁。政府之貧窶。則陰減其重。私雜其色。以欺其民。顧幣之名則自若也。譬如國幣之有鎊者。自其始之有形言。固確然一鎊之白金也。浸假每鎊中所有白金。且不及前之半。而鎊之名自若。又古所謂穌者。自有形言。實二十分鎊之一也。乃今所謂穌者。自有形言。非二十分鎊之一也。而穌之名又自若。然則今所謂鎊。所謂穌者。特意設之幣而已。課其有形。非真鎊也。非真穌也。類而推之。一切之幣。莫不如此。損之又損。雜之又雜。至於最後。可以有輿薪一羽之殊。而名沿其故。夫苟如是。則世之名幣者。雖取一鈞之鐵。號為百鈞之金。但苦太驟而不通行耳。世之所難變者。有形之實也。若夫意設之名。誠何為而不可。

使世間有道之國家。能立法以祛此等之深弊。則意美法良。無逾此者。而其國商業之盛。不問可知。蓋商業之盛。非他術所能致。惟公信平通。務使國幣之行。名實不差累黍。而無由轉有形者為意設也。

夫圜法。公量也。世未有不恆其德。而可為公量。為他物所折中者。貿易為業。其性質本無定也。而又益之以無恆之錢幣。將其業彌難操。無怪出於其塗者之少矣。

第四節　金銀數目之消長

大抵文明國持世興盛之時。則金銀日增。此或得諸人間。或采之於鑛產。不必論也。獨至野蠻半化盛大之時。其效果反是。考之史策。當峨特、曼答爾起於西陲。沙蘭生、韃靼強於東國。其時金銀之少。蓋古今所未曾有也。

第五節　續申前說

金銀出諸美鑛。則製為鋌。運入歐洲。由歐乃轉行於亞。以此而吾歐之航業大進。方其由美入歐也。以歐產易美金。及其由歐及亞也。又以亞產易歐金。交易轉變之間。其視金銀亦猶貨耳。是故以金銀為貨。則多多益利。及以金銀為幣。則過多者害。何者。常以其多。而錢幣有攙偽者。錢幣為物。利用希有之貴金也。

當布匿第一戰以前。羅馬銅銀相待之率。猶九百六十之於一也。乃今猶七百三十五之於十矣。使二品之間。復古之率。則以銀為幣。當更便也。

第六節　歐洲自南美通而子錢之率減半。何故

戞理剌蘇言。自斯巴尼亞收克南美。國中子錢舊之百十者。其後皆百五云。此勢所必至者也。蓋歐之金銀。忽然闐溢。於是需財者希。百貨以金銀言。則日貴。金銀以百貨言。則日賤。舊率已移。而貣財者大抵皆清償矣。止如吾法。當羅約翰綜理財政時。市價總高。而金銀獨否。至今父

老。猶能記之。夫金銀亦貨也。貨多則價必廉。子錢者。金銀作貸之價也。欲貸者多。其子錢焉得不減乎。

自茲厥後。子錢不可復前率。則亦以歐洲金銀。歲以增多之故。又國家帑藏。所自通商而來者。其利息亦至薄。則私家之財。不得不從之俱薄矣。總之。懋遷之路既通。即有一二處錢荒。四方趣者。將如水之赴壑。斯其率旦夕平矣。烏得起乎。

第七節　金銀之貴賤有變物價所由難定

生熟貨物。以錢幣為之價。價可以定乎。世間一切物。皆可以錢幣為之代表乎。

取一世之金銀而萃之。又取一世之貨物而萃之。而後較二者之率。然則每有一貨物。莫不有一金銀與之對待為比。明矣。由是有比例焉。全之於全。猶分之於分。今又設世之貨物。惟有一宗。而可分與金銀等。則一分之貨物。又必有一分之金銀。與之對待。此半者彼亦半。此什者彼亦什。此佰此仟者。彼亦佰亦仟也。而無如世間之物。各有其主。彼得之以為產業者。不必盡以為市也。而金銀之成錢幣。所以為物貨之代表者。亦不一時盡出以流通。由是欲求物之價。必合兩率而言之。兩率者何。物之總數。與金之總數。物之入市。與金之入市。其相比各有率焉。乃互乘之。以定物價。此亦可謂近矣。不幸物之今日不在市者。明日可在市也。金之今日在橐者。明日又可以流通也。然則必為物定價。所有常而略可比者。特物與金銀之全數耳。

由此觀之。物價固無定。而亦不可定者。設有君若吏焉。必欲以法定之。此無異以令定一之於十。猶一之於二十也。尤利安之入安息也。嘗以詔書平民食之價矣。而安提若坐以大饑。則事效可覩爾。

第八節　續申前說

非洲海岸之愚人。無錢幣也。而有價值之簡號。視其意之所緩急。而以為之次第焉。故其簡號。非有形也。特意設耳。假如有物。值三馬谷。又有物。值六馬谷、十馬谷者。彼則第之以為三六與十。故其評價也。在取物以相較。雖無錢幣。而一物皆他物之價值也。

今者試以此術施之吾人之社會。設聚一國之貨。而定其價值為若干馬谷。已而又聚吾國所有之金銀而分之。所分者如馬谷之數。然則每分之金銀。固馬谷之代表矣。

今使吾國金銀。忽倍前有。然則代表馬谷之金銀。將亦倍舊。又使金銀倍矣。而馬谷之數亦倍。則代表馬谷者。乃與前同。

自夫南美之開通也。使歐洲金銀之增多為二十倍。將糧食貨物。其價之增。亦二十倍。明矣。然使當此之時。糧食貨物之增多。亦倍於昔日。則其價之增。非二十倍。乃十倍。又明矣。

夫一國貨物之日多。以商業之增進也。而商業之增進也。一以金銀。所以為錢幣者之日集也。一以新地開通。有新物異產。可轉運也。

第九節　金銀相為盈朒之理

前之言多少也。總金銀二品而言之。雖然。是二品有相為盈朒者焉。有時此多而彼少。有時此朒而彼盈也。

人之愛財。莫不為金銀之積貯。愛財者不欲糜財。而金銀有不腐之恆德。故樂為積也。且其為積也。金尚於銀。積者慮亡。而金之占地狹。尤易藏也。是故銀之多。則金不見。以人之藏弆之也。銀之少則金見焉。以其不可終藏也。

請為之例曰。銀少則金多。銀賤則金貴。雖然。是之多少貴賤也。有即物而見者。有相待而形者。此不佞所欲為極論者也。

第十節　金銀兌換之時價

以各國之金銀。時多時寡。由是而兌換時價殊焉。是故兩國交兌者。乃所以定金銀之時價者也。

銀之未成幣而為鋌也。其入市得價。與常貨均。及其成幣。則有為他物值代表之能事。故其價值亦增。使銀而僅同於常貨。將價值之所減多矣。

以銀為幣。其價值政府之所能定也。以銀為常貨。其價值非政府之所能定也。

政府之為圜法也。所首定者。以若干之銀。當幾許之國幣。一也。設所以為幣者不止一銀。則其次必定數品相當之率。二也。每幣之中。所用之三品。必重幾許。必精幾分。三也。終之則每幣皆有意設之價值。如前所言者。四也。自有四事。而國幣通行之價值定焉。吾將名此為幣之正值。所謂圜法者。即指此也。

然自宇內之不止一國。而圜法各殊。故甲國之幣。與乙國之幣。有相待之差率焉。差率於何而見。自交兌而見也。而亦視正值之何如。交兌之高下不常。其所待為變者。商界之群情也。而致群情之變者。其事不勝枚舉焉。雖有政府。欲以令定之。多見其不知量也。

數國交通。其定交兌之差率者。必由最富之國。最富云者。金銀最多者也。假其國之金銀。足以抵數國之并合。則彼之正值。將為其本位。而他國胥準此以折中焉。而數國之中。相為差率。亦準於主國之正值以為兌也。

試以宇內之實行者而明之。則今之荷蘭為最富國。吾黨試察其於交兌之事為何如。荷蘭之上幣曰伏羅楞。每伏羅楞為二十穌。又每穌為兩鵠。以欲問題之單簡也。則設荷蘭之國幣皆為鵠。然則使甲有千伏羅楞者。為有四萬鵠也。餘皆仿此。今有乙國。將與荷蘭為交兌。其為此也無他。視乙國之幣。每值若干鵠耳。吾法之國幣曰王冠。一王冠為三栗敷。將與荷蘭為兌。亦問每王冠當若干鵠耳。使為五十四鵠。則兌價為五十四也。使為六十鵠。則兌價為六十也。使法銀少。則王冠所當之鵠數將增。使法銀多。則所當之鵠數將減。此易明者也。

是所謂多少者。非真多真少也。亦自交兌之對待言之耳。譬如法人之費於荷者。急於荷人之費於法者。則將謂在法之銀多。而在荷之銀少矣。由此而反是可知。

今試以法與荷蘭之兌價。為每王冠當五十四鵠。此若二國之地。近際一城。則法人所以三栗敷而易者。荷蘭則以五十四鵠明矣。乃以二地之不相接也。故荷人在巴黎。欲易一王冠者。其所與我。乃五十四鵠之兌票。所以取於安蒙斯坦者也。所與之五十四鵠。非正金。乃所以兌取五十四鵠之一紙。是故欲察二地正金之多寡盈絀。必問在法所以取此五十四鵠於荷者多乎。抑在荷所以取一王冠於法者多乎。假使由荷向法之兌票。多於由法向荷之兌票。則正金之數。在法為絀。而在荷為盈。如是則兌率將起。而所以易法一王冠者。且不止於五十四鵠。不然主王冠者。不肯兌也。亦由此而反是可知。

是以兩國交通數兌之餘。必有贏負之實。而負者必時償之。而後其交通不窒。夫負國之於贏國。非徒為兌。遂可償負。猶私家償逋。非平易二幣。所可了也。

欲吾論之單簡易明。則試設世間只有三國。法也。荷也。班也。（西班牙即斯巴尼亞。）班之眾商。總次法國銀十萬碼。而法之眾商。亦總欠班國銀十一萬碼。今使二處之商。皆欲提取正金。問交兌情形。事當何若。所最易言。則十萬碼銀。必資相抵。相抵而外。法尚欠班一萬碼銀。班執向法兌票一萬碼。而法之向班。則無所執。

有第三國荷蘭者。其銀市與西班牙殊科。而負於法。然則法之償班。

乃有兩術。一與班商以向荷之兌票一萬碼。一或與班商以一萬碼之正金。

且由此可知。以甲國而付財於乙國。自事實言。兌楮正金。初無差等。而二術時有利否之辨。則市境為之。須問兌楮正金。其在荷蘭。同以取鵠。於運費保險之外。孰多孰少。

以法之錢幣。易荷之錢幣。彼此重均而色一者。是謂平兌。今者正金平兌。係以荷之五十四鵠易法之一王冠。（此一千七百四十四年事。）不止五十四鵠者為溢兌。不及五十四鵠者為短兌。

欲察一國以兌市漲落致盈虧者。觀其收放買賣之不同。可以見矣。今使以法王冠。易荷鵠。為短兌。將償逋者贏。而索逋者絀。買貨者損。而賣貨者利也。何以言之。蓋使法商負荷人總若干鵠。因王冠易鵠之少。其所出王冠之數必多。設法為責逋之家。以同此因。其所收王冠之數亦大。此易見者也。至於買賣貨物亦然。荷之貨價。其鵠數同前。今以短兌。故法之王冠多出。多出故以買貨出錢則見貴。以賣貨收價則見多。蓋法貨售荷。所收者鵠。乃今以五十鵠便得兌一王冠。其數自較以五十鵠始兌一王冠者為夥。此亦易明者也。若荷法易位而觀。則法之所謂贏者。皆荷所謂絀。譬當短兌之日。荷之償還法債者贏。索逋於法者絀。賣貨於法者絀。而買貨於法者贏矣。

更有進者。假仍前譬。以短兌之市。為以荷之五十鵠。而法之一王冠。當是時法商以兌單五萬四千王冠寄荷。其所取之荷貨。僅值五萬。而荷商之以五萬王冠兌法者。其得貨值五萬四千。此其差數。為五十四之中而得八。其在法所失者。為七分之一不止也。此所失之七分一。法當以術彌之。或用正金。或用貨物。尤可慮者。以法商之多負。短兌之勢。且日益深。而舊失無復收之日。如此是法之商務。且終敗也。夫既勢有必至如此。然而未嘗至者。此其故不佞於前篇既言之矣。（第二十章二十三節。）乃謂國家之於進出。常求平均。於以保持其獨立之國勢。是故其貧也。必視其所以為償之力。其進貨也。亦視其出貨之多寡而為之。即如前譬。假使法荷兌率。由五十四之平兌。而降為五十之短兌。則荷商之取法貨。值至一千王冠。向之必以五萬四千鵠者。乃今以五萬而已足。然當此時。法之貨價。乃不期而自起。以分荷人之商利。而荷商亦以既利之故。樂與他人為分。然則商界之以短兌贏者。法與荷之商共之矣。其在法人亦然。方其取荷五萬四千鵠之貨也。當平兌率五十四之日。與之以一千王冠。乃今必增之至七之一而後可。然而以所出之多也。其取貨於荷必狹。以所取之狹。荷貨坐以踊躍。是以短兌損者。荷且與法同受之。是故商界之事。其均勢常出於自然。而溢兌短兌。向之所憂其傾敗者。不必慮矣。

雖然。當兌價不及平而為短兌也。商之出貨不必憂。何者。當其復歸。常有以彌其前失也。獨王侯之家。轉現錢正金以輸外國者。其利常一失而不可復收。

方商業之雲興。其轉運外國之貨日眾。如此則兌率常高。蓋其定貨至多。所買取者亦眾。其商出兌單以之償價者夥也。

故以國主。而為封殖於域中。其所積之金銀。以真實言。則為少。以對待言。則致多。何以言之。今使其國以貨物所負於鄰國者多。則其兌率必微。而國中正金又實少也。

天下之兌率。雖時高而時低。然其勢常趨於定率。此亦生於自然者也。今使由愛爾蘭向英之兌率為不及平。而由英向荷之兌率。又為不及平。如此。則由愛向荷之兌率。愈為不及平。可以見矣。蓋此最後之兌率。乃合前之二兌率。而得其因乘者也。假有荷商。欲致見金於愛爾蘭。其能間接於英而得之者。將不由愛直接而得之。何者。以直接之貴於間接也。雖然。吾特言其常道耳。顧於實事。往往不然。商界之事委曲多變。而致金兩地。彼此贏絀之差。有由得其術。而坐收厚利者。此鈔業兌商之專業。而非不佞此節之所及論也。

夫欲以同實異名之物。而坐收天下之美利者。惟愚夫喜為之。不幸世之長國家者。常為此而不悟。今如一王冠當三栗敷。此其實也。乃以造幣之權。由於彼操。乃以同此銖兩同此成色者。而強名之曰兩王冠。當六栗敷。此在本國。猶得以不公無恥之法令。強其民也。若夫鄰國之交兌。則無毫釐之可益。徒以無信自欺為姍笑耳。就令一時有所增加。此非其名之所能為。以新用故。以暫出而民不虞故。旋踵之間。必復故率。徒見作偽者之心勞也。

政府之於圜法也。有以令增其幣之舊值者。有時則盡收通行之錢幣而更鑄之。方其為此。一國之中。乃有二幣。一舊而重。一新而輕。然法固云舊者非國幣矣。故一切兌單。必以新論。而兌率亦從其新者而計之。譬如吾法王冠。舊當三栗敷者。其在荷蘭。值六十鵠。乃今以圜法改易。僅當三十。與新者同。然而國中鈔業。其存正金見幣。舊者特多。其應付兌單。以法令言。應持此幣。赴鑄錢局以易新者。然則必致損失無待言矣。使不為此。將新舊二幣之間。必定兌換之差率。然以新幣之已頒。又以行用舊幣。事近違制。鈔業之欲出其舊幣。情固甚急。情急故其價值亦微。而新幣之價值則見漲。此其所以定兌換之率者也。大抵鈔業之於舊幣。常利於外運。如以入荷。其所得之鵠數。將不甚異於疇昔。而由荷向法則新舊率定。其所得王冠之數。亦不微也。

假如舊幣之三栗敷。以之入市。可換四十五鵠。而以一王冠入荷蘭者。乃得六十鵠。而由荷向法四十五鵠之兑單。乃實得三栗敷之一王冠。如此是幣在法僅四十五者。而及荷乃六十焉。則其幣焉往而不出國。而實收此利。乃鈔業之商。非他人也。

欲救此弊。則為之術焉。國之造為新幣者。不得不輸多數之舊幣於鄰國。主持市兑者。以此而信用宏。信用宏。而後所謂三栗敷之王冠。在彼所兑之鵠數。與在本國者。差相若也。雖然。兑價至差相若而幾矣。何則。至於無差。將為兑之利過薄。薄則莫之運致。且其為此也。固不能無費。而冒法者又有設官之可慮耳。

觀於前事。則其術可以明。往者鈔商白爾訥德。嘗為法國家之板克矣。其與荷蘭為兑也。常令其價高於國中者。自一鵠若二三鵠焉。而先是則輸積舊幣於荷京。為數至夥。以此故王冠在荷之兑值日高。如前所云者。而同時又以法盡收當時之新幣。由是法諸商之應交易單者。不得不持舊幣入官局求更鑄。蓋彼惟壅見幣。使盡歸之。故他商之轉兑者。其償值取幣不得不高。方其始為此也。所失固鉅。而轉瞬之間。所收之後利。乃過當矣。

方是時。國之財政。常至臬兀。而現幣之資以流通常至少。有三因焉。其最多數之見幣。化為不通行之窳物。一也。其大分輸灌國外。不可禁止。二也。民爭藏棄。不樂使其君收利實。三也。緩為之則有變。急行之又愈危。假使轉易之際。所希之利彌奢。將其艱棘之情。亦彌眾也。

由此觀之。使兌價不及實。以幣輸於外者。可得利也。反而明之。使兌價溢實。以法返之於國中者。又得利也。

雖然。有一時焉。即兌價適平。以幣輸諸外者。亦有利也。何以言之。蓋致其舊者於外。而更鑄之也。如是其返諸國中也。或以之資通流。或用之應外來之交兌。皆可以得利。

使國中而有一公司。以無數之股分眾舉之。已而數月之間。股分入市。價增於原值者至二十倍。若二十五倍而未已。又使國中設一板克。以其所出之兌單。當通行之國幣。且為之法焉。使所名之數。當前股原值之數。由是兌單應法之值。加倍蓰有餘。民之寶之。過於現幣甚遠。此往者羅約翰主吾法財政時。立密司錫比公司。與通行銀號。所行之術也。其公司之股分。其板克之紙幣。所浡然而興者。亦忽然而亡。蓋其事之性質固如此。非不幸也。今夫聚眾舉之財。而有股分之手實。乃今其值驟增至二十倍、二十五倍。是向之執此手實者暴富也。欲富者人情之所同。而又有交兌焉。可以致此輕而易挾者於絕遠。則其物常外輸。而致諸主持兌價之國者。又其勢也。然以外輸之既多。故兌價必跌。使當時王冠入荷其價為四十鵠。以紙幣至彼之日多也。浸假乃三十九鵠焉。三十八焉。三十七焉。又不止。乃八鵠焉。又不止。乃至於無所易。

夫交兌之率。諦而審之。即現幣正金。與紙幣多寡之率也。以其時之銀幣。精幾分。重若干。所謂一王冠者。法當兌四十鵠。而紙幣之兌。乃止八鵠。是二者之相異。五之四也。此無異言紙幣之王冠當一。而正金之王冠當五矣。

第十一節　羅馬國幣考

論者曰。異哉法人之於財政也。無以為有。虛以為實。一若國之富厚。可以力營者焉。當吾世彼二計相之所為。非如是耶。蓋古所無有也。則不知古羅馬之所行。有甚於今之吾法而無不及。且其為此也。非丁夫民主之既衰。亦非值憲政之已壞也。乃當夫國民智勇並盛之世。法典風行。而盡收義大利之市府。巋然以與北非之加達支。相競為雄之時代也。

不佞於此。竊樂得以深考之。庶幾所舉以徵吾說者。不至於無實。羅馬國幣。舊名亞司。當布匿第一戰時。每亞司之向得銅十二翁思（約三分兩之二）者。已變為二翁思矣。乃至布匿第二戰時。每亞司之銅。且不及一翁思。此其降輕之事。殆不異於今人之所為。今人取舊一王冠當六栗伏之銀。變之為兩王冠。此無異以六栗伏之銀。為十二栗伏。名倍於古。而實則半之。

當布匿第一戰日。羅馬圜法之變。已不可考。而當第二戰之所為。則方策具在。有以見當日為政者之至巧也。於時羅馬政府為民主制。國多外患。師徒屢興。所取於民者多。而國之府庫。必不任了公債。不得已則取亞司。而為之鑄輕焉。蓋舊亞司每枚應銅兩翁思。而十亞司為一丁納流。共得銅二十翁思。乃今以一翁思為亞司。而一丁納流則僅銀十翁思。由此向之國債。所為償者。特半而已。雖然。此其事終非道。而政府之所欲為輕者。特公債耳。至於民間之債。固不願其為此甚也。則於是為之復命曰。向之以十亞司為一丁納流者。今則以十六亞司為一丁納流。是故政府之償民也。以十翁思之銅為二十翁思。而民間之相償也。則以十六翁思為二十。所失者特五之一耳。而物價之所貴者亦如此。尚未至於貧富易位也。

吾人之為此也。往往公私無異。而羅馬則私債於公帑之出入有別。國家之收利。非下民所敢望也。其巧於理財如此。雖然。不止此。蓋羅馬當日。所以為貿易者。其時勢固勝於吾人也。

復案。此狙公賦茅之術也。夫操柄者為一國理財。以出於民者。用之於民而已。藉令不及。亦宜以公義諭眾。使人人各輸私利。以濟其群。群之厚非私之薄也。乃計不出此。反以長偽售欺。存名變實。一用猶可。使數用之。未有不敗者矣。且吾所不解者。羅馬於亞司之國幣。既為其輕矣。而於丁納流又為之重。謂由此其政府償民。收利之半。而民之償負。則僅減十二。果如所言。是上下異法也。將政府還民錢。必用亞司。而民之償逋。非丁納流不可。前之得十。後之得十六。特所總多寡異耳。於其實何殊焉。此真必不可通之法也。而孟氏顧亟稱之。以為有智。何耶。

第十二節　羅馬圜法變值緣起

古之義大利。其所產金銀本少。二品鑛產。幾無可言。方高盧人之入羅馬也。國庫之金。不過千威特而已。然羅馬盛時。累破名城。其輜重皆輦歸之。古羅馬幣。無慮皆銅。直至與波魯思戰罷。始有白金。足以鑄幣。其名曰丁納流。枚得十亞司。十亞司者。銅重十滂圖也。當是時銀銅為率。猶一之於九百六十。銀貴銅賤。相懸如此。蓋每丁鈉流。法得十亞司。銅十滂圖。十滂圖為一百二十翁思。而丁鈉流銀幣。其重僅八分翁思之一。由此推之。知其相待之率。為一與九百六十也。

國勢日蒸。幅員世廣。羅馬之地。乃南與昔昔里。而東與希臘鄰。介二富國間。二富國者。希臘與加達支也。國內之銀日多。而舊率遂變。蓋一與九百六十為最古者。厥後數番著令。以定二品之率。惜乎不可考矣。所可知者。當布匿第二戰之先。每丁納流值銅二十翁思。此言銀銅為率。乃一之與百六十。非其舊矣。蓋自民主以來。銅幣值進者六分得五。然此乃物情事勢之自然。非今所能為也。令特順應之。為時定其率。以免爭耳。

第一次布匿之戰。羅馬兼昔昔里而有之。浸假而取薩狄尼亞。由之而通斯巴尼亞。用此而羅馬之銀日進。乃更制以舊之丁納流枚二十翁思者。為十六翁思銅。此於二金真率。為近之矣。前之一與百六十者。乃今為一與百二十八。

吾黨讀羅馬民舊史。見其行事最偉者。莫若相時而起非常之原也。

第十三節　羅馬專制之日。其所以為圜法者何如

羅馬圜法之日趨於敝也。其在民主之日。與在帝制之日正同。特民主當度支之告匱。為之輕幣矣。而未嘗欺其民也。幣之輕重。眾著之事也。

帝制當內帑之乏絕。名不為之輕幣。而金之純雜大殊。陰取於民。而陽若無事。實為盜。而匿其矛弧。祿糈錫賚。一切仍其舊貫。而受者實大損焉。

吾法國庫之中。尚有羅馬諸帝舊幣藏焉。以銅為之。而上加白金塗。此當日之銀幣也。氏阿史第七十七卷。嘗載此制之所由行。可考也。

羅馬偽幣。其端自皇帝尤利安始。至嘉拉可拉幣之得銀。僅存其半。至塞維盧三存其一。降而愈甚。至戛埋嬰奴之幣。則直銅而外貼白金耳。

顧亦惟上古淳樸之世。乃有是耳。使在今世。雖欲為是。亦無從也。今世之君。假其為是。祇自愚耳。民不受其所愚也。蓋自交易路通。民所用者。備天下之錢幣。優劣相較。顯然可知。一幣之精雜。無從閟也。假有極愚之君。自取其銀幣而雜之。將彼開其始。而民為之終。不浹旬。其國幣盡變可也。縱有善幣。必將外流。其去而復歸者。皆偽幣也。又使如羅馬諸帝然。盜其銀幣。而獨完其金。則眴息之間。金幣不見。所存而流於其市者。皆作偽之銀者可也。故吾於前書言。自交兌興。而君若吏失征利之權。何則。雖欲征之。其術終不可行故也。（案。此節所言。即後人所稱為吉利含圜法例者。）

第十四節　交兌市易之事。其所以束限專制兇威者為理何若

俄羅斯之為治。固不欲自脫於專制。而無如不能。蓋國之所以有通商者。以有交兌也。而交兌之事。與俄之國律。最牴牾而不合。

方一千七百四十五年。大彼得有女曰額里查白者。主俄國。嘗下令盡驅其國中之猶大人。謂猶大子錢家。為錫伯利亞罪人。與羈人之仕於俄者兌銀。使國之現幣常出境也。蓋俄民大抵皆奴虜。例不能出境遊外邦。亦不能轉徙其財入他國。其欲為此。非官許之不能。自交兌設。金銀由近適遠最無難。故曰其制與俄律最牴牾也。

無交兌者無通商。然則通商之事。與俄律亦不合也。且俄民大抵田奴耳。其主此田奴者。則僧侶也。貴人也。而其實主奴者亦奴耳。舍此而外。無第三種民。若他國之工商。俄固絕無而僅有也。

第十五節　羅馬而外義大利及他邦所行之政

義大利法典。有禁民售賣土田者。蓋惡其轉變見幣。得以出國也。夫使民之財賄。與其國常不可分。欲以遷轉。其勢至難。則此律之設。猶有說也。顧自商界闢。而交兌宏。民之私財。與其所居之國土。常析而不

合。而遷轉之易。不過一緘札之勞。然則立前法者。徒為土田見幣之殊。使見幣有流通之便。而土田增窒滯之憂。奪民自繇。而於國之財政。無絲毫益。其無謂不亦甚乎。蓋其法之大謬。在使動產日處其優。而靜產之利用日劣。一也。使遠方之民。雖欲入國受廛。其勢不便。二也。終之以其法之不中。常使吏緣為奸。民樂欺偽。三也。

復案。吾國自庚子以還。時論實以排外為有一無二之宗旨。其所異於前者。向則傲然懵然。以外人為夷狄而排之。今也聳然惕然。知外人之智力為優勝而排之。向也欲不度德不量力而排之。今也度德量力。欲自免於危亡而排之。故其說曰。向之排外是也。特所以排之者非耳。向之所以排外者。野蠻之術也。故雖排而外人之入愈深。而中國之受損者益重。乃今吾將為文明之排外焉。吾國其庶幾有豸乎。於是又得日本之留學生。其所見所聞。皆日本三十年前之政法。眾議所發。先見於拒絕外人資本之內流。而自開鑛山。自造鐵路。以及一切抵制利權之議。如雲起矣。雖然。理財為國之道。各有時宜。而議尤不可以一端盡也。方今吾國。固當以開通為先。而大害無逾於窒塞。自開自造。抵制利權之說。日牢而不可破如此。(已聞留學生有言。寧使中國之路不成。鑛不開。不令外國貲財於吾國而得利。此言與昔徐東海相國云。能攻夷狄。

雖坐此亡國。亦為至榮。何以異乎。）他日惡果。必有所見。不佞且以此獲知言之稱也。悲夫。

第十六節　國家所得鈔業之助力云何

業板克者。其職為兌財。非借財也。今使有國君用板克以兌財。此必有大事可知。故雖所與之利至微。其為積可以至鉅。然使板克公然以重利相要。則其治業之不善可決。蓋板克之求利有術。方其以財貸國也。往往能獲至豐之利。而又不可以為貪。而訾其以非法之子錢出貸也。（校者注云。孟意似誤。板克專業。亦非兌財。）

第十七節　論公債

或曰。國有公債。國之利也。蓋公債有券。可以質賣流通。彼謂得此。而國中所以通轉者繁。而國因之可以益富。雖然。自我言之。彼之為此言者。蓋不知債券與鈔。及交易單三者之性質。大有異也。夫交易單所載者。貨財市易之贏利也。鈔之所載者。其代表而取便藏挾之金銀也。而債券所書。則逋負已耳。三者其可以流通同。而於國財之盈不足大異。故交易單與鈔。其通行於國最利。而債券未嘗或利也。債券之用。民有財以貸公。得此以為之信據。若夫累國之事。由於債券者眾矣。請今得以粗言之。

一、使債券而多為外人之所收。將每歲息銀。外流者眾。

二、使其國常負債。而償者無期。則債券所名。以之兌換正金。必日以劣。

三、債必有息。而所以償息者。仍取於民。其征賦之所加。必於實業不利。何則。工之庸錢。由此貴也。

四、夫如是。國以加征償息之故。其於財也。常取諸勤民。而畀諸惰民。惰民食於息利者也。勤民食於庸贏者也。

其為不便粗如此。至於其便。則吾不知。今使十家之民。由地產貿易之利。各歲收王冠者千。使公債之息。以百五行。則此無異二十萬之所歲取者矣。假十家者有債。而必以其歲入之半五千償其息。是所負者十萬王冠也。雖然。此自私家言。若有出入正負之辨。而總一國言。固依然二十萬之母財。故曰吾不知其所便也。

吾意彼為是之䜛言者。心以為債券所書雖負。顧其財終有所歸。且債既多矣。而國猶膚立。不富能如此乎。富誠不在債。而存於所以任債者。

是故其物非病也。以其有制之者。其物乃利也。以制病者常過於其病也。持說如是。吾又烏從而詰之。

第十八節　公債之所以償還

以財貸人。謂之信家。貣財於人。謂之債家。國者能同時而為信債兩家者也。而信債二者之差率。隨時而異。國而為信家。雖至於無窮不害也。國而為債家。常有不可踰之限域。使其踰之。則其所以為信家者立滅。

使國所以為信家之資格。甚堅而無瑕。則其國可以為吾歐某國之所為。（注。曰英國。）其國可以集甚多之現金。告債家曰。政府且減息。有不願減者。吾還爾金。是亦可謂優游泮奐者矣。故計學曰。息利者。用債之價值也。方國之貣也。息率操諸其民。及其能為償也。息率操諸其國。此不易之理勢也。

蓋公債之息率。非徒減之而遂已也。減之而其所以為償之信乃愈矼。彼餘於償息者。別儲之。以為沈債之積焉。由此則歲有以歸其債母。蓋沈債之積立。而公債之消也。可計日矣。

使所以為信家者。缺而不完。其彌縫補救之術。無他道也。亟立其所以沈債者。蓋惟此而後有以起國民之信用也。

一。設其國為民主。將其政府之性質。可以持久遠之規。故所以沈消公債之積帑。雖為數甚微。猶無害也。惟使其國為君主獨治之制。則此宗之積帑。必不可以不多。

復案。國之大患。莫甚於無與為全局之畫。與無與為長久之計也。君主之國。其用人也。各有官司。而任有期限。又束之以文法之繁。考績之密。是故雖有賢能。不敢為出位之思。甚且畛域顯然。取適己事。求所謂公忠體國。為國家計慮深遠者。有幾人哉。幸而國有賢君。以四境為一家之私產。創業垂統。期子孫世守於無窮。則所謂全局之畫。長久之計。彼實為之。其自宰相以下。至於吏胥。皆奉令承教。備使令而已。假令不幸。胤嗣中衰。孺子踐阼。即有強補。偪於嫌疑。則其所為。將一切皆苟且。國脈焉有不傷者乎。然此而見於古昔一統之朝。神州而外。與為鄰者。皆小蠻夷。猶之可也。又不幸而見於爭存極烈之時代。如今日者。則吾不知何以善其後矣。每見吾國封疆大吏之所為。其視隔省。不殊異國。痛癢漠不相關。甚且擠人於危。處己於安。以為得計。乃至一郡一邑。其為相視莫不然也。若夫用人理財。則尤不為其後者計。淺而譬之。假如有樹。遲之數年。可以長成扶踈。材任梁棟。近而斫之。拱把而已。梧檟不如。顧彼操斧斤而自為計。無寧斫之。何則。雖有他日美材。於眼前人毫無所利故也。然此施於他端。猶難見耳。至於財政。將在在以信義為之基。保護謹持。庶幾有立。顧當事者。但要目前之利。餘且一切無以動其心。則國安得不日窘。前事若昭信之股票。近事若各省之銅圓。凡與同物。皆不為後計者之所為也。夫惟立憲之國不然。蓋立憲之國。雖有朝進夕退之官吏。而亦有國存與存之主人。主人非他。民權是已。民權非他。即以為此全局之畫。長久之計者耳。嗚呼。知此則競爭之優劣。不待再計而可知矣。

二。沈債之積帑既興。則宜宣告國民。使知人人皆有助成此帑之義務。何者。前者之債。固公債也。公債故公償之。然則以財貸國之信家。即為國償債之債家。其償也。乃自為償也。

復案。義務者。與權利相對待而有之詞也。故民有可據之權利。而後應盡之義務生焉。無權利。而責民以義務者。非義務也。直奴分耳。是故若右之術。惟立憲民主之國。而後可行。立憲之民。有囊橐主權。而可以監督國家之財政者也。吾國輓近言政法者。往往見外國一二政利。遂囂然欲仿而行之。而不知其立法本原之大異。自庚辛以還。國之所議行者亦眾矣。然決知其於國終無補者。職此故耳。

三。國有公債。其還之者。究竟為何如民乎。曰是有四等。有土地田宅之民也。操商業者也。勞動與執工者也。而終之則以財貸公私。而食其利息者耳。四者同食於國。而前三皆有勞。獨其四者最為逸居。故常人之情。謂國有急。取於此者宜先之。雖然。不可畸重也。使畸重之。則國家之公信將廢。公信者。不僅國之大命而已。前三之民。其待此也尤殷。國不能失信於一類之民。而使餘民猶信之也。況彼以財貸國之信家。勢常為長國言利者之所睥睨。其情尤難祕。而常暴於人。是故善為國者。尤護持之。而不使為債家者得絲毫齮齕信家。夫而後民任而財通矣。

復案。今夫財貨非他。人力之所轉成。而為之代表者也。方其以財貸公私而食其息也。固若不勞而坐獲。然試問其始之不勞。此財又烏由至乎。非不知世固有倖獲。不待勞而擁鉅貲。然而道國之事。宜循其大理。不得取其變者。以律其常也。

第十九節　貸財以息

錢幣或曰泉貨。所以代表物值者也。所以為物值徽志者也。有欲用此代表徽志者。猶之用他貨物焉。非有以償。不可得用也。所異於他貨物者。他貨物可以賃也。可以購也。而錢幣者。物值之代表也。故無所謂購。（未成幣之三品。與貨物同。故可以購。）而獨可以賃之。

夫貸人以財。通有無而不取息。誠厚俗。而長者之行也。雖然。此宗教道德之所尚。而不可以為國民之通律。

是故欲貧富有以相資於不匱。貸財之價。不可以不平。使息過重。則用財治業之所贏。勢方不足以償息。如是商之業莫適舉也。使息過微。則有財者靡所利於出貸。而莫之為。如是商之業又莫適舉也。

雖然。云莫為出貸者。非人事之實也。一群之中。固必有其貣貸者。特法不平。則私重利出。利重利出。則商賈病。而亂生。

名尚義而害義尤者。其穆護默德之法乎。何者。以其取出息貸財而列之條禁也。故回部諸國民有貸財取息者。世俗賤之。刑罰加之。顧私重利之多。天下莫回部若。其重也。與刑禁之深為比例。此其故至易明也。子錢之家。冒險為此。則必計其失財與犯法之數而自甄之。息安得而不重乎。

嗚呼。東方者。無政之國也。無政故其民無所可恃以為固。方在囊褚。斯為其財。及以貸人。存亡在不可知之數。故使果出為貸。非有倍稱之息。孰其為之。

第二十節　海客之私重息

古以財貸走海者。其取息常尤重。此其故有二。海之風波無常。海賈貣財。其保險之費必大。一也。歸颿無恙。什伯之利。載與俱歸。其償子母也輕。二也。若夫陸地城市之商。無有此也。故法當禁其重息。至法不之禁。使自趨於平。則尤得理耳。

第二十一節　以契約貸財及羅馬時代之重息

商業舉債以息。人事之至常者也。而古又有以契約貸財者。往往契約不信。而私重息之弊以興。

方羅馬民權之日盛也。官吏常欲有以自結於民。則姑為媚民噢咻之政焉。而不悼其流極之為害。如民有貣貸之訟。彼不責契約之宜信也。而務刻出貸母財之家。始猶取其息而減之。甚且以取息為不道而奪之。總之如此類之訟。責焚券捐逋者。乃什八九也。

法令紛更。出於官之條教者有之。出於民之公議者有之。大抵皆損貸者。利貣者。由是私利愈重。殆不可詰。而其害流數百年。蓋使有財者。一出其財以貸人。親見向之乞憐求通者。乃今以一人之身。為逋客。為法官。（謂主立法。）為獄吏。（謂主行法。）則雖有明誓堅約。復誰從而信之。然而民又不能無緩急也。以無信之尤。而求人之我信。此非不情無藝之重息。又烏足以餂之。（凱克祿言。當彼之時。羅馬貸財行息。都市百取三十四。鄉野百取四十八。其重如此。）雖然。此羅馬之吏法實為之。法之所恤者。常在逋負之家。而未嘗為子錢家道地也。以此而羅馬數世之民。無公平之貣貸。雖有嚴刑峻法。而息愈重。民愈貧。由此觀之。彼為政而明於一偏者。不可悟乎。使法而不平。雖有至良之意。適足生害已耳。彼欲民之無為貣。勢不能也。有貣者。而暴貸者之家。雖暴猶貸。非貪於倖償之重息。孰肯為之。

第二十二節　續論羅馬重息之律

平息。曰嬰脫列斯特。重息。曰耳塞理。雖然。此今語也。在古羅馬無分。而始亦未嘗有法焉。為之立制限也。雖至神陵之亂。貴冑齊民。所爭財政之事。亦未聞有制限借息之語。兩家所持。一重公理。一主成約而已。

故當日利息。皆私家議訂之事。而以百取十二為常率。知者。以其傳記所存。稱百取六者為半耳塞理。而百取三者為四分耳塞理之一也。由此可推。全耳塞理。為百取十二也。

或曰。古羅馬非商國也。非商國又烏得如是之重息乎。則不知古之羅馬人之遠征也。以執兵為義務。無餉銀之可支。為身家居行計。其勢不能無所貣以自給。以國之威靈。戰而常勝。其凱還也。足以償其所貣之子母而有餘。觀於舊史所書。民於此時。未嘗怨子錢家之不仁而朘之也。且常責債家之奢侈飲食。以致不任償債云云。此又可見其時之國俗矣。

復案。太史公言吳楚七國兵起時。長安中列侯。行從軍旅。齎貸子錢。無鹽氏出捐千金。其息什之。三月吳楚平。無鹽氏之息什倍。用此富埒關中云云。此中國漢時之耳塞理也。

逮後所定科條。乃有云出征任戰之民。身膺義務。以捍衛國家。不得以逋負私家之事。為子錢家之所窘。故坐此訟繫者。宜即出之。其赤貧者。宜聽往諸殖民地。國為資遣。而國家竟出庫款。供其乏困償逋負者。亦間有之。雖然。此皆應付目前之政。苟釋一時之紛。民情因以悅豫。初未嘗為國計慮深遠。不自知其道之不可以長也。

方羅馬沁涅特之重逋律也。是亦有故。當此時其俗最稱儉約。民安貧嗇。無縱奢之俗。顧一國之費。皆出豪家。而齊民下戶。靡有賦者。豪之放利盤剝固也。然既使之供國矣。雖欲禁其為此。勢有不能。國事。豪實職之。有急則豪之貲財是賴。如此而欲其無所取於民。又可得耶。

復案。此名民主。實貴族之治。貴族猶專制之國君也。特此以獨。而彼以眾耳。故視己財。猶國之財。其出征也。所以逐利。其守圉也。所以自固其產業。無所謂俸祿經費也。

史家撻實圖言。貸財行息一分。為十二章舊法所定約。此其為誤甚明。蓋撻實圖誤指他律為十二章也。夫使其法實定於十二章。而十二章乃羅馬神聖法律。則後此債逋之訟。欲輕息者。必引以為據依無疑。乃寂寂無引其條者。是又何耶。考十二章實無制定息律之事。就令吾輩於羅馬史籍至為空疏。然如是之法。非當時十法司之所定。固可決言者。

復案。十法司先耶穌生四百五十年。蓋與孔子同時。羅馬民公舉十君主國是。而覺羅紂為之主席。先赴希臘習民法。歸定律十二章。為羅馬法律基礎。亦即為諸歐律之星宿海矣。故十二章亦稱十法司律云。

後八十五年。而羅馬有黎沁尼律。即前所謂應付目前之政。取釋一時之紛者。其律載逋家已償息錢。即於母錢。減如其數。所未還之母錢。則以三度勻還之。

前令之著。於羅馬開國三百七十九年。至三百九十八年。杜以流、孟訥紐二子主國正。乃著令貸財滿歲取息。皆以一分。羅馬人以令定息錢自此始。即史家撻實圖所誤指以為十二章者也。又十年。令行息半分。最後乃禁貸而取息者。此國祀四百十三年事也。

今夫法律者。依於人情物性而立者也。違人情。拂物性。過猶不及。未有不滋弊者矣。故前令行。而民日與法相遁。為上者不得已。乃附益脩飾之。然皆無補。法俗相詭。有時則棄法從俗。有時又棄俗而責法。然而俗常勝也。蓋民方窘而亟於貣也。覺為之梗者。即在此右之之法。所欲右者。求財為用之家。然其人必棄法避法。而後有財之用。亞司旅為法官。使債家得執法自芘。而其人旋被殺。蓋民以其復不公之舊令。而壞羅馬通財之局也。夫徒法不能自行。有如此者。

右所言。大抵皆其都邑事。請今舍此。而言藩鄙。不佞嘗於前書言羅馬邊郡。為無道虐政所困窮矣。(見第十一章第十九節。)顧其事不止此。蓋為虐政所困窮者。又為私重利之所朘削也。

凱克祿言薩拉密人。欲於羅馬貣財。急切不可得。以甲比尼亞法為之梗故。是甲比尼亞者。果何法耶。是不可不略言其性質也。

蓋自以息貸財。為國律之所禁。而與律相遁之事。遂不勝書。律之所行者。羅馬民也。而拉體諾之民與其鄰盟之部。則為法所不得加。故民欲借財。則假拉體諾與其鄰盟部民之名。以隱其債主。然則雖有嚴法。要不過毆民使為遁飾已耳。律為具文。於財政國民。無絲毫之益也。

復案。神州之地。自今以往。將大開門戶。而為數十百國往來爭競之場。此雖百世可知者也。夫民雖愛國。而以常情論。終不敵於救其私。私者切近之災。而存亡之問題也。是故法律之施行。稍或不審。則淵魚叢雀之毆見焉。此古今法學至信之例也。議者之於立法行政也。見外人之不可以力取。而所治者之在己勢力範圍也。則曰非羈何忌。常欲優外族。而自抑其民。徒使吾民愛國情損。而予外人利資。且此不獨見於通商之事也。名分章服。禮儀交際之間。使畸重輕。倚力所趨。將卒致此。近而譬之。法堂之上。吾民匍匐。而彼坐立焉。朝覲之際。彼族鞠躬。而吾泥首焉。問當此之時。有不以貴賤榮辱之殊。而竊竊然怨恨國家自視其民如草芥耶。使人人皆懷此情。雖不明言。將於國大不利。夫單獻公棄親用羈。不旋踵而難作。重外人而自踐其民。欲民心豫附而愛國者。特欺人語耳。敬客簡主之說。萬萬不足以自圓也。彼為政者。尚凜之哉。

已而其民。以是為抗法。而是時有仙波羅奴者。主訟獄。則以沁涅特之令。令都民會議。為畫一之令。前之禁羅馬民者。乃今概行於拉體諾及諸與國間。但使一方面為羅馬人。則皆其令之所及者。

當此之時。羅馬所謂與國者。殆盡義大利全境。遠訖阿爾訥與魯比康。此皆未奉羅馬政令而為之藩部者也。

撻實圖言。每禁息令下。民巧法作奸之術。常與俱生。如見貣貸之事。不得假與國民名字為之。則又於邊鄙中。為息借之事。

欲救其敝。不得已而新法又立。此則前所謂甲比尼亞法也。考此法之立。其本意乃以挽國中舉權之末流。以欲挽舉權之末流。若其勢不可以不禁息貸。此其為用有二。蓋國中推舉之日。息貸之事常最多。其息貸也。乃用此以賂出占推舉者也。自撻實圖之語而觀之。則知當日沁涅特之條教。固施行諸邊鄙間。不然。薩拉密民為貣。何與沁涅特事乎。史載布魯圖易名。而後以財貸之。定行息月四分。其行此也。由沁涅特得二教條。其一明言此項借款。不作違律。又云昔昔里郡將。若治此獄。宜依薩拉密約文斷決。此亦可謂自亂其例者矣。

以甲比尼亞法禁都邑豪右。不得與郡鄙民為息貸以通財。而羅馬都邑豪右。於此時實握天下利權。則郡鄙民為貣。勢不得不出至重之息。以動其貪。而忘犯法。顧都邑豪右勢力雄。為法司所忌憚。雖犯法無恐。故膽張氣王。以朘削貣財者。由是郡鄙之民愈益困殆。而郡將之履新也。必先下令。以己意定貣息之率。而國家法律。乃為貪吏矛弧。法律者。吏固得以意為增削。以便己私也。

雖然。國有政事。不可一日以不行也。脫令不行。是無政府。彼郡鄙之民。固雖欲無貣財而不可。且貣之甚亟者。以其地經軍旅所掠奪。官吏所搜牢。催租者所勒索。及一切貪政。有加無已。是故貧者益貧。富者愈富。蓋貧富相懸。未有如此時之甚者也。沁涅特者。名國老。而具行政之大權。予奪威福由之。則時時弛令為特教。使得相為貣。然而禁息貣者。固自若也。豈徒禁息貣而已。且沁涅特之濫許。於法亦在所禁者。其禁之者。非以保小民也。特恐貣者據條教以新息行。使出財者損。不得任意為朘削而已。嗟乎。一法不衷。其起奸至於如是。則雖謂人性之無良可耳。是故。過、不及之法。皆終於病民。治民之要。在避兩端之極。而用其中。此不佞所常常諷誦之格言也。

先德烏利扁有言。償於最後者。償於最少者也。夫使此言而信。則假人財而利其用者。其應出子錢與否。雖不辨可以明。信家之於債也。其於時可以市。債家之於債也。其於時可以購。此固大中至正之說。又安得以貣財取子錢者。為污處也哉。

第二十三章　論法律之關於戶口生聚者

第一節　蕃衍種族人與禽獸同率其性

德來登之詩有曰。合歡喜神羅馬母。天人共仰無等差。（中略。）春風駘蕩扇郊野。新境呈露紛無涯。西颸搜攬起懶歲。（亞洲以東風司令為春。歐則以西為春風。蓋皆自海來。）萬綠悅豫爭萌芽。歡迎淑氣叫百鳥。歌唱不異嬌女姹。川原麋鹿起決驟。捐棄食飲求其饜。愛力所彌徧四大。洪者龍象纖魚蝦。生氣在體忽如醉。陰驅潛率非君耶。邱林岑蔚海浩皛。空山亂石陌上花。噢咻涵煦誰汝似。頃刻皆使蒸成霞。信哉喜神母萬類。生物不測功無涯。孳乳浸多者如是。一粒可化恆河沙。

雖然。人與禽獸。有不同者。禽獸孳生。順其天性。而不自為制限者也。人道不然。其思想。其情性。其忿慾。其習慣。其悲喜好惡之無端。其憚老駐顏之意。其誕生撫字之勤劬。其教誨飲食之不易。凡此皆所以沮其蕃生者矣。

復案。自以人鬼為宗教。而不血食為莫大之罰。於是吾人以婚嫁為天職。而中國過庶之患興焉。雖然庶矣。而富教不施。則其庶也。正其所以為苦也。歐洲之民。其視子姓固不若吾人之重。而憂世之士。計學之家。方般然以嫁娶無節為戒。故今日如法意英德諸邦。其戶口之數已不甚進。蓋教養愈謹。必量力以為生故也。中國之蕃衍也。勞動社會。無恆產之小民。進率獨優。夫眾不教劣種之民於競爭之世。其不能為優勝明矣。故不佞以此為吾國最難解免之問題也。

第二節　嫁娶之律

嫁娶之律。所以重匹合之有別者。非以遂男子之妬情也。緣所生而起義。為父者。教養之責。無旁貸焉。何則。素定故也。不然。將如墨拉所言。父子之屬。所據者但有形似。但據形似。是亦不可必之數矣。教化瘉進。婚禮瘉嚴。為父之天職。禮與律明著之。惟群之興。必自教養其民始。向使人父不為是。而使其群代之。勢且不平不公。抑亦力有不逮者矣。故教養之事。莫若責諸其父便。

禽獸之教養所生也。以母不以父。至於人。其為教養繁矣。非男子莫能任也。兒之性靈。不能猝啟。必漸摩循誘。而後成德。是故徒養不足。必在教之。至於長大。而復能自治以養生也。

故俗苟合無別。於國之民種最病。夫世界本無此兒也。乃今有之。其造因者誰歟。父與母也。由苟合而為父者違。教養此兒之事皆廢。其母雖愛而欲為之。所不克為者眾矣。羞惡悔恨之亂其中。形跡法律之困其外。又況無財力者又什八九耶。

且身為婦人。而人盡可夫。其所以教育此子女者。其資格先亡。雖欲為之。勢有不可。況國之法律。於此類人常賤惡之。而不與之以應得之保護。其身且不自保。又安能保所生乎。

是故。事有若相反而實相須者。則男女有別。而後國民蕃盛是已。夫無別之極。雖為庶不能。無論富且教之矣。

第三節　所生之貴賤

自匹合制立。而後生兒有貴賤之可言。何則。可以從其父也。此自然之勢也。方此制之未立。人生貴賤。常從其母。（自注云。國之有妾婢者。其子貴賤往往從母云。）

第四節　門第

以婦從夫。往之女家。幾為通制。然亦有入贅者。以男子而適女家。如和謨薩之俗。此俗雖反前制。然未形或不便也。

然必前法行。而後門第立。門第者。以男統相繼續者也。且由此而生齒之繁殖益易。門第猶產業然。初民男女。固無殊愛。以門第故。乃重生男。男子者。所以持門第於弗墜者也。

門第立而後族姓重。名者人沒世而欲其不朽者也。亦以此而願門第之相引而彌長。世有因立榮名。而門第高焉者。亦有因立榮名。而小己顯焉者。徒為小己之榮。以較門第之尊。輕重判矣。

第五節　應法之妻凡有數等

以各國宗教法律之不同。其所以牉合之禮各異。回部之國。一男子有數等之妻。故其於子姓也。亦為之殊別。有以婚娶而家生者。有以妾婢而生者。妾婢所生。庶孽也。庶孽必由其父之特認。

生而有貴賤。非公理也。至一父之子。以其父之所施殊。而所生之貴賤異。尤非公理也。故子之繼父業也。使無他故。宜凡所生皆從同。惟日本之俗異此。臣之得婦。恆由君賜。必君賜之所生。乃可以襲其產。其立法之意。殆恐產之屢析而過分。而食采之家。於國則有必膺之義務。此無異吾歐古者之口分田業矣。

復案。生無貴賤。此平等之極說也。雖然。種固有貴賤之殊。而智愚賢不肖。生質從以大異。今取士族之子百人。與徒隸之妻百人。分而教之。則前說之證見矣。是故言其大較。種固有貴賤之可言也。

一男子可以數妻。而異其等焉曰妾。雖然妾矣。而所生則無貴賤也。蓋其法之立。以為妾雖生子。特代妻耳。其實皆嫡之子也。此中國今行之法也。子職之供。斬衰之服。不施於本生之母也。而必施諸應法之嫡母。

惟其禮俗如是。故支那國中。無所謂天生子者。使如吾歐。則奔妾姘妻者之所出。皆必有專律焉。始得與應法之子比肩。此極牽強之事也。吾國天生子。固不少矣。顧在東方。未聞有律。以別野合所生之子女。蓋其俗所以防女子者本至嚴。深閨重壼。窮袴葳蕤。保傅之夾持。閹椓之為使。令為男子。若無患其內之不貞也者。故其法律。以別異奸生之條為贅。即果有之。彼所以待母與子者。祇有死耳。安用加別而存之乎。

復案。孟氏此書。其及吾俗也。固較同時他書為精審。以其識足以擇言故也。雖然。猶有疏者。而多見於其意所推度者。如右之所言。其有合於吾國情事與否。讀者當能自察也。

第六節　各國待庶孽之不同

總之多妻法行。則無天生之子。必國律用匹合者。乃有天生子之別異耳。匹合之俗禁外婦。欲民守法。故并區其所出以為汙。而不法之苟合。庶幾可以少。

民主庶建之國。其別天生子也。較君主專制之國為尤嚴。民主之於道德。固獨重也。

若夫羅馬舊律。其所以防此者。乃太酷矣。其古法。國民不容無室。而夫婦反目。欲為離析無難。人人自便。故其勢可以無外遇。必鮮恥不自愛之尤者。而後有外遇也。

庶建之制。合眾民以為君。故於民品獨重。重民品故嚴庶孽。非必賤其人也。亦非甚惡其親之無別也。制不得不如是也。然庶孽法不得齒國民矣。而有時納之。則以欲齊民之多。以與貴族為旅距也。（見雅理斯多德政治論第六卷。）雅典之盛。以民主而受貢獻於埃及。欲人數少而分賄多。則又群擯庶孽。使不得與齊民齒。聞雅理斯多德言。每有市府以齊民籍稀。乃議納諸孽。使享同己之權利。至於民數既稠。則庶孽之生。往往見擯。

第七節　娶妻必承父命

娶妻必告。以待父命者。非以父為產業主人。一家之權。有專屬也。

亦以父慈愛最深故。以父識慮最優故。少年閱世日淺。其智慮既微。情欲始盛。往往耽於近慕。議不反顧。其鑒衡常不足任也。

古之小民主。其牉合常由令尹。而不獨任父權。其意蓋謂愛國之義最重。而門戶之計次之。故柏拉圖言治道。亦以民間男女之合。屬之令尹。此法賴思第猛之民主。嘗實施之。

復案。孟氏言舜娶妻。不待瞽瞍之命。然則為之主者蓋堯。夫堯固本其愛國之義。而後有二女之釐降者。非今世主自繇結婚者。所得以藉口也。西人言自繇結婚固矣。而男女之締合者。年必甚長。常法男逾三十。女逾二十。各已長成。知自為計。其未及二十有一者。則在父權之下。即令失怙。亦有保父。代任其職。無所謂自繇者也。其謹且重於婚嫁如此。然而尚有占脫輻之爻。而夫婦道苦者。今中國沿早婚之敝俗。當其為合。不特男不識所以為夫與父。女不知所以為婦與母也。甚且捨祖父餘蔭。食稅衣租而外。毫無能事。足以自存。如此而曰自繇結婚。不待父母之命。庸有當乎。庸有當乎。

雖然以父主婚。古之常制。蓋其親切而知子女性格者。非他人所能及也。人莫不欲其子女之更有子女。己之年力就衰。理無久視。若惟此己之種嗣。乃可託於無窮。凡此皆尋常人之意也。然世有政法不善。徒逞在上者之貪殘。盡奪為人父者之權利。觀於嘉芝妥瑪所記。斯巴尼亞人在西印度之所為。可以知虐民者之無所不至也。

其言曰。以其地之為頭會也。凡人家男女既長。可婚嫁而猶未者。則按口加其賦。至男有室而女有家矣。則令分立門戶而自納稅焉。以政府之急聚斂。男女年十五者。皆為及格丁口。應有室家。至茵陳種。其所定之年格尤早。大抵男十四而女十三。彼謂此種人。能人道。具智慧。興惡心。筋力充盈。任趨作。其於他種皆獨早。故雖行前法不為苛。甚至年僅十二三。官即為強合。是蓋據教約十四十五之年而加甚之矣。

嘉芝妥瑪蓋親見之。故言之確鑿如此。且曰。此其所為。真無道之尤而可恥者。夫婚嫁人道之最宜自繇者也。顧茵陳奴隸之虐。乃於此而特甚焉。

第八節　續申前說

英國婚嫁之自繇獨著。女子自擇所愛。而不告父母者為多。夫其俗如此。而英人若不以為忤者。蓋自宗教革命以來。女子法不得為尼。不為尼。彼女子之所以自處者。有嫁而已。此其勢不能復靳者也。法國則不然。其女子之無偶者。常可尼也。故律責女子適人。必俟父命。不以為苛。顧由此言之。則義大利與斯巴尼亞之俗為無謂矣。何則。以其國之多尼。而女子奔者。仍不俟父母之命也。

第九節　處女之情

其身為女子。苟欲樂生而自繇。舍適人無他道也。方其為處女也。雖有理想。不敢自用思也。雖有感覺。不敢自用情也。有目若不敢視。有耳若不敢聽。是故塊然如愚。而所任者瑣屑家人之事耳。所聞者教誡無已之聲耳。夫如是。故其樂有家也固宜。若夫男子。則不必有所逼。而使樂有室也。

復案。十數載以還。西人之說。漸行於神州。年少者樂其去束縛而得自主也。遂往往盪決藩籬。自放於一往而不可收拾之域。揣其所為。但凡與古舛馳。而自出己意者。皆號為西法。然考之事實。西之人固無此。特汝曹自為法耳。觀於此節之所言。則西之處子。其禮防自持何如。自繇云乎哉。吾聞歐之常言曰。女必貞。男必勇。必守此二者。而後自繇。庶有豸乎。

第十節　嫁娶何由而盛

使世間有隙地焉。男女得以安居。則未有不相人偶者也。蓋生理使然。其不為此者。生事之不贍為沮力耳。

故群之方聚而成國也。其嫁娶獨勤。而生齒大進。蓋怨曠之苦。既所不堪。而子女之多。其累生又寡。然則彼何憚而不為合乎。至獨成國稱庶之後。富教乃先。則其情與前反。

復案。此在吾國。固不盡然。人即無資以給朝夕。乃娶妻生子之事。雖赤貧猶為之。告貸於親友。名正而言順也。助人為嫁娶。仁至而義盡也。問以事畜之所恃。則曰天不生無祿人。兒孫自有兒孫福也。夫其信天遂性如此。又奚怪教養之難為。而中國之民。僅足為五洲當苦力乎。

第十一節　政府暴虐其影響於民數何如

乞者不名一錢。而能獨富於子女者。以其國方為生聚之事故也。如是者。蕃育子姓。若無待財。方其孩提。固從其親。而學操乞兒之業矣。其地有餘饒。其俗以無後為大戚。或宗教迷信。生子者名為國添丁。於社會無所負擔也。而常為社會之負擔。此其所以殖也。獨至成國之後。其民之貧。由於政府之腐敗而暴虐。雖有土地山澤。非以養民也。而轉以累民。如是者。其蕃育必稀。蓋民方救死不贍。又烏得其餘。以分食其子孫乎。老弱疾病。其饔飧藥餌。且不自供。又奚暇顧恤稚子。呱呱者自墮地以來。固無日不在疾病之中也。

或曰、民愈貧則其蕃育愈盛。賦愈重則民之自奮愈勤。此真謬悠而不察事實之論也。是二者之詖辭。君主國家為其所毀久矣。顧吾恐此後國為所毀者。猶未渠央也。

是故國家為暴。至於其極。可使民兩情相滅而有餘。其所有者。人情也。其所以滅此情者。又人情也。今且無言其他。問向使美利加之為奴主人者。不如彼之兇虐。其中女子惡孕墜胎。有如今日之眾者乎。

第十二節　各國男女丁口畸多畸寡

吾於前書。已云歐洲生男。多於生女矣。（第十六章第四節。）而客有自日本歸者。則云彼土所生。女多於男。取二土一切事而較之。將見日本婦人。孕育之能。勝歐之女子。然則日本之庶。當過於吾歐矣。

或曰。班丹之丁口。以十女當一男。夫不齊如是。將其地戶籍之數較他所。猶一之於五半焉。此其相睽甚矣。然在彼之戶。其人口宜眾於在此。而以食指之繁。民之任養此家者。其數又必寡也。

第十三節　傍海城邑之戶口

所居並海。民習風波而樂遠出。其男子所蹈死機眾矣。則其地之多女子固宜。然其生育。又常較他所廣也。其故無他。以其家生事極易了耳。或曰。近海民多食魚。魚脂強陰道。利孕育。東方之國。若支那。若日本。其民舍魚幾不他食。故戶口特繁。果爾。其說為有徵矣。雖然。吾獨怪歐洲教寺法律。常令諸祆僧侶食魚。是其所為。非適與立法者用意背耶。

第十四節　地之所生其養人之量多寡有異

大抵畜牧之鄉。常地多而人少。以所須手指。不待多也。耕稼之國。傭作緣畝。需人本多。若為蒲桃坪。其所須力作之民。尤無限矣。

英人謂畜牧場增。則戶口降寡。（畢協白爾涅言。變政之日。主地之家常利畜牧。以毛革之利過種麥也。然民以此失業。眾大恨之。因起為亂。求分地為耕種云。）法人則謂治蒲桃坪眾者。常使戶口驟增也。

國有煤礦。大利也。蓋得石炭以為薪。森林之場。可斬刈啟闢之為耕地耳。

種稻之國。其民必多。稻喜溼。挽水之勞。需眾力也。且稻所收穫多。較種他穀者。用地常少。故他處所用以穀牲者。彼即用之以養人。有間接直接之異。又他處以畜治田者。彼則資以人功。故稼穡之需人。其多不減製造也。

第十五節　工業進。其效果見於戶口者

口分制立。而民各有田。雖國無工業。其戶口可幾於至庶。蓋民盡緣畝。生事有資。一國之民。所仰哺者。皆其土之所出也。此其效見於古之民主國矣。

今日世局。民之分地。本至不均。多者跨鄉連縣。少者至無立錐。故一家之所耕。其產者供一家之所仰食而常有餘。故使工業不講。而國徒尚農。其國無由庶也。或自耕。或倩人耕。歲食之餘。皆有陳粟。本無取於益多。雖來歲不復為田可也。彼無田不耕。而欲得食。非有以交易不能。故地產非惰者之所得食也。己無所出。又何以與人為易乎。則於是有執工者焉。成器以為易。雖不耕亦可以食矣。而千倉萬箱者。亦不以有餘。而淪於紅朽。且民既足食。則求備物。求備物。非有工者。莫之克供也。

夫使民勞力寡而所得多。非機也耶。機可謂有用者矣。然亦有時而無用。今使成器工省。而價本廉。作者之沽。用者之購。固相得也。於此之時。乃有人焉。用其機心。造為機事。使成器益疾。而用手指益微。非徒

無益。抑且有害。今夫磨之所用。人畜之力也。乃浸假而水機之磨興焉。坐此人畜之無所用者甚衆。溪渠有所壟斷。人之用水。不若古之易也。而田之得溉者亦微。此可見之害也。雖然。水機之磨。偏地有之。惟其偏地有之。故論者覩其利而不知其害也。

復案。當孟德斯鳩時。其論機器固如此。至於後世。其為說與此懸殊。雖然。兩家之說。均有當也。亦視其所處之時而已。使時機未至。非但不可立也。亦且不得立。何則。無所利而害故也。至於其時。雖禁猶或為之。然則禁不行也。使禁而行。將使工受其損。而無以為競爭。然則禁乃害也。不行與害。皆知治者所不為。方鐵道之始行也。人人以為奪車馬逆旅之食矣。乃鐵道通而車馬日多。逆旅日衆以大。此計學之公例。所以無所容其成見與褊心也。

第十六節　立法家於戶口之藩滋

國有為戶口之多寡稠稀立法者。隨所遇而異者也。戶口者。天時地利之所為也。立法者無所事於其間。夫使天時實利蕃育。將不久而戶口自稠。為政者無所用其勗民生聚之政也。有天時利蕃育。而地利獨否者矣。則其戶口速進。而饑饉旱潦芸之。此支那之事然也。故為父者嘗鬻其女子。而道路多棄嬰。交趾亦然。其果同者。其因合也。利諾鐸論大食之俗。謂信輪迴之說乃然。道在邇而求諸遠。利諾鐸之謂矣。

和謨薩之宗教。禁婦人年三十五以前。不得生子。有娠。則巫為之踏胎使墮。防過庶。而宗教為之資。此又一異聞也。

復案。計學家戶口之論。十九稘間以馬爾達所論為最闢。繼而天演家物競說行。於是歐洲各國。人人自危。而殖民政策。世界主義。大用於時。約而言之。皆為過庶之民謀耕地耳。為溢富之財謀業場耳。若夫生聚之計。西之羅馬。東之日本。中國之古越。皆嘗一用之。方其為此。其立法牖民。有極可笑者。而女無貞行。子無常親。其於當日之生聚。為益至微。而為後世風俗之患至鉅。蓋苟合無別之民。其於生理。常遜於貞靜有常者。且縱欲之種。又多劣弱故也。是故生聚之術。後世莫有行者。而所行常在其反。歐洲有教之民。方其為學不娶。方其執兵不娶。學成業立矣。非歲入逾二百鎊者不娶。既娶之後。使家非至饒。則所生不願逾二子女。後且以術止之。蓋恐所生或多。則其力不足辦教育也。惟中國之事不然。使其家饒資。婚嫁常不出十七八。人人以多子孫為莫大之幸福。而無子為天罰。雖然。子生之後。未嘗為之辦教育計深遠也。慈者不過多與財耳。而以不教之子。受易得之財。往往揮霍紛紜。為當身之大患。竊嘗怪西國有數百千年之貴族。而中國自宋元以降。則幾於無世家。身為將相守宰。數世之後。降在皁隸者。蓋比比也。是可以思而得其故矣。

第十七節　古希臘之於戶口

泰東之戶口。所不至於過多者。天為之也。希臘之戶口。所不至於過多者。政為之也。夫希臘非孱國也。其國合無數之市府而成之。市府各有政府。各有法律。不必盡同。希臘固事并兼。然其為此。必無甚費。而非重勞。言其雄心。猶未若今世之瑞士荷蘭。與日耳曼之諸部也。其制治大都用民主。執政之所留神者。其民處必享家庭之幸福。出必揚種族之威靈。市府之間。相為競爽。是故國小而民極樂。雖然樂矣。而如是之民。轉瞬必憂其過庶。殆其決也。幸民擅航海。每有新地。即以殖民。此其幅員。所由日廣。夫非必戰勝攻取。若後世之所為矣。今瑞士之防過庶也。術在多使其民為兵。而所為戰者。不必由本國。夫民庶而富教不周。古今道國者之通患也。凡可以免此者。其從事必不遺餘力矣。

故所立憲法。有甚異者焉。凡得國。則所勝之民。必養勝者之市府。如賴思第猛。則養於希洛氏。革雷特、則養於伯里西亞。德沙利、則養於彭尼斯特。皆此志也。故市府自繇之齊民。其數不可以太過。太過則養之者力不勝也。其在今世。常語有之。國之額兵。不可以無限制也。而古賴思第猛之民。真無異以額兵。而為田奴之所養耳。以養者之有窮。故所養者不可以無限。向使無術焉。以杜其過庶。將自繇齊民。眴焉而過其數。所享權利。亦從而衰。不衰。雖有奴隸之供。力弗任矣。

故古希臘之為政也。以戶口之酌盈劑虛為最急。柏拉圖於民主主客論。定市府平民之數。法五千四十人。不進則進之。過則退之。導之以榮辱。曉之以教誡。期其民之必從。其定婚嫁之率也。有大經焉。曰有以彌縫其闕。而無或至於益多。（見主客論第五卷。）

雅理斯多德曰。使一國之法禁棄兒。則其生產也宜有節。法定民數若干。每歲收新生兒若干。假令過之。雖使女子墮胎可也。（見政治論第七卷第一十六章。）

復案。此非政也。設必行之。市府或可。其在邦國。必不逮矣。吾黨讀此。姑無論其法之良苦。特由此可見古之人視過庶之累為何如耳。

雅理氏又於他處。言革雷特民所以救子女過多之術。然其術穢。吾不欲述之矣。

雅理氏又言希臘市府。有進羈為主之法。或認庶孽為平民。或因其母為希女而容納之。然此皆見於戶口彫減之時。使戶口而足。則不復進若前之民也。（見政治論第三卷第三章。）此有如今世之坎納達土人。常法與他族戰。焚其俘虜。獨至野有曠宅。則容受之為國民也。

英奈德柏狄維廉言。一英國男子。見賣於阿勒支。值英金約六十鎊。雖然。亦惟英國男子。有此價耳。其在他國。有不值一文者矣。有所值在負數。而不止無價者矣。

第十八節　羅馬以前之國民

方羅馬之未興也。若義大利。若昔昔里。若安息、高盧、日耳曼。其國勢制度大抵同希臘。散為小邦。而戶口甚密。固無取於復講生聚之政也。

第十九節　後世戶口之流亡

自前之諸小民主為羅馬所鯨吞。其戶口之流亡日眾。聞者疑吾言乎。請觀義大利希臘之間。其戶口在戰之前後何若。此羅馬戰勝之效。紀諸歷史者也。

李費曰。人謂和勒西戰而累敗如此。其傷亡眾矣。所以補此傷亡者。

烏從來哉。可知古之市府。其戶口必至稠。而復有以供兵役如此。顧至於今。觀其故墟。無異漠野。所可見者。少數軍人。與羅馬僮奴已耳。

布魯達奇曰。神壇書法。久無有存。不獨神不降也。其壇宇亦圮廢。蓋至其時。於希臘求勝兵者。殆不及三千人也。

斯托拉保曰。如伊壁魯及其左近之城邑。吾不必言。蓋其地荒廢久矣。民之流亡。至今未已。羅馬軍人來。則取其所棄之第宅而居之。

右三引書。皆史家語。其言羅馬用兵之效如此。必求其事。更觀於波里彪氏所言而可知。波載伊密烈入伊壁魯。所焚城邑市府七十餘。而所係虜者。凡十五萬人也。

第二十節　羅馬所不得已而造為生聚人民之法典

夫羅馬以常勝之家。而滅國墟社如此。雖然。滅人者亦不能無自滅也。率丁壯之民。以爭土地無已。甲冑蟣虱。苦戰長征。猶之刀劍然。其斬堅摧強固也。然而不折必缺。

則於是極意勞神。求所以補其傷亡之卒伍。不得已。則進其奴隸為平民。然此不具論。論其所施之法典。夫羅馬深於閱世之民也。有所祈嚮。知其政之宜何如。故今取其法而細論之。庶幾於學者不無裨也。

第二十一節　羅馬生聚法典

古者羅馬以國中戶口彫疎。惟恐其民之不嫁娶。則以法為鼓舞催驅焉。沁涅特與民會二者。數數為之律令章程。此見於氐阿國史。如所載沃古斯達誥文是已。

羅馬開國二百七十七年。法比義一族。為韋恩特所戕殺者三百五人。法比義一族男子幾盡。所孑遺者。僅一子耳。然其事史家氐阿尼修不肯信也。以謂羅馬古法典。所以責民及年格必婚嫁。與所以督民教育所生者。猶存未廢故也。

法如是矣。顧法典而外。尚有申蘇爾之官。以察民嫁娶。為奉職之一事。民主方以生聚為要圖。有不合者。恥之可也。罪之可也。

然至風俗淫媟無禮。國民以有室為苦者有之。盡人固有天性不好色。而以男女居室為至穢者。故努密狄古為申蘇爾時。其誥國人有曰。假使身為國民。而勢可以不娶婦。是其人終身。可免於惡趣。此豈非極可願之事哉。特自人性言。有妻者固不能樂。而國法又人人不可以無妻。無已。且以存宗之事為要圖。而後一時之婾樂可耳。

羅馬之所以有申蘇爾者。主察風俗民行者也。自風俗壞。民行衰。而中蘇爾之官守亦廢。蓋值舉國皆醉皆狂。雖有申蘇爾。無所用其權力也。

羅馬戶口之流亡。非國外之戰伐為之也。內訌之棼。三君之相為賊。刑辟重而民不聊生。之數者之殘民。過於爭戰之殺傷遠矣。故凱撒於內亂之餘。料其民口。存者僅十五萬家。而不家者大半。於是凱撒與沃古斯達二主。重立申蘇爾之官。而欲以己當其職。民家育子而多。凱撒以其能為國添丁也。設厚賞焉。女子年在四十五以下。猶任生育。設其人無夫又無子。則禁不得施簪珥環瓔。出門不得具筍輿以辱之。此其法意甚美。蓋法輕而攻其所必救故也。至沃古斯達。其立法尤逼人。凡不合而獨居者有罰。嫁娶生兒者有錫賚。撻實圖以此為尤利安法。雖然。其法實不自尤利安始。蓋古之沁涅特、民會，及申蘇爾、三者之所共定也。

沃克斯達之行法也。所遇之沮力至多。故法立三十四年。而羅馬之君子（西稱奈德。如越君子三千人是。）力請廢之。沃古斯達乃為二籍。以分署娶未娶者之名。而未娶之名數大過。於是向之力請廢法者乃自失。而沃古斯達儼然誥其眾。

曰。嗚呼。來有眾。無譁。予其誥汝。以天時之疾疫。戰爭之不時。吾國民之無祿者眾。繼自今不急婚娶。其將何以為國家。國非屋居闤闠廛肆之所為。以有其居之者。古之寓言。摶土為人。汝無此神通。則朝野內外之事。誰為汝治之。不婚不嫁。豈樂獨居與煢處。食有人焉汝同牢。臥有人焉汝同寢。樂煢獨者寧爾為。故汝之不婚嫁。喜濫惡嫥。勸為無法之樂耳。金星之祠。有貞女者。使汝以彼之所為藉口。不貞稱貞。邦有常刑。予不汝逭。汝之所為。將為眾人所法象乎。抑為人所不聞不見者乎。惟二者未可知也。而汝為不愛國之民。則均無以自解。予之所祈者非他。惟民主之繩繩繼繼無已時。乃今為法。於違命者將罰特重。而或有賞。則視生生者為群善之元。嗚呼。今日之俗。賞或至輕。使千人者。奮不顧身。有其為之。獨今使汝。有家有室。長養子孫。乃或不順。沃古斯達誥眾之辭意具如此。其原文殊繁宂。不佞特刪削之。存大經而已。

彼則為律。而命之以己之名曰尤利安。曰樸比亞。則其年當國之總管也。夫不娶之為戾。其在私人。不大見也。乃至身為總管。而為民之所立矣。則以具瞻之地。其不法尤嚴明。據史氏氏阿言。是數人。皆不娶而無出者也。

沃古斯達。既著為令矣。而羅馬法令。凡關於生聚者。固自成為一宗。合尤利安、沃古斯達二者之所為。皆法之有力者也。此律之用甚廣。而勢力之所及者亦眾。蓋羅馬民法。最美之一部分者矣。

欲博而考之。其散見於他籍。可錄者尤眾。如烏利扁殘律。如巴庇安律注。如諸史家之所徵引。如諦烏多舍將廢此令時之所稱。如羅馬公教之所指斥。蓋宗教人所重者。交於鬼神死後之事。其於生前之人事。固不甚分明也。

其為法也。門類甚多。而至今可知者。總三十五。以今不暇旁及。則請舉格遼思之所謂第七宗者。以見羅馬所獎勸生聚者。有可異焉。

溯羅馬民之本始。初皆出於拉體諾市府。舊為賴思第猛之殖民地者也。故其法律。有一部分。乃市府所前有者。必敬高年。同行則居先。同室則居奧。皆此類也。方民主之急生聚也。其尊待嫁娶之男女。與其有子者。一如高年。有時但論其娶否。而有子無子所不計。如是者謂之丈夫之權利。有子則得獎。而生三子者。其得獎尤多。雖然是三者不可混也。多子者之所得。少子者不得同也。而少子與既婚男子之所得者。彼多子者得均沾之。譬如觀優。既娶者有特位。有子得以參之。乃若為父者之所居。非所生之數過彼。不能奪之也。

且其特別利益。方多而不止此。大抵身為丈夫而多子女。於榮寵優崇之事。常先得之。同為總管。其多子者先受棘鉞。而擇所部亦先眾人。沁涅特議員中。最多子者。策名在先。於廷議例得先發。其得職位也常先眾人。每一子則蚤一年也。使其人生三子無恙。則勞役之事。例不之及。齊民女子生三兒。復奴婢。生四兒。則得請自恣。離束拘。蓋羅馬古法。女子例不得自恣也。

然而有族矣。則亦有讁。不娶之男。無家之女。其受遺也。必從其所親。於國人不得受也。設嫁娶矣而無子。所受者不得踰其遺之半。其所以為此讁者。吾聞之布魯達奇云。羅馬人娶婦。志在為人嗣而得遺產。非欲有嗣以傳其遺產也。

復案。觀孟德斯鳩此節之所述。若甚異然者。則今支那人。真不知生聚為何等事矣。雖然。吾國伊古之日。必有以此事為甚急者。觀於鄉飲燕毛旅酬諸古禮。其中之所以尊高年。逮幼賤。禮之意蓋不徒取明秩序講孝弟而已。亦所以使人樂有後之意油然生於其間。而生聚合群之功。始沛然莫之能禦。至今遊鄉野中。察其俗之重娶妻。（吾族三十無室者。例不得入祠。）慶有後。而人人以多子添丁為洪福。皆古之法典。而其效見於今者。此中國之所以稱最庶。而於羅馬之所為。不足深致訝也。

彼夫婦之相受其產業也。法亦為之限制。使有所出。則全受其遺產。使其無之。不過什一而已。又設有前妻前夫之子女。則每子增什一焉。又丈夫不以民主公事而居外。棄其室者。妻雖有遺。不得受也。

鰥寡者。以喪之次年。例更嫁娶。其離異者。減半年為期。父之禁錮其子女。或女適人。而靳不與奩者。吏必強逼之。

聘定二年則必合。不合者有常刑。女子非足十二歲者。不可娶也。故非足十歲者。不可聘也。大抵娶妻所以生子。故雖聘而未合。不得享有室者之利益也。

以六十之男。娶五十之女。法之所禁也。蓋法所以與既婚男女以勝常之利益者。以其為國添丁故也。六十之男。五十之女。未有能生者也。故法禁之。迦爾維禪著令。女子逾五十者不得嫁。泰比流著令。男子逾六十者不得娶。凡以其於添丁之事為無益耳。雖然。覺羅紂乃去泰比流之律。以謂六十男子尚可生也。

羅馬之律。亦合於其地云耳。設行諸行北國。則為過矣。北國之男。雖六十而精力過人。猶能生育者。常時有之。即其地之婦人。年登五十者。其生機猶未艾也。

其於配偶等倫也。則未嘗為之苛制。沃古斯達令齊民除沁涅特外。欲娶已復之奴婢者聽之。巴庇安法。亦禁沁涅特貴人。不得娶復奴婢。及嘗登臺為優倡者。自烏利扁以來。平民不得娶無行檢女子。如嘗為優倡。及對簿受譴罰者。考如此類律令。皆以沁涅特條教行之。當民主時。羅馬未為此律者。蓋其時申蘇爾主風化權重。設有此事。早為禁止。或以法防於未然。故無由見也。

君士但丁著新令。更取巴庇安之律而上之。其所禁者。不止沁涅特。乃至國中高爵尊位之人。舉不得為此。而於凡庶。則無所言。此當時實行法也。是故非偶之合。律所禁者。特法中所指之貴人耳。至札思直黏乃取一切婚娶之例而罷之。雖然。此之自繇。於民乃大不利也。

其所以罰非偶之合者。要非嚴刑峻法也。不過待之如未娶者耳。娶婦而非偶。其人於法律。無新增之權利。且使所娶者死。其妻之財。則以充公帑焉。

沃克斯達法。所最謹者。違律之民。應承遺業否耳。故其為律也。所關於財政者多。而其關於合群生聚也少。夫民婚娶而不得自繇。已覺其生之狹隘矣。又況其所主產業。常為言利者之所眈眈。是故泰比流為帝。於此律多所寬假。而宜祿詔告發者不必賞之。圖拉揚罷犯婚律者產業充公之令。塞維烈於此。亦多輕省。無他。禁令不合於人情。雖立。徒為舞文之資已耳。

於娶妻而生子者。羅馬常與之以優等之利益。由是婚律之禁制益寬。有所罰則以賞之。然而公立之法不除。民終無所措其手足也。

不嫁娶而生子。法之所以困辱之者實多。惟金星祠之女祝與執兵征戍者不然。其一不可嫁。其一無由娶故也。法不及皇帝。故沃古斯達於傳業受遺。不必依民之嫁娶律。顧其始則如是耳。歷久之餘。則向之所謂常者。乃今以為變矣。

於時有學士言哲理者。為其眾之所慕。於是不事生業之流興焉。然而民主之世。人不執兵。亦必有以食其力於社會者。故士之擇術。於其人少利者也。然而以其人之睿智。先知先覺。而其群大重之。斯有一流焉。免於肢體之勞。又無家室之累。至基督教興。以脩身事天為義旨。其流品乃益尊。此雖謂哲學為宗教導其先路可耳。

基督教之影響。先見其端於國之刑獄。蓋羅馬帝國之於教宗。終古不可分析者也。諦阿多禪法典。凡羅馬皇帝之諭勅詔令。實皆收之。取而觀之。則教宗之力。大可見矣。

訥查留之頌君士丹丁也。其言曰。皇帝立法。掃滌穢惡。整齊風紀。維古之法。糾繞巧抗。若無他旨。祇以罔民。皇帝之興。除苛解嬈。良愿受祉。

蓋君士丹丁之變法也。實起於方行之基督教。抑本於基督教盡美盡善之思想而為之。所以知其起於方行之基督教者。以其時法。予畢協主教權最重。此後世教會司法權之基扃也。自其法行。而舊制家君之權乃殺。父之視子。同為天生人類。不得作己之產業觀。蓋欲新教之利行。子之從父。其所謂無違者。不可以不略變也。父常仍舊。而子樂更新。使父權獨尊。新機盡矣。

復案。君士丹丁生漢魏間。東羅馬之第一帝也。歐洲以景教為通行國教。自君士丹丁始。史言君士丹丁出兵時。空中忽見十字。祥雲繞之。且有文曰。以此勝敵。帝乃皈依。受洗禮。凱旋。乃建都於君士丹丁訥波爾。即今土耳其都也。孟氏謂景教裁抑父權。使年少者受新思想。此誠篤論。不獨宗教有然。即至政俗哲理。莫不如是。而二者又有相因之致。不獨父權輕而後新理進。亦新理進而父權不得不輕。此其現象。固今所在在可察者矣。

所以知其本於基督教盡美盡善之思想者。使非本此。將巴庇安之苛法。末由得祛。蓋至此而隻偶有無子姓之民。無所著別。而人民所享權利。莫不同也。

一宗教史家言。彼為政府國家而著生聚之律者。意若曰。民之所以孳乳寖多者。特法令為之耳。而不知戶口之凋庶。生齒之稀稠。一切皆天之所命也。

復案。使宗教而不任天。則一切之宗教可以廢。彼之為此言宜耳。顧自學術之能事日蒸。今乃知民智國力之高下。即在此任天任人之多寡。法令之所能為眾矣。豈僅戶口多寡間哉。是故彌綸造化。主宰誠不可謂無。而謂人功無取者。此亡國之民也。三百年來。宗教權力。日衰於西。正由此故。而吾國之民。上者樂天任數。下者諂鬼禱祈。此其性質。實與宗教最合。而若格格不入者。種界之見太明。而多神之舊。難為一主之新故耳。不佞嘗謂吾國西教。二三十年以往。尚有極盛之時。然而勢不可以甚久。凡此現象。皆即今漸著端倪者也。

夫宗教之旨。其關於生聚者。重且遠矣。問猶大之民。何以國亡而種合。問回部之眾。恆河左右之民。與夫人滿之支那。其長養蕃滋。何由致此。則皆所崇信之教義為之耳。然亦有使之不進者焉。羅馬自皈依景教以來。斯其證也。

蓋羅馬公教。自詳著威儀以來。常以貞忍不婬為功德之首。以其事為常眾所難能。故有以著持戒之堅。而為盛德之據也。

舊法。羅馬人有家室。而男女多者。受國之上賞。君士丹丁雖布新教。尚未嘗廢此令也。至譆阿多壽第二。乃並此除之。

凡巴庇安律所指為不法之婚嫁者。至札思直黏則皆以為合律。有時鰥寡者須再牉合。至札思直黏。亦罷其令。

人人可以嫁娶生子。此率其天性。而斯民不可奪之權利也。故有時夫妻偏死。予遺產者。或令立誓。不得娶婦嫁夫。有時主人與復奴婢以田宅資財。亦令作誓。不得嫁娶。然巴庇安律。公認其誓約為可背者。蓋其事在律。同於無也。自景教風行。其義反此。不知其事之非古也。

故羅馬之民俗。其始也以急於生聚之故。以牉合生子為有功。所邀之榮寵錫命。莫之褫奪。顧自用新教。乃又以貞潔為難能。而再醮重婚。著為污行。教會權盛之日。民之觸禁者。得彼為之居間。有時且可以免罰。然則若前之旌賞。彼欲使之勿行。不更易易耶。

男女之獨居。其始也。教會僅以為宜。其終也。且以為不可不如是。夫宗教之人。棄家室。樂清淨。其義尚矣。使不佞於此。而有所譏訕。天將厭之。雖然。使彼之獨居。乃適以為其放縱。則誰氏之口其能緘乎。夫男女固生人之大欲。若而人者。不循天性之自然。以使之相輔。乃苟難飾偽。而得其兩隳。嗚呼。吾不知其何所取義也。

生人有公例焉。曰。使其群之嫁娶愈稀。則其群之男女彌無別。譬如國多盜賊。則編戶之失亡者。自然眾耳。

第二十二節　棄嬰之俗

羅馬之政。其所以挽棄嬰之俗者。則甚良。史言羅妙魯法。凡屬國民。生男必施教育。而女子則止其長者。假使所生之兒。為不具。為怪胎。棄之無罪。惟須鄰右五家。為之見證。

羅馬舊俗。家有嚴君。實操殺生之柄。故羅妙魯止禁三歲以下嬰孩。父母不得擅殺。與其舊俗。尚無衝突。

史又言。羅馬開國二百七十七年。其見行律。國民及丁之年。必須嫁娶。凡有子女。均受教育無差。蓋自律行。而羅妙魯准其人民自第二女以下可棄擲者。不得用矣。

十二章律。造於羅馬開國三百一年。其於棄嬰之俗。不識何如。特聞凱克祿。於國會演說時。因論民立法廷。謂其制如十二章律之視怪胎。初入人間。即遭閉悶。云云。由此觀之。十二章之於常胎。固不許殺。其於舊制。無所改易明矣。

撻實圖言。日耳曼無棄兒之俗。是知風俗之美。其使民興行。過於法典之良甚遠也。夫羅馬律禁棄兒者也。而其俗輕棄兒。考其新舊國律。固未聞有聽民為此者。然而有此俗者。蓋見於民主制衰之時。以俗之奢侈。

民失自繇。慮家財之因分而見少。為父者。自私其財。視以財分兒。無殊見奪。往者以子姓為財產。乃令子姓財產。離立不同。於是慈孝交衰。而家人之道苦矣。

復案。人道而深於財。則雖骨肉之間。其用愛常不及禽獸。夫禽獸無自殺所生者也。有之則其種早晚滅。顧以人而或為之者。無他計深於財故耳。吾鄉三十年前。溺女之風最盛。則以鄉里之俗。凡嫁女必為厚匳。否則行路笑之。以為至辱。婦人計及財賄。則不如方乳而除之矣。即其愛男子子也。亦常不本於天性之自然。而雜出於傳授產業。食報暮年。種種鄙吝之思想。嗚呼。骨肉之愛。人道最高尚者也。及雜以私。則用情之誠。不若禽獸。是不可以憬然耶。

第二十三節　羅馬衰滅後之世風

生聚之法典。前後二羅馬皆有之。顧法典同而效驗異者。蓋民主方盛之世。雖有失亡。其事皆起於自彊愛國。尚節概。羞屈服。而後有之。至於後世不然。以奄奄無氣之民主。置君旦暮如奕棊。當權者威暴深害。惟知執兵柄以踐踏國民。專制之主如鬼神。法度之密如蛛網。群下昏弱。忌諱萬端。坐是而民之溝壑流亡者眾。雖有生聚法典。烏足救之。故羅馬中葉。其幅員可謂廣矣。然其所以收四國者。非保之也。乃籍其境土。以益弱之。益弱而夷狄乘之。不可救矣。若峨特。若哲提。（達牛河北諸部。）若沙蘭生。若韃靼。此四族者。更至迭來。而羅馬霸圖。掃地幾盡。吾聞古之志怪。有謂天降大雨四十日為洚水。洚水既去。平地忽出執兵者千萬億人。以自屠戮。羅馬衰滅後之世風。非如是歟。

第二十四節　歐洲戶口世為盈虛

流亡轉徙者至眾。後之讀史論世者。不圖復有夏律芒之帝國。顧羅馬解紐之後。歐洲散為小邦。稱侯王者無數。所居或城市。或郊野。富貴尊強之號。均不足當。徒有一地之民。鰓鰓憂外侮之掩至。則相與扶持力作。為啟荒闢穢之事云爾。當此之時。國自為政。無所統於一尊。而舊有之文物聲明。一時略盡。外患內訌。歲歲有之。然而生齒蕃滋。有或過於今日者。是足異也。

吾今不暇取其原因而詳論之。但舉十字軍之眾。所募合於諸國以為之者。足以明矣。布芬陀甫歐史言。法國當察理第九之世。其男子不下二千萬也。

福祿特爾曰。此必誤也。依一千七百五十一年國籍。法之稱庶。無過此時。然無二千萬之男子也。

蓋後代戶口數降者。即由合一之故。方古之時。法蘭西縣縣幾皆為都。至今吾國所有。一都而已。國之各部。自成中點。而權力萃焉。至於今。則皆為一中央之所統攝。而是中央集權。固儼然自成一國家。

第二十五節　續申前論

輓近歐洲。航路大通。坐是各國戶口。常有進退。譬如荷蘭民走海往東洲逐利者最眾。其旋國者。常三之二。其餘或死風波道路間。或安新居長往矣。此通商海國莫不然。不僅荷蘭也。

雖然。歐洲固不一國。航路既闢。遷徙無常。其戶口或此絀而彼盈者有之。大抵一國。物產蕃富。商業利通。則四方之民常輻輳。而戶口驟增。然使總一洲之戶口言。則以與他洲宗教相絕。（自注。與吾洲接壤者。大抵皆回部矣。）環其周者。水海而陸漠。故遠方之民。罕有至者。然則歐之諸國。其戶口互計。或有盈虛。總計則常耗也。

復案。自孟時至於今。歐各國戶口。蓋不止再倍於前而已。故最急者。莫如殖民之地。以資灌輸。美洲先通。而澳大利加繼之。二十以降。又大啟非洲。是故約而言之。大地五洲。而其四皆白種之居而已。俗言膨脹。是直膨脹者矣。而問其所以致此。則最初之因。恆由於學術。其次。則民之果銳爭自立為之。論世者宜有省也。

第二十六節　此時政策

由前事而觀之。則知吾歐今日所宜急者。所以生聚之法律耳。往古希臘之民生。常以民日過庶。破其法制為憂。乃今日之事反此。將在為之法令。使各國之民。日以加多云耳。

第二十七節　法國生聚之法律

路易十四之為吾王也。民生子十人者。家有常祿。而所生過十二者。得祿益多。此可見其求民庶矣。雖然。徒取事之不偶然者而賞之。無大效也。果為生聚之政。則宜若羅馬然。為之法令。以鼓通國之精神。而賞罰皆為其普及者。則庶幾於鳩聚孳乳之事。有大效也。

第二十八節　所以救戶口之凋落。其術云何

國家戶口凋落。使由於天行之虐。抑人事所無可如何。若旱乾水溢。疫癘戰爭。雖其甚酷。往往民力尚有存者。死者已矣。而生者猶足以更

奮。且常以天命難諶。戒惕貪厲。其趨事勸功之勤益至。則一世之餘。元氣遂復。而儼為善國可也。獨有其事起於民德之澆漓。與夫政刑之昏濫。則自作之孽。欲其從衰轉盛難已。蓋俗敝政窳之餘。民之死亡。由於其習。而不自知。其生也若與困苦瘠弱而俱來。暴戾憒戕。率於其上之不仁。目覩流離。視為固然。而不察原因所由起。即今橫攬亞歐間。凡其國上有專制之暴君。或宗教之徒。權力太盛者。其現象每如此。是亦可取以為吾前言之顯證者矣。

土曠人稀。若適喪國。當此之時。徒祝未生之兒。及早誕臨以為吾援。使其眾為蔚然成群之一日。此真虛願不知何日酬者也。河清固何能待。而現存之眾。又疲苶萎墮。無振迅之可期。雖滿目荒蕪。然非無土。苟盡地力。將以養大國之眾而有餘。乃今倮然。若以奉一家而不足。彌望榛荊。大抵皆不耕之田而已。即有越陌連阡。其民之貧。真與無立錐者等。君王僧侶。至於貴族之家。城邑之眾。一國境土。固盡為其所并兼。而無如井里散亡。終無人焉。為執耒耜緣南畝耳。

國而如此。幸而不為鄰敵之所乘。其所以自救者。舍師羅馬焉無他術也。特羅馬之為此也。為於一部分之間。而今所為。則宜用之全境。羅馬為之於富饒之日。而吾且為之於急難之餘。以言其術。則無異也。厥術維何。曰封境內可耕之田。籍通國任耕之民。而與之口分。且貸以田器馬牛子種焉。為至優之制以待之耳。無一民之不受田也。無一日之可以暇逸也。

第二十九節　罷癃殘廢孤獨者有養

夫民之貧。非貧以無財也。貧以無事事。故其家雖無甔石儲。但使有執業。其飽暖優游。將與歲獲息金百王冠而閒居無事者。等也。就令無立錐。但使有以售人。則其所以自贍者。與有地三十畝。必耕焉而後得食者。無以異也。弓冶之子。受學於其親。是其不貧。實較親有土田。而分畀其兒者有過。何則。弓冶之子。其於業術也。各全而受之。而有地之家。其於土田也。必分而受之。全者口多而愈多。分者口多而愈少故也。

工商之國。民之自立者。大半以業術。而罷癃殘疾孤獨者之養。其國家亦有以待之。善治者能使之自食力。彼亦各有所能為也。就所能而教之。教之為業。又所以養人之事也。

見裸民於塗。而與之以衣。此非國家之惠也。夫國家固有養民之天職。飢而食。寒而衣。所居之屋。所行之路。必有以遂民之生而毋使病。不如是。又烏足以為國家。

奧連芝畢者。波斯之國主也。或問之曰。國無惠養院給孤園何也。曰。吾將大富國民。使無須此。此其言夸已。不若曰吾方為富民之事。既富乃克有此耳。

國何以富。無惰民而實業奮也。雖然。實業即大興。欲國無無告之民不可得也。即在手足勤勞之民。緩急有無。固亦時有之耳。

有遇此者。扶救匡翼之。國家之事也。蓋不獨以出民水火而已。亦自救其亂且亡也。是故惠養無告者。善國國而有之。

國之敝也。以公患而生私憂。而積私憂。愈以為公患。如是之國。雖舉五洲之惠養院給孤園以畀之。猶無補也。民得此而呰窳偷生益甚。然則貧者益貧。病者益病。仁政適以害之而已。

顯理第八之治英也。其變法最先諸教寺。則以僧侶坐食。名修身事天。實仰檀施無事事。以此為教。國之惰民坐益多。不恥素食。名惠養窮孤。實使無數肢體完具之民。徒開口仰食。甚至上流世家。樂虛廢業。畢世傳食諸寺間。爾乃墜滅寺眾。制限園院。盡籍其濫者。民始相睚眙。欲為變。顯理不為動也。自是英之實業始興。通商始盛。蓋民知自食其力之義矣。

羅馬者。宗教之神京也。其中所以惠養窮孤殘疾者。號最盛。其制之敝。乃使人人飽食逸居。所不爾者。獨勞力勤動之民。與夫有田之農。有業之工而已。

復案。制惟其宜而已。無所謂仁也。用之不得其理。雖至仁者可以成至不仁。久行之餘。蒸為風俗。其害歷世。不可以祛。夫羅馬之制。自意大利一統以來。廢之久矣。顧至今行其國中。呼乞者猶滿道。特較前此差耳。何則。耳目習常。不以為訝愧故也。吾國畿輔之民。歲歲有振。寒風司令。粥廠宏開。故北方之民。最無蓋藏。不以仰哺於人為恥。而田疇之廢。亦較他省尤。夫政府衣稅食租。徒取甲民之資。以畀於乙。而見謂仁政惠澤。思之亦可愧汗者矣。況課其終效。且為有害民德之尤者耶。嗟乎。習非勝是。寖成風俗。吾國官場學界之間。所累世洗滌不可祛除者。固何止一二事乎。

總之。惠恤孤貧之政。於富國利行。於貧國則為危政。蓋富國之民。其性質本勤。其智力本勝。而天行之禍酷。以人事之錯迕。每出於不及防。故惠恤之者。有其利無其害也。雖然。其事亦不宜恆。而宜暫。蓋拯救之事。宜與災害相資。災固暫也。故其救之也亦宜暫。舍此以往。於蒙惠者無幾微之益也。

復案。論惠振之無益而有害。近世鉅子。莫著於赫胥黎、斯賓塞爾諸公。其言殆無以易。不謂百數十年以往。於計學未大明之世。先有孟德斯鳩。見之真切。有如此也。因悟魯論。孔子謂博施濟眾。堯舜猶病。其旨非高。其行為不可及也。亦謂堯舜所不肯為耳。故其下曰己欲立而立人。己欲達而達人。昭然若揭矣。嘗謂濟人之道。莫貴於使之自立。舍此固必窮之術。於受者又無益也。夫人道之所最貴者。非其精神志氣歟。顧世之講施濟者。往往養其軀體矣。而毀其志氣。是以禽獸之道待其人也。夫至仁莫如天。天災之行。若旱乾水溢者。天之所以教其民。使之知趨避。而後此能為先事之防。善自救也。是故由天之道。一害之後。其不害者可以無窮。而人類之能力益進。顧講施濟者不然。必取其事而盾之。使受害者有所恃而不為後計。此何異慈父折蔆。而旁觀者不知其用愛之篤。從而沮之。顧他日放蕩踰檢。是旁人者。又不能從其後而時芘之也。豈非反禍之乎。嗟乎。人無智愚。特眼光短長。有分別耳。

又案。至於今日振務。號善士者。大抵皆為盜而不操矛弧者耳。一聞有災。匍匐從事。既收仁聲。己亦加富。大吏從以重其人。政府或亦奬其事。大利所在。固無怪今日善士之多也。

第二十四章　論法律之關於宗教理道者

第一節　總論神道設教

今夫以神道設教者。天下最為幽深難測之理也。雖然幽矣。其為幽不同。猶有容天光之照者也。深矣。其為深不等。猶有揣仞而知其所底者也。是故不佞於同為惑世誣民之中。試求其有合於利群之旨者。彼方率一世之人。棄當前之短景。以求極樂於未來世之無窮。而不佞則以現在為要歸。求其制之有補於人道。

然則取世間所現行之宗教。以民群法律眼藏衡之。而試分其優劣。試陳其利害。若夫其教之啟於天心。發於帝謂。抑本原所在。不出人間。而純為人心所虛構。則固不佞所未暇詳也。

至不佞所論著者。乃人群法律之書。而非宗教之經典。故其誠妄。祇能以世法眼藏觀之。察其符否。乃若天道高渺。神理玄虛。固不得於此書求其侖脊耳。

至謂宗教之重。次於政法。故當抑其高尚之理。以歸治理之範圍。不佞持論。從未為此。此亦明眼平心者。所宜共見。但竊謂二者之事。既同主於為群造福。斯其理解。不宜舛馳。而宜相合。欲為其合。則非取教義而深明之。又不可耳。

自基督教旨言。所首揭者。在人道相為仁愛。然則教宗弘願。正宇內人民。同享盡善最公之法典矣。蓋舍宗教。而人生世間。所能與人群利益。與所受於人群之利益。殆無有過於此一事者矣。

第二節　貝禮之讆言

貝禮有言。人類與其崇奉左道。則無寧竟主無神。且欲為之證論。此無異云。使皈依之宗教而不真。寧為無教無所皈依之人。其為害淺也。故又曰。今吾有身。而人指而目之為邪佞。固莫若吾雖有身。而人皆目之為無身也。此其言稍過。夫一人之有無。於社會所關甚淺。至於信上帝天神之有無。於民德之所係重矣。蓋一信其無。即成其意於無忌憚。而違犯誡律。更無足言。夫以人類有時置宗教誡律於不顧。遂謂宗教不足坊民。此無異以法網之恢疏。謂刑憲於保持治安為無益也。夫人意有不平。於宗教則歷數其末流之弊害而張之。忘其利群之實。此不得謂之非詖辭。何則。使吾今者。但取法典之敝以為言。將無論君主民主之所行。亦有使人盡然毛戴者。嗟乎。宗教即不足以大利元元。顧世間以貴賤勢力之相懸。俾在上之君公侯王。知天威不違。有所警惕。此其為利。即已不訾。專制之君。常制法而不為法所制。如怒馬然。方其僨興驀馳。汗赭沫白。舍天命神靈而外。別無可為之銜勒者也。

夫人主狻猊也。其喜且敬宗教之言也。無異狻猊伏而聽豢者之撫其髮鬣。與聞其聲而平怒也。其畏且惡宗教之言也。無異狻猊憤噬其鋃鐺。以縶其爪牙。使不得致猛於過客也。向使於宗教一無所皈依。將無異縱猛獸於城市間。徒見其抉裂之威。吞噬之殘而已。

故所爭者。非任其人。抑任一國之民。無所信奉。與夫有所信奉。而倒行逆施。二者之孰愈也。乃問有宗教而或用濟惡。與夫任民所至。而不以宗教為防。二者為禍。其於國孰輕重也。

以惡左道之太過。乃寧主於無神。顧不知古之人民。其笵為象偶。而崇拜之以為神者。雖善惡均有之。而其事凶神。非愛之也。政以惡之。如向者賴思第猛嘗祠恐怖之神矣。然非欲其眾黜尚武之風。臨戰陳而無勇明矣。而此之外。尚有神焉。祈其護持。使無至於為惡者。或祈有以啟牖其衷。使向善者。然則宗教之為用。大可見矣。

第三節　和平之治宜於景教。專制之政宜於回教

夫景教者。與專制之治不相謀者也。福音之所布。純主於矜慈。而以赦過宥仇為事天之大義。此其道。與武怒暴睢之治。有合者乎。專制者。以恐怖為精神者也。是故其為刑必深。其取威在酷。

且景教之大用。在禁一夫而多妻。又為法平。而君與民。不相絕而時相見。由是而相人偶之意興焉。雖有貴人。皆樂從法。樂從法。故知不可惟意所欲為。

若夫回教之國。為之君上。非以殺人。則見殺耳。是以其心多恐。多恐。故於其下也殘。景教不然。是以其心多舒。多舒。故其遇物也恕。君臣上下之間。交相任也。嗚呼。景教者待人之樂。而後己樂者也。此其所以為崇信者之幸福歟。

埃及南部。曰伊氏阿比亞。景教之國也。以景教故。雖土地廣。風氣炎。而專制之治莫由立。所以使歐之文教風俗。達於非洲之腹部者。伊氏阿比亞之力也。

伊氏阿比亞有王子。受封食采為近藩。其臣民相愛也。去之不遠。有回部焉。曰新那爾。則取其王之諸子而幽之。王崩。諸臣有所擁戴。乃盡殺其所幽者。

有然疑於吾說者。請觀古希臘羅馬。王若酋相戕之無已。更觀亞洲韃木兒、成吉思之用兵。而所過為墟也。然後知基督真教之造福於吾民。大且遠耳。內之有政治之憲法。外之有戰媾之條要。雖罄羊皮之紙。不足以書其功德也。

以有國際之公法。故吾人雖用兵而濟。顧其於勝國也。性命財產。自繇法律。常予所勝而匪所更。至於宗教。尤莫之改。有非然者。必勝家私利之深。而後盲然惟所欲為耳。

自我觀之。吾歐今日之民。散為列國矣。顧其分離之形。以擬羅馬力征專制時之軍若民。未為析也。今之國民。以兵戈相鬩者也。而羅馬之時。名為共主。然而市府則相刼略也。土田則相侵分也。

第四節　景回二教品性不同而影響亦異

夫景回二教之優劣。豈俟深考微論。而後見哉。蓋即二者品性之殊而觀之。則孰宜崇奉。孰宜棄置。已可決矣。任取一宗教於此。欲證論所依託宜傳者之真妄。此難言者也。而既為宗教矣。則必有去殺勝殘之效。此易言者也。

是故受所奉之宗教於勝家者。國民之至不幸也。穆護默德之宣教也以兵。故其教之精神。所主於破壞而酷刻者。至今千年。猶載其澤於人類也。沙拔戈之軼事。則足異已。沙拔戈者。埃及游牧部之王者也。都於古之羝卑。一夕夢其地之守神誡之曰。若盡取埃及之祝宗而殺之。覺而占夢。沙拔戈曰。吾不足於事國神矣。何所誡者之異於神理耶。乃讓王位。而退居於伊氏阿比亞。

第五節　公教者、君主之教。修教者、民主之教

宗教之入於一國。而終流行也。此非人力之所能為也。言其大理。必其品性。與夫治制之品性。有相得者。何以言其非人力之所能為也。蓋彼受之者。與傳之者。疑其教也。若其國焉。雖若有擇。而實不能為擇者也。

景教之行。自其朔至今千七百年矣。兩稘以往。不幸分宗出焉。於是名其故者曰公教。公教云者。謂宜普用而大同者也。名其新曰修教。修教云者。去其腐敗。號復本然者也。然而北部之民。則從其修教。南部之民。則仍其公教。

此其所以然之故。可得言已。北部之民。常以自繇獨立為精神者也。而南部之民無是也。修教者。平通簡易。不立宗長。而祛其繁文者也。故

其與自繇獨立之風氣最宜。

是故修教利行之國。其政法皆以革故為精神者也。向使路得所事者。為大國之名王。則欲使之去其所受於宗教一切所為尊貴之禮儀。以從其質。未必得也。而葛羅雲之所有事者。固民主之邦。與夫君主之小小者。故於等威形式之事。棄之易耳。及其奉行之也。固各尊其所聞。而皆以為至美。葛羅雲自謂所更張者。合於基督之本旨。而守路得之訓者。亦以為十二聖所宜揚。正如是耳。

第六節　再論貝禮之讆言

貝禮氏既於一切宗教。各有訕譏。終乃著激詞於景教。其言曰。真景教不可以長治。嗟乎。吾不知此言之何以出也。將謂景教之偏於仁乎。則不知如是之民。必明於生人之天職。且殷然求著於實行。明於天職者。未有放棄其自保之權利者也。彼篤教之情愈深。將其愛國之心愈摰。所銘刻於心者。皆景教之至道。故其本之以為事功也。初無俟君主之厚祿尊爵。所動以利者為之餂誘。民主雖有道德。然本乎人。而景教之道德。則原於天。專制之恐怖。奴隸之所威懷。更非所擬於畏天之威。于時保之之義矣。安見真景教之不可以久安而長治乎。貝禮氏鉅子也。吾所深怪者。彼乃取景教之精神形式。而混為一談。躬承其教。而於其真乃昧然。尤足異也。今使有立法之家於此。其所言者。實行之法度也。乃今徒以私議與人。蓋彼之心。固知若取所議而施諸實行。則所言有與舊立者相反耳。

第七節　宗教所設之戒律

社會之法典。所以坊民定志者也。故督責之意多。而勸導之意少。宗教之戒律。所以範情收心者也。故督責之文少。而勸導之文多。

故使宗教制為戒律。其所求者。不僅其善也。將以為其愈修。不僅其宜也。實以為其圓滿。然則戒律宜為其勸導。而非為約束明矣。何則。愈修而圓滿。非可求之於人人物物者也。又有進者。向使以是為約束。而期其無違。則一條之外。將必有無數條以輔之而後可。如教侶之禁配合。此景教所謂善也。立焉而期其必守。顧欲此戒之守也。乃日為他戒焉以輔之。夫如是。故立法者勞。而受法者殆。不知使教侶而重薰修。則勸之而已足。脫其不然。雖束之猶無益也。

第八節　德行科條與宗教戒律之異

宗教以神道設教者也。雖然。有真有偽。真者本於天神垂示者也。假其國不才。而無天神垂示之真教。則其為戒律也。取與德行科條無背焉可已。蓋其為教雖偽。然使戒律翕然有合於人心。其教亦可以立也。

辟孤之民。所奉之宗教。有大戒焉。曰毋殺人。毋為盜。毋蒙不潔。毋致損於同群。而竭其力為利濟。以是為戒。彼謂雖何等宗教。皆有以自度矣。故其民雖貧且傲。顧其於困阨無告之人。未嘗不仁慈而愷悌也。

復案。凡宗教之所託始。如王者之始祖焉。莫不載靈異。言感生。表聖蹟。然而皆無據。賢哲難言之。自十七世紀以來。摧陷廓清。稍稍盡矣。而持世之士。方以此為大憂。蓋謂使靈魂有死。天堂地獄之說。破而無餘。將人心橫恣。滋莫防檢也。然而哲家如前之滂龐訥子。後之汗德等。皆以為不然。彼謂善者人性也。其好善惡惡之本然。固無所待於報應之居何等。藉令其人歆天堂之極樂而後為善。畏地獄之苦趣而後不為惡。此其人固已為喻利之小人。而所行不足貴矣。於是倡為道德獨立之教。道德獨立者。宗教雖滅。人道亦有以自存也。總之。世法莫不相倚而立者。使民質汙。道德固無由獨立。方獨立之說不足維世。其時宗教之義。自不可破。迨民質進。而宗教義衰。則獨立道德。將自有以持世而有餘。

第九節　論猶大之額沁尼

額沁尼無宗教。然以持守公平自任。不以惡加人。不以外至之差而變其操。與天下為忠信。而深疾不義。其臨下以謙。必依於真理。不以其道而苟得。違而去之。如不及焉。其德行之科條蓋如此。

第十節　論斯多噶黨人

吾歐古之學派甚繁。其為用猶宗教也。若斯多噶一派。凡人類之所守。而陶鑄善人。殆莫過之矣。假令不佞而非基督之徒。則將謂芝諾黨派之微。為人類之大不幸矣。

夫斯多噶未嘗無過。顧其所過。皆在人類之所大者。至於苦樂之切身。蓋置之度外久矣。

所以為國民者。此黨人也。所以為豪桀者。此黨人也。所以為聖君偉主者。又此黨人也。舍此而外皆不能。

宗教家之言曰。吾所持守者。非人之所為。天之所制也。天之所制奈何。謂其說由靈應默示之符而得之也。今姑舍是。而求諸形氣。則人物中。豈有高尚可貴。愈於羅馬諸安敦者乎。殆無有也。乃至若尤利安。夫尤利安之於景教。固以始合終離。為後世所詬病。雖然。自尤利安以來。世有宜君宜王。過於尤利安者乎。又無有也。

凡此咸斯多噶之黨徒也。蓋其學。於富貴貧賤。乃至苦樂。皆以為虛幻。而一切不足以概夫其中。而謂人生之當為。在為生民所利賴。其所皇皇者。以拯拔社會。為惟一天職已耳。彼惟以此為人類神聖之精神。為天所賦諸人人。作社會人群之保障。不肖者怠棄。而賢者潝之。夫而後能如是也。

生於人群。則以事群為職。非渴賞而後忘其勞也。即事而賞已渥、報已豐矣。彼見行事。而與所學合者。則以為至樂。且彼固以天下之樂為樂者也。

復案。吾譯此節。不覺心怦怦然。汗浹背下霑衣也。夫孟子非至仁者歟。而毀墨。墨何可毀耶。且以其兼愛為無父。又以施由親始為二本。皆吾所至今而不通其說者也。夫天下當腐敗否塞。窮極無可復之之時。非得多數人焉。如吾墨。如彼斯多噶者之用心。則熙熙攘攘者。夫孰從而救之。今之人。嚚嚚然自謂被文明教育。以轉移中國為己任者。亦至眾矣。顧吾從旁徐察其所為。則一命之得失。一財之有無。雖其實至瑣屑不足道。皆不惜重趼脅息以爭之。不能得。則挾其眾勢。號曰團體。

陰險叵測。名曰運動。但己之有獲乎。雖置人於至危所不顧。嗚呼。亡國之民。莫不如此。彼方以是為爭存。而不知其與莊生之豕蝨同道。可哀也已。

第十一節　教理深微所及於社會之影響

天之生人也。將使勤動焉。以自遂其生。飲食以救飢。衣裳以禦寒。既居其群。又必有其所以相為者。是故宗教將以牖民。則不可以過精微。使民終身於思。有不暇給者。

回教非必精微。而其習則多惟念。一日夜所為祈禱者五。方其為此。則必置一切之人事於不問。以一心為皈依。則民義之不舉者眾矣。又況前定之說。行於其中。民又何所取而勞其筋力手足乎。

復案。孟氏所論二弊。與孔子所謂務民之義。敬鬼神而遠之。所謂仁者先難後獲。其旨皆同。讀此乃知仲尼之憂世遠也。

當此之時。設又有他因焉。與之會而用事。如治體之任刑而督責。抑所以授田制產者。一憑夫其上。而民無固志。如此。則所以為其國之禍者乃愈烈。

波斯舊行高爾思教。其民甚蘇。而國亦富。蓋其教之所行。有可以與專制之治相救者故也。自花門穆護之教行。富彊之風。掃地盡矣。

復案。宗教之多思惟。殆莫若佛。似宗神秀以上。尚猶差可。六葉以後。倡為禪宗。中國遂以不振。近世又有所謂淨土宗者。舍惟念別無事業。故不獨國病。而宗門亦衰矣。

第十二節　論懺罪悔過

宗教之有懺悔也。其義須與勤動合。不可與惰懶合。須與謙善合。不當與矜飾合。須與節儉合。不得與貪惏合。此其大經也。

第十三節　論不赦罪業

羅馬教皇典論。載羅馬民人有不赦罪業。凱克祿嘗引之。左芝穆毀君士丹丁。謂皈依景教。其用意大誤。又尤利安亦於此事大加譏誚。其所據依者。皆由於此。

今夫像偶多神之教。教中禁律所重。僅存一二之大眚。且其所求於崇信之徒者。僅存其跡。而不課其心。如是而言。故其法有不貰之業也。若真教之為法不然。其所羈勒者。周於一切之情欲。其所嚴而課者。不徒在行。且在起意思想之間。其所以束縛吾身心者。不止二三之巨綆。而有無限之絲繩。又其課隱微論功罪也。往往人為之法律有不用。而用獨制之科條。而其法之所祈。將以使崇信之人。始於憬悟。終於愛慈。或始以愛慈。終於憬悟。蓋介士師罪人之間。有其大力者。將為之解免。而介於正直無罪。與解免大力之間。又有其無上之士師。夫如是之宗教。而曰生人有不赦之罪業焉。始不然已。是故其教之行也。將使下民知畏矣。而不使之自棄於不收之域。罪固無不可赦也。而未復長往之愆。亦可以淪於永墮。雖有至仁。而怙終者必不可以嘗試。舊惡雖蠲。而滌面者自有殊於無犯。又況更蹈新尤。以盈舊貫。雖有慈父。振拔無從矣。嗚呼。可不懼哉。

第十四節　宗教有左右民法之力其事何如

宗教之行。法典之用。皆道民向善者機也。雖然。有寬嚴之異等。使其一而過於寬。則其一宜嚴。乃有以相救。

日本之宗教。其為誠犖犖數章而已。未嘗任賞罰之事也。是故其法典獨嚴。而行之以刻覈。則亦救弊補偏之意耳。

宗教互殊。而其言天人之際也。二義而已。其一曰前定。前定天之所設也。其一曰自繇。自繇人之所主也。使其言前定。將人之功罪。盡歸諸天。如是則法典宜重。而司法之吏宜惺惺然。其究也。庶幾民之自棄於無可奈何之域者。爭求寡過懷刑以自救也。至若宗教之旨。標挈自繇。則功罪之果。由己造因。而無從委責。如是法典之輕重疏密。乃與向者大殊。以黔首之眾。既黽勉自將矣。其陷罔觸辜。固足愍也。

故回教之行也。以神明呰窳之故。而前定之教義興焉。又以前定之說。深入民心。其神明愈以呰窳。其究也。不知孰為因果矣。彼曰。吾之所為受。冥冥之中。為之安排久矣。則吾何為而不自暇逸乎。夫宗教之說。既取民筋骨而弛之如此。使為之長者。不以法令敺其民。將一切之人治事功。舉以廢矣。

且宗教與法令之行。往往若相背者。宗教之所諱。而法令或以為宜。反是而觀。故有時法令之所非。而宗教或曰無罪。凡此皆治化始開。人心晦盲之現象。乃使鬼神民義。有如是之僢馳耳。

成吉思汗之崛起北方也。蒙古諸部之俗。所緣於宗教而起者。有以置刀於火。以為死罪者矣。立鞭於地。不可以倚。策馬者不得以韁。他若互擊兩骨使碎者。皆深業大罪。其人可死。獨至食言背約。刦奪財物。或傷害人。致瘡痏及死者。則不以為罪過。是故法之成也。使重其所宜輕。則其於群理也。必輕其所宜重。是誠相倚者矣。

支那之臺灣。荷蘭謂之曰和謨薩。其中之土人。信地獄之說。地獄之所罰者。其人生前於宜裸之時節不肯裸。於祭不服絲枲。而衣棉毧。或生嗜蠔蜆。取之海濱。或鹵莽出行。不占鳥語。凡此皆地獄之所為設也。若夫湛湎荒淫。則無罪過。何則。湛湎荒淫。人之所欣。亦神之所喜。故也。

宗教莫不有赦宥之說。然使蒙赦者事出偶然。則嚴重之心廢。此如印度之民。以殑伽為功德水。能滌除諸罪孽。設有人死河干。其魂自然不墮地獄。脫諸苦趣。往生極樂矣。以是之故。國中人死。雖所居絕遠。必載其遺燼。傾散恆河。以為超度。至於是人生世。為仁為暴。為貞為淫。則所不計。夫其法如此。欲人嚴畏戒律。不已難乎。

復案。此之所譏。宗教之能違者寡矣。中國人死。其家必焚紙錢。徧賂諸鬼。而羅馬舊宗。亦有為新死靈魂禱祈之法。其所為固絕可哂。然宗教之所以利行。而為世俗之所趨。每由於此。蓋人情僥倖意勝。賢者或以妄塞悲。幽冥難知。雖有睿智。末由顯證所為之悖。此所以流俗相承。必待教化程度至高。而後有以袪其蔽也。

苦樂二境。相倚而形者也。故有天國之極樂。則必有地獄之至苦。使民於死。信其必生天國。而不墮地獄者。則法典之用窮矣。蓋極法典之所為。不過死民而已。顧既死則極樂券焉。即死非彼之所祈。其不以為所畏明矣。不為所畏。故蔑視之。此官執刀鋸鈇鉞以威其民。曰不如是者死。而民之私念。則曰不如是者。乃脫屣濁世。而無窮之樂自此始也。雖嚴酷又安所施。

復案。培根曰。人之畏死。猶小兒之畏空虛。非畏其苦也。畏其不可知而已。故使當前可樂。彼必不取所不可知者而嘗試之也。乃至生極無憀。願望盡絕。其趨死甘如飴耳。故老氏曰。民不畏死。死之不足畏。以生之無可欣。死不畏。生不欣。猶欲其為懷刑服政之民。無是理也。

第十五節　宗教雖妄而法典良者有時可以相救

國之宗教。相沿自古。以民智之幼稚。迷信之甚深。又輔之以則古稱先之重。故宗教之儀文。雖自異族觀之。雖以為至謬無禮。猶有傳者。此在五洲。不止一二覯者也。雅理斯多德紀希臘婦女。依宗教舊儀。歲時入祠。神祕之事。所行絕褻。聞者慚生。而其國法典。則許為父者相從入祠。號觀禮以為之防。此則法典補救宗教之弊者也。

又沃古斯達之為帝也。禁少年男女夜祠。必祠。必由親戚長年領率之。乃可。又其復魯波葛利之禮也。不許少男袒裸從事。皆猶此義耳。

復案。魯波葛利者。羅馬之禖祠也。其由來絕古。每歲二月。令尹具羊一犬一。驅於城闉。使少年男子。裸而循牆疾趨。執馬牛勢之腊者。以擊婦人。云如是為。則其人宜子。此宗教迷信。而為非禮之禮。沃克斯達使男子無裸。其所以保存女子之廉恥深矣。故孟氏許其為法之良。足以救宗教所為之謬妄。吾國婦女入廟。坐夜禱祠。大為風俗之詬。國律禁之。是以法典補救宗教者也。

第十六節　法律為民所不便。宗教禮典亦得以維持之

更自宗教之方面而觀之。則有時法律不詳。宗教所為。又足彌其闕失。

有如民俗悍鷙。內訌頻仍。宗教之力。常有以使其一部分安靜而不為亂。希臘之伊利亞民。例為阿叵羅（太陽神。其品地至尊。）神巫者。未嘗執兵而鬬也。其在日本。天皇所居之國。謂之神京。神京之民。未嘗為亂。二者皆有宗教之義。兼行其中。乃有以相維於不敝。假有一統之國。意若率土之濱。靡不怙冒。而異種他族。不得取而臣屬之。如是者謂之帝國。帝國雖亂。顧其中常有一等之民業。雖有亂可以無毀者。

更有國土。為一君與貴族所專制。其與他國戰也。無待民人所公許。

其所行法律。又不明言所以解紛息鬨之條。故每役之興。不能遽已。有宗教焉。能出以排兩家之紛。解多種之仇。即不然。亦能本其教旨。而倡蹔行息兵之議。所以與二國以農時。使釋干戈而親耒耜。耕播耨穫。以為民食之資。

大食諸種。世為寇讎。其相伺為侵掠久矣。顧每歲之中。必有四閱月焉。寢兵禁攻。以修農事。敢或動者。是為悖天。即在歐西。當法國為高盧之日。小王酋長。時時相攻。而宗教有逼令停戰之權力。第其為此。亦有定時。考其大經。在勿奪農時而已。

第十七節　更申前論

國俗懻忮。民多怨仇。為之宗教。其所以解仇釋怨。蓋亦多術。大食之民。習為刦掠者也。其所犯之人理天道亦眾矣。乃穆護默特為之教律曰。以血償血。有能宥其兄弟之血者。（謂有仇勿報。）於仇家復怨。雖增於其所身受者可也。第於惡人。既滿意而許釋憾矣。乃復從而害之。如此人者。於判斷日。將被最酷之刑罰。

日耳曼種。於親愛之仇無不報。承其遺產者。承其遺仇也。雖然。其仇可以解。不云數世之後。猶當復也。殺人者得以牲畜自贖。受之者宥其全家。撻實圖曰。此最利之法也。以自繇之民。最忌尋仇不解。故也。不佞以謂解仇要盟。此主其宗教者所有事也。古日耳曼民。固信重其教主。

復案。宗教為物。其關於陶鑄風俗者。常至深遠。觀東西二土之民。其於怨仇。可以見矣。西之宗教。重改過宥罪。曰此教徒之天職也。雖有至深之釁。使犯者聲言歉衷。以自謝於受者。則舊怨可以立捐。乃至張脈僨興。往往拔刃相向。或有為之解紛。則杯酒片辭。化寇仇而為石交者。事恆有之。其受謝者。不為弱懦。而度量恢廓。為人所稱。脫既解矣。而猶以舊怨相繩。則其人必為國人所不數。此西國之俗也。至於吾俗。仍大不然。釁之既生。銜者次於骨髓。遷怒及其親戚。尋仇延乎子孫。即有居間排難之家。以勢相臨。若不得已。雖曰解仇。察其隱微。固未嘗釋也。其居心如是。其揣人亦然。緼火常伏。其發也。特待時而已。故其民之相遇也。刻盩感憤之情多。而豁達豈弟之風少也。嗚呼。此固宗教使之然耳。夫春秋號經世。而齊桓滅紀。所不忘者。哀侯九世之讎。然而經大之矣。惟二俗之行。其於社會。利害相遠。此不具論。吾所持者。特指東西國俗之殊。與其致此之各有由而已。

馬六甲居民。不著解仇之禮俗。故有殺人者。終必見殺於所殺者之家。且自知其必見殺也。使其勢猶可以殺人。必盡所殺之親戚種族而後止。即不能。則孤僨拂亂。取凡所遇者。而夷傷之。

第十八節　宗教之律令所以影響於民法者厥事何如

希臘之初民。生聚往往成小部落。繼而四出為盜。或刼於海。或掠於陸。無所謂政府國法者也。其神話舊史。載哈邱黎與特什烏事。讀之可以見其時之氣象。夫使草昧之民。知戕殺為至不祥事。宗教之功。孰有過此者乎。其典曰。彼殺者之魂魄。常有深怒積怨於其仇讎。故必拂亂其神明。迷惑其心志。死者所居處往來之地。仇雖得之。不可以久據。故親殺人者。不可與授受。不可與立談。違之則凶。至於其極。必屏逐之。不與同國。又必取其室宅。加祓除焉。而後無事。此當時宗教之言也。而其影響。遂形於國律。

第十九節　宗教之於國家其所以為之利害者。不關其本體之真偽而視其功用之從違

是故古今雖有至誠極正之教宗。但使與社會之所以存立者背馳。其究也可以生害。縱或所標道妄。顧以與社會之所以存立者相得。其用之也轉

以利民。

則若遠東支那。所奉行之儒教。與夫近東希臘。所用之斯多噶宗。一倡於孔氏。一發於芝諾。是二者。皆不信人有靈魂。與其物之不死。此其所標。可謂大謬者矣。顧其用之於社會也。轉有美利之可收。為其群所託庇。乃今日所與儒宗並行之二教。曰道曰佛。能言靈魂不死矣。而本此推行。轉為其社會之大梗。是不可以深長思也耶。（自注。吾聞竺赫德神甫言。支那儒者嘗聞佛氏之說曰。夫使如佛所說人之恆幹等於屋廬。而靈魂為居之之主。則人子當其親之既死。亦視之猶主人已去之屋廬。夫屋廬不過聚土木泥沙以為之耳。則人情於此不甚惜。或且棄之而如遺。固其所耳。然而不傷仁人孝子之心者。未之有也。且既貴靈魂而賤恆幹矣。則方其親之疾痛也。其事之也必不勤。其求保之也必不謹。此浮屠之徒所以往往自殺。其數以千計也。復案、是所取者不知何人之說。）

夫靈魂固不死。顧用其說者。何流弊之多也。大地宗教。言此者所在而然。遂使女子婦人。臣僕奴隸。於其所敬所親者之死也。爭自殺以殉之。而以此為難能之至行。此如中美洲諸島之民族。又若吾歐之丹麥。東方之日本、五印度、婆羅洲、塞立比。皆有如是之怪俗。

吾嘗深求其故。覺是俗之所由成。其徑由於靈魂不死者猶淺。而原於返形復體之說者。乃至深也。惟形可返而體終復。故人雖有死。而死後之嗜欲情感。與其生也。固匪有殊。而向者魂魄長存之義。亦由此而大見。蓋形神可以離立。而生死遞嬗。猶主人之易居。此其理想。乃常智所易與。而其意又深足以自娛。至與言外緣既異。則性質大殊。彼固將駭之。猶河漢之無極耳。

是故宗教之事。其於道也。固皆有所主張以為標揭。雖然。未逮事也。其諭俗而維世。必有人焉。為指導其勢力之所趨而後可（案。此孔子所以言人能弘道。非道弘人也。）是惟基督之景教。為之乃最得其要術。其云靈魂不死固也。然其用之也。乃所以起世人之信心。使所希者。不與有生而俱亡。彼非取當前之境。使享受者求永之於無窮也。其所希者。乃大異於今世。是以靈魂不死。返形復體之說。雖景教所皆言。而其所以導人思想者。皆主於神明。而不存於形質。

復案。窘哉孟氏之言宗教也。由此觀之。孟氏特法家之雄耳。其於哲學。未聞道耳。能言政俗。而不能言心性。即此節之論。舉其大者。有數失焉。謂利害不關真偽。其失一也。以孔教不言靈魂。其失二也。似佛為主靈魂不死之說。其失三也。謂景教主靈魂不死。而獨違其弊。其失四也。今請得一二而明之。夫宇宙有大例焉。曰必誠而後利。未有偽妄而不害者也。世有哲人。所以汲汲為學者。求理道之真耳。理道之真。所以為言行之是也。是非之判。所以為利害之分也。彼古今宗教所常有利者。以其中之莫不有真也。而亦未嘗不害者。惟其中之尚有偽也。是故學日進則教日休。何則。偽者漸去。而真者獨存也。彼謂宗教之利行。不關真偽。獨視其與政俗相得與否。其所見既甚膚。而信道尤不篤。自以謂功利主義之言。而不知其實誤也。且孔教亦何嘗以身後為無物乎。孔子之贊易也。曰精氣為物。游魂為變。禮有皋復。詩曰陟降。季札之葬子也。曰體魄則歸於地。魂氣則無不之。未聞仲尼以其言為妄誕也。且使無靈魂矣。則廟享尸祭。所焄蒿悽愴。與一切之禮樂胡為者乎。故必精而言之。則老子之說吾不知。而真不主靈魂者獨佛耳。其所謂喀爾摩。與其所以入涅槃而滅度者。皆與諸教之所謂靈魂者大殊。至孟謂景教主靈魂不死之說。而獨違其弊。則尤不知所言之何所謂也。試觀十五六稘之歐史。其時宗教之爭最烈。而教會之所以敢於殺人。斯巴尼亞羅馬二國之所行。所長為歷史之大詬者。正坐毀軀幹以救靈魂之邪說耳。嗟夫。一說之興。至使殺人焚人者。轉若心安而理得。其所殺幾百千萬億之人。如是而猶以為無弊。則愚不知天下何說乃有弊也噫。

第二十節　續申前論

波斯古神閟教經有曰。使汝而欲登天堂。則教而子弟。蓋使子弟所為而善。皆汝之功也。又其俗重婚嫁。及時而早得子。以謂判斷日臨。將有神關。惟有子者乃得度。無者不能。此其說皆妄誕難信。顧於社會。則極有功。

復案。宗法社會。固皆以求庶為第一要義。是故東西隆古。皆以有後多子為幸福。必教化程度甚高。抑其制漸成於軍國。而後小己之嗣續主義乃輕。方其始也。必駕宗教虛無之說。以驅其民。則如此節之言。與吾國血食之說是已。顧世之歷數千年而變也。往往前之所為利為福者。乃今為害為禍。吾知五洲過庶問題。此後必日達燒點。不獨支那之日憂人滿也。

第二十一節　輪迴之說

靈魂不死。變為三宗。清淨長存一也。遞嬗而居二也。輪迴生死三也。其第一說景教用之。第二說韃靼諸種用之。而其三則印度婆羅門之所信也。（案梵字。魏晉時音讀如婆。所稱梵種。即婆羅門最貴種也。故薄伽梵。亦作薄伽婆。）其前二說於前節已言之矣。今試論其第三說。視解說輪迴大義之善否。其影響在社會者。利害乃殊。大抵信用輪迴之說者。皆以流血為大孽。而大畏惡之。故五印之民。犯殺者絕少。雖國少大辟之條。而社會之治安不廢。

然而寡婦自焚殉夫之俗。則相傳舊矣。由此觀之。雖無罪者乃可以慘死。其說之流弊有如此者。

第二十二節　宗教於細微而立至嚴之科律者往往生害

印度宗教。異宗殊門。其說往往使民先成乎心。而恥尚是非。因之失所。其中有數種焉。世相仇惡。其所異同者。於事實至輕。而宗教重之。則以能守其律者為可貴。其所貴者。宗教而外。莫之貴也。其所立別者。種族而外。於國群所不必別也。惟然。印度種民。有以與其王同牢而食。為大罪過而失節者矣。其立別也。以其相惡也。乃以相惡。而立別愈深。非以貴賤之有殊也。蓋貴賤猶可以恩相逮也。

是故宗教而合於天道。則所立之科律。舍不善不仁而外。匪所惡也。既惡不仁矣。則安有設為科律。而使人類孤處。而不相人偶者乎。

若天方之花門。若天竺之梵種。二者宗教所被。至無窮也。梵種之惡花門也。以其食牛。花門之惡梵種也。以其食豕。噫、亦異矣。

復案。時至今日。五洲之民。苟非最劣之種。莫不知教育為生民之最急者矣。然亦知教育以何者為最大之目的乎。教育最大之目的。曰去宗教之流毒而已。夫宗教本旨。以明民也。以民智之穉。日用之不可知。往往真僞雜行。不可致詰。開其為此。禁其為彼。假託鬼神。震懾愚智。雖其始也。皆有一節之用。一時之功。洎乎群演益高。則常為進步之沮力。此不必求之四裔也。近之宮闈之中。遠之圭篳之內。大者秩宗之所典。小者村嫗之所談。中國今日所既知其非。而猶踵其事者。豈少也哉。教育者。所以牖本有之明。擴充之。使知去其謬悠。存之真實者耳。西諺有曰。魔之第一能事。以其說謊。又曰妄則終凶。吾黨日求為文明人。舍寶貴真實。別無安身立命處也。

第二十三節　節令酺賽

凡在宗教。莫不有其節令酺賽。屆時則休沐息遊。違者以為大戾。方其為此。又必有所崇拜之神靈事物。若以此而後有事也者。故酺賽者。宗教之所制垂也。雖然。其為此也。必所以為民義者多。而所以為神靈者少。乃可久而不害也。

雅典酺賽之日獨多。由是而形不便。當是時雅典民主為四國訟獄所質成。乃以酺賽過多之故。於民事常有不給之勢。

七日來復。是惟安息。猶大之舊約也。羅馬君士丹丁皈依基督。詔城市守安息。而郊野不然。蓋知民之勤動。城市猶可以休。至於郊野。則一日不勤。且無以食故耳。

是故商國之酺賽。其疏數期日。宜與其業相得。至於景教之國。後代有公修兩宗之殊。在南者多公教。在北者多修教。修教之國。其民生常勤於公教。以是節日亦常少也。

丹壁耳言。國民游嬉之事。常視地勢為不同。熱帶之國。果蓏易生。民食不匱。雖常遊婧。不為害也。獨至印度中高寒之部。非漁畋無以自活。故於歌舞酺樂之事。勢無由多。假有宗教新立其中。則制其節令酺賽者。不能無以異也。

第二十四節　宗教因地而殊

世之宗教。以地氣不同。而立法異者。固至眾也。蒙特助馬之告斯巴尼亞人也。曰。斯巴尼亞之教。自便於斯巴尼亞。而墨西哥之宗教。亦最便於墨西哥。此非荒唐之言也。蓋宗教者。法制之一。而立法制者。固不能不順民之俗。物土之宜。

是故輪迴之說。於印度之俗宜。蓋其土最為炎熇。草木如焚。所蓄牧之牛畜本寡。牛寡則地常有不闕之虞。而印度黑牛一種。孳乳又稀。多沾疾疫。以輪迴之說。民或恐馬牛為其祖父親戚之後身。以是而殺牛者少。殺牛少故利其國也。

平原若赭。獨杭稻之屬。得水大肥。然則有宗教者。於如是之國。導民必以此物為養。而無他食。其說又最利也。其地之牛肉。淡而無味。而其乳與乳脂。則為其民所常食。然則國律禁之。不使民食牛者。固自有說。

古雅典之戶口最繁。而其地不生穀。故其教有言。殺牛歆神。不如禴祭。夫亦因地起義者爾。

第二十五節　宗教遷地弗良之理

以前節之理觀之。則以一國之宗教。而強傳他一國者。處處形其不便。殆無疑矣。

布蘭比爾之傳穆護默德也。有曰亞剌伯者。回教之所興也。其地無山林藪澤。故其國無彘。何則。無以得食也。且其地水鹹而食鹵。其民多膚理之疾。此其教所以禁食豕。假使其教興於他國川澤之間。野彘家豬。隨處而有。捨此不食。更取何畜以養人耶。

且不佞因之而有悟矣。善陀留之著藥經而言物性也。謂豬肉為沮汗之品。據云。人喜食豕肉。所出之汗。較之不食者。相差約三分之一。汗少則表鬱而不疎。往往病癬疥甲錯之疾。故表密地熱之民。相戒以不食豬肉為宜。此如亞洲西極之巴勒斯丁、亞剌伯、埃及、黎比亞等處。皆此例也。

第二十六節　續申前論

沙丁約翰曰。波斯幕國。城內可舟江河。舍庫爾而外。無他大水也。且庫爾流域。居其國之極邊。故其民所奉高爾思教律。以浮水跨江河。為瀆神大戾。其說可以行也。向使其教行於水鄉。地多江河。如震旦之南服。是使民自絕於交通之大利。商旅不行。大害見矣。

熱國之民宜常浴。故回部天竺二土之宗教。以洗浴為教之大事。而不可闕焉。又天竺之民。以群禱水濱為懿行。福德之多。莫逾此者。顧亦以其地居熱帶。始利行耳。向使國處高寒。抑在沙幕之部。雖欲然得乎。

故使一教之規則戒律。與其國之牽天繫地者。絕不相謀。雖欲強之。不可能也。往往既行之餘。不卒世而已改。觀於基督穆護二宗之所流行。雖曰人事。亦天定耳。

教之善者。其所以事天致敬者同。而其所由之教律可以異。崇拜禱頌。所以明萬物生人之本。而著下臨之有赫者。宜為大同。而少所異者也。其為戒律也。懲忿窒慾。塞貪絕癡。凡此皆人道之所同。而皆有利者也。而特別之戒律宜少。景教之為道至矣。其所禁而自克者。制於天者也。顧亦有特別之戒律焉。非天之所垂。而人之所制也。惟人之所制。故可擇守而或不從。

復案。歐洲之所謂教。中國之所謂禮。禮之立也由人。亦曰必如是而後上下安。人物生遂。得最大幸福焉耳。夫非無所為。而為是以相苦亦明矣。聖人制禮者也。賢者樂禮者也。二者皆知其所以然而弗畔。雖然。弗畔矣。然亦可以為其達節。此君子之所以時中。而禮法不累於進化。孔子絕四。東晉通人亦曰。禮法不為吾輩設。皆此義矣。至於愚不肖不然。或束於禮。而失其所以為和。或畔於禮。而喪其所以為安。由前將無進化之可言。由後將秩序喪亡而適以得亂。化不進者。久之則腐。亂者拂戾牴突。勢且不足以求存。凡此皆不足自宜於天演。而將為天擇之所棄者矣。今夫中國之大坊。莫重於男女矣。顧揣古人所以制為此禮之意。亦豈徒拂其慕悅之情。而以刻苦自厲為得理歟。則亦曰。夫婦者生民之原也。夫使無別。將字乳之勞莫誰任也。且其效於女子最不利。惟其保之。欲其無陷於不利也。故其為禮。於女子尤嚴。此誠非無所為而設者矣。乃至後世其用此禮也。則雜之以男子之私。己則不義。而責事己者以貞。己之妾媵。列屋閒居。而女子其夫既亡。雖恩不足戀。貧不足存。甚或子女親戚皆不存。而其身猶不可以再嫁。夫曰事夫不可以貳固也。而幽居不荅。終風且暴者。又豈理之平者哉。且吾國女子之於其夫。非其自擇者也。夫事君之不可不忠者。以委贄策名。發於己也。事親之不可不孝者。以屬毛離裏。本乎天也。朋友之不可不信者。以然諾久要。交相願也。獨夫婦之際。以他人之制。為終身之償。稍一違之。罪大惡極。嗚呼。是亦可謂束於禮而失其和者矣。吾聞禮法之事。凡理之不可通者。雖防之至周。其終必裂。裂則旁潰四出。其過且濫。必加甚焉。中國夫婦之倫。其一事爾。他若嫡庶姑婦。前子後母之間。則以類相從。為人道之至苦。過三十年而不大變者。雖抉吾眼拔吾舌可也。

第二十五章　論法典之關於宗教制度者

第一節　宗教觀念

或篤信天道。或以為無神。是二者皆好言宗教。篤信天道者。言其所心喜也。以為無神者。於心終未安也。

第二節　各奉異宗之心德

世界所有之宗教懸殊。而奉宗教者。其信守之情亦大異。其所由異。視宗教所標之理。與其人之思想感情。分合深淺參差之故。

吾所習慣之宗教為象偶。顧吾之所從者。非象教也。神明之說。非吾之所喜。顧宗教之崇拜神明者。吾則奉之以終身焉。以我之聰明。而所擇而守之宗教。能使所奉之神。離於滓穢。異夫流俗之所結想者。此固返之於心而安。而有自得之意者矣。是故範土木以求福利者。愚民心智之所及也。乃至超跡象。而致敬於清淨之神靈者。文明之眾而後能之。

是故重神明之觀念矣。而拜祝禱祈之際。又得其遇於耳目者。以寄吾之誠。則吾之崇信其教也懇摯。蓋形象之矖犅。與心德之精虛。合為一也。此加多力之公教。崇奉者之所以多。而波羅迭斯敦之修教。其流行之所以不廣。何則。徒清淨者難為功。而援迹象者易為力也。

復案。景教之入中國。至今日而大行。是其原因眾矣。大抵起於教外者多。而生於教中者少也。且其教有二宗。曰天主。曰耶穌。天主公教也。耶穌修教也。民之入公教也常多。其附於修教也恆少。何以故。威儀盛而作用多也。夫修教固清淨矣。而如吾民心德有所不及何耶。嗟乎。景教之力。其在歐美已世衰矣。顧失於西者將生於東。特雖至盛。猶不久耳。他日亂吾國者。其公教乎。此不待智者而可知者也。

伊匪蘇之民。崇信公教者也。及教會之神甫。告眾以馬利亞為神母。而國人大讙。爭執神甫之手。接以吻焉。爭持神甫之足。加諸首焉。而舉邑之狂若沸。

數教相形。或誘其眾而以術。使信其說。曰惟是為通帝謂。而為其所相也。則其教之行也大可券。穆護之所以疑神。而大為其徒所從向者。無他。於東則有象教焉。以形其道之清真。見崇奉者。為一神之護法。於西又有景教焉。彼謂後起為天之所相。而民信其然也。

教之儀文眾者。其為流易而為畔難。蓋人常狃於所習。有其習之矣。不如此。則若有所失。而心不得所麗者也。觀於回教猶大兩宗。可以知其故矣。夫二教儀文多矣。而其取民也最固而難遷。若夫僿野之民。其教屢變者。人事戰獵。於所奉者。每不暇致文也。

民之心恒有所希望。常有所恐怖。如是之心德。其於初民尤多。故使宣一宗教。而不為之天園地獄焉。其心弗之喜也。日本之事。可以證已。異教之入。如石投水。其信之也至深。而受之也極驩。何則。釋景之說。皆有未來世之賞罰。而曩者辛東之舊教。則無之耳。

一宗教之欲立而利行也。必以道德好善為之基。夫民之於善行也。自其一二人而觀之。容有相背而馳者矣。至於統一社會之全體。則天下殆無不好善之民也。曷嘗觀之演劇乎。使其劇佑善人。獎忠信。則觀者莫不欣。脫其反此。亦未有不蹶脣蹙頞。言其劇之不可耐也。故曰民之秉彝。好是懿德。

復案。孟說固然。顧入國而察其劇之所彰癉。可以得其民之所謂德行者。為何若也。吾民之言善也。常喜奇瑰而薄中庸。故其於劇亦然。每演忠孝節烈之事。常欲以過情出之。常慘刻之意多。而樂易之風寡。又其意以輕生為大難。而以此為人道之極軌。而不知其所歡忭贊歎者。皆野蠻之道德。而非文明之道德也。是故斯民之好善固同。而不學未化之好善。與學問開化者大有異。此又講新民之業者。所不可不知也。

且欲一宗教入於人心而深。則其教之威儀。又不可以不講。閎壯之祠宇。莊嚴之衣冠。皆所以翕取精神。而為宗教牖民耳目者也。且反是而言。即下民之唸咿顛頓。亦與宗教有助力焉。每聞宗教仁於窮簷。而不知窮簷之所以苦者。正為教耳。

復案。此又至信之論也。故明道觀於佛寺。輒歎禮樂之精。何則。吾儒所有事於禮樂。所謂鐘鼓玉帛者。亦政為牖民耳目設耳。景教之更張也。一去其崇閎皇唐之飾觀。以為樸質矣。顧吾聞修教之家。每不欲其少年人往遊羅馬。蓋遊者每有叛修教復從公教之事。羅馬堂寺壯麗甲五洲。而禮樂威儀。嚴重精都。攝人魂魄。吾嘗於乙巳一遊其宇。有以知其說之不誣也。

第三節　論廟宇

民之程度。既進文明。莫不有宮室之居處。其於神道也亦然。為之明堂太室。謂所崇拜之鬼神。必陟降妥靈於此。而其心之所希冀者。輒於是而祈之。所畏惡者。亦於是而禳之。

故國邑之中。莫不有其祠廟。聚種族於斯。以為讚歎禱祈之事。己之罪過。於此求懺除。己之禍殃。亦於此求祓禳。

雖然。天下之有此者。必在城郭地著之民。下此不能有也。其不能有也。其不知有也。

回教之事神也。必有壇墠焉。且必有專地焉。如亞剌伯之墨加是已。成吉思汗嘗以此為大謬矣。彼觀穆護之所訓垂。什八九以為至當。獨至拜謁天神。必往墨加。則以為否。蓋成吉思本游牧種人。幕天席地無定居。其於神明。亦無祠宇之觀念也。

復案。西史載元太祖入布哈拉回寺。取哥蘭經擲諸馬足間。則其嚴重回教者居何等。大可見已。

大抵無祠宇之宗教。其入於民心也。亦浮而不摯。故韃靼種人極守舊。獨至國教。恆若可彼此者。其信奉自繇之風。常過他種人也。（自注。日本亦存此風。蓋亦得諸支那之北族。）又羅馬之世。所收蠻夷之眾。令奉基督之教。未嘗抗滯。而亞美利加土番。亦未聞於其舊教。有所深戀。歐洲教士入其土。徧建堂宇於巴拉圭。民棄故就新者如騖。可以知之矣。

復案。民之於教也恆三候。曰物鬽。曰人鬼。曰天神。吾國之舊。兼而用之。而於人鬼獨重。自釋氏西來。乃有象設。五代之際。穆護浸淫。至於今三百年。則景教盛焉。顧民之入於景也。其原因至多。大抵以國權之微。官吏士紳之蹂躪。小民附之。求以自衛。非深悦其法。而後皈依也。必謂民無奠居。其宗教易易。此亦一偏之論。不足概全體也。

人情窮困則呼天。故天者不幸之民之所趨附也。顧不幸無若罪人。而罪人遂以祠宇為神庇之地。（義見《社會通詮》。）此種思想。希臘之人尤深。往往殺人名捕之後。舍祠廟無所容身。而為之主者。惟赦惡宥罪之天神而已。

其始所宥庇者。無心之殺人而已。浸假乃迤及於怙故。不知其為悖理之事也。蓋神德視人。使其得罪於人倫。則得罪於人倫者。即負釁於天道。安有神明而庇怙惡者耶。

緣此而古希臘所謂神庇之廟宇日滋。史家撻實圖言。一廟之中。為避債之臺。為逋奴之藪。縣官行政之權。日以愈屈。而人民之為囊槖。自以謂事神之道。固自應爾。卒之。元老院不得已。乃立新科。取其太半以伏於辜也。

夫摩西之律。大智之所造也。彼以無心誤殺者為無罪。顧必屏其人於遠者。以不欲為被殺之家之所見也。故如此之人。則有神庇。他若故傷謀殺之人。固不宜庇。而必伏其辜。猶太初制。惟有行祠。常易其處。如此不足以為庇也。至後世乃有地著之祠。然以禱祭不便。罪人禁不得入。希臘殺人之賊雖勿誅。然必驅之。不與同國。又以恐其頂禮外國之異神也。故特闢城堡。使得伏藏其中。至祭司死而復去也。

復案。西人之法俗。有絕異於吾國者。若此類是已。而皆以宗教為之星宿海。是故學者。欲考知中西刑禮二者異同之原。不可不於彼此宗教間加之意也。

第四節　論宗教之官司

波佛利有言。民之始為祭也。果蔬而已。夫其禮之簡質如是。故人人可以為祝宗。家家可以為祠廟。

復案。吾禮之言祀也。太羹玄酒。實為濫觴。降而蘋蘩薀藻。筐筥錡釜用焉。夫亦始於至簡。後乃踵事為文者矣。

既求福於神矣。則自以多儀為悅。此祀典之所以日繁也。繁故草野之民。有所不勝。而力常不足以備物。

則於是欲祀之虔潔。必為之專所。壇墠祠廟是已。既壇墠祠廟矣。又必有其守者。其於廟也。猶常人之於其家。此祝宗祭司之所以立也。反是而言。國之無祝宗祭司者。其民必野。此若古之辟達利亞。與今之錫伯利亞部落。有倭爾谷斯科者。盡如此矣。

事神者。其人必尊。蓋民以謂。神道至清淨。非清淨純德之人。為之明禋潔齋。神弗歆而福不降也。

事神敬怠。國家之休戚視之。故其官不可以不謹。是非專其業者。不可以當職也。是以祠祭之官。自為一流。不與俗雜。則有若埃及。有若猶太。有若波斯。太祝之官。必世其業。又有身為如是之官。不但絕於世務而已。即家室妻孥。亦以為垢濁。而非精潔。此如天竺浮屠。歐洲耶穌。皆有此制。為其中之大派也。

夫絕人道天然之嗜欲以事神。其制之宜否善惡。姑不具論。顧所可言者。使此類之人而眾。其於國恆有損。蓋民之無家者。既居其多數。則有家者。必居其少數也。

民品未臻之時代。其於道德也。常好為苟難。非難不足以為美。又以其性之與兇虐野蠻近也。故人之制行。必谿刻苦卓。而後可稱。以此而出家事神之人。苦行清修。近於聖神矣。以言其實。其於人道。為益寡耳。其尤可議者。夫如是之制。每力行於極不相宜之國土。雖為害至深。不樂變也。何以言之。如歐之南部。以其地之暄暖熇炎。故獨處孤居。於人之體氣最不便而至難。至於北方。則土宜反之。而守貞較易。然惟其不便而難也。故守之。亦惟其易也。故廢之。此不與吾之前例。有發明者耶。更有異者。出家之制。常以民寡而必行。轉以戶蕃而可廢。此又難索解人者也。雖然。僕之為說。為僧侶過多之國發耳。非敢訾出家之制。為不宜也。

復案。前論謂民品未臻。則於德行。好為苟難。又常以谿刻清苦者為近道。此其言至可思。而為吾國言道學者。對證之聖藥。雖然有辨。蓋人之生也。成於形氣。而志慮帥之。任形氣者。每樂於放肆。而循志慮者。或類於拘牽。放肆之勢順。所樂者也。拘牽之勢逆。所苦者也。而人禽之關。實分於此。夫所謂聖賢人者。其功夫無他。質而言之。能以志慮馭其形氣。使循理已耳。循理何。抑當前之可樂。以求免於後事之悔吝與禍災也。使從心所欲。而未見可悔。將聖者猶為之。不然。又烏可以不介介乎。是之謂操守。嗟乎。操守者。所以自別於禽獸。而以拯社會於危亡者也。讀是篇者。亦審其分焉可耳。

第五節　教會產業宜有限制

產附於家族以傳。而家族可以中絕。故其傳亦有時而盡。教會者不中絕之家權也。故其產之傳無窮。而主者不易姓。

家族之生齒。每降而益蕃。顧足食者。其產之益豐。宜與相劑。教會者。不益蓄之家族也。故其產業。無取於益豐。吾法所以制教會之恆產者。於律惟禮威特一宗而已。雖然。禮威特所載。未嘗定教產以何者為界限也。故問教會置田興產。以何者為不可踰之限制。吾法民無所知。恐繼自今。猶不可知也。

教會之置產也。無日減。有日增。吾民所共見。而亦群以為非度者也。假有人焉。欲為教會辯護。不待其辭之畢。相與譁笑之。以為大愚矣。

法久而弊叢焉。何國蔑有。其將為改絃也。往往有難焉者。何則。每有良法大禮。將去其弊而俱除也。故善變法者。其有所革也。或出之以間接之迂塗。而利留弊去。此非短計之士所能也。故為教會踰制之財產。與其徑而禁之也。不若為之術。使無所樂於增產。雖其權利未奪。而事為泯焉。是亦其次者矣。

歐陸諸國中世爵之家。其得靜產為永業者。例得不侵損之權利。而王侯之地。許售人為永業。其在斯巴尼亞。以無此等權利。致教會無所不收。其在阿拉貢。以許售地為永業。而教會之慾壑。稍為易滿。至於吾法。則既有不侵損之權利。又得轉售為永業。故教會之貪愈殺焉。由此觀之。法之國土。所以免於施奪者。正緣有兩權利之行耳。然則為今之計。

宜取是二者而益增之。至於主產不售之法。則為革除。庶有豸耳。使教會古老必傳之業。常得主而不可離。是其業與其教宗。勢常俱永。至於新收之產。則為之法以禁之。

曩固法也。然法成弊。則法可以破。今固弊也。然弊成法。則弊可以存。

羅馬往日。嘗有民教之爭矣。或曰。國家之經費。雖在教會。固不可以不承。舊約經典之文。縱何等道。不足為典要也。此其言至斷決。至今教中人猶誦之。彼謂為是言者。其人雖疎於經典。顧於國家財政之經。則聞之稔矣。

復案。教會之有權。國家之蝥賊也。是故政法之家。恆惴惴然惡之。而顧早為之所。然考教會之所以有權。非道勝也。又非人眾也。必以其主產得財之多。往在法國常苦此矣。逮革命興。教會之產。猶世爵然。莫不破碎。察理、斐立諸君嗣世。又稍稍復。而遂為後人之累。至今竭數十年國民之力。乃克破之。比者吾國耶穌軍之眾日張。而據產亦至富。顧國民猶在睡夢之中。暫得相安無事。蓋雖欲去其角距。亦不知操何術以周旋也。竊計三十年之後。能者漸興。將為國家立不傾之基。必計及此。而民教產業之問題。始殷然多事矣。

第六節　論堂寺產業

有一眾之人。長合而無時散者。固不當與之以終身售貲及終身借貲之權利。若然。則堂寺將為舉國無後絕產之所歸處。此不待甚智者而後見也。蓋此流之人。其權利與一國平民。常相對為消長。而所聚之財。常一輸而不復流也。

復案。此節原文。所指終身售貲終身借貲二語。譯者不甚了了。姑存疑。待考焉可耳。

第七節　論宗教迷信之靡財

希哲柏拉圖不云乎。以宇宙為無主宰者。獲罪於天者也。信其有主宰矣。而以謂天道無關於人事。無監觀之威。抑知其有監觀之威矣。而以謂可以諂祭免。又獲罪於天者也。三者皆害於人心者也。善矣柏氏之說教。以其明於人理故也。是故事神之典。常視國之治制為隆污。民主之盛也。不獨省無益之費於宮廷也。乃至事神。亦未有以迷信。而勞民傷帑者。蓋知神道貴清淨。此如唆崙法典。與凱克祿所纂柏拉圖葬禮。帑瑪祭禮。皆可覆案。而知其意者矣。

凱克祿曰。凡祭所用之禽鳥藻繪諸儀品。皆以即日畢事。而不勞費者。為神之所歆。斯巴達之立法者曰。祭以易得之常品。以此而吾民人人時時有以事天也。

民之事神也。主於將敬。侈靡備物。非必與敬偕也。財富者。人之所歆羨。而神之所不享也。顧神之享。而示侈靡。是以人意褻天神也。不敬甚矣。

柏拉圖有至美之言曰。以君子而受小人之財賄。未有不以為深詬者也。矧在尊神。可獲罪而禱以備物寵賂者乎。必不然矣。

民之事國也。征賦既已重矣。然尚有所不得已。乃宗教為佈施福田之說。而朘其餘。是大不可者也。故柏拉圖曰。廉潔清貞之人。其所以事天者。亦肖乎其人而已矣。

厚葬非禮也。宗教不宜以此獎其人民。人既死則富貴貧賤等耳。當此之時。而為之異。是可謂知理之民也哉。

第八節　論宗教尊宿

國有宗教。而事神又有巫祝之官。則必有至尊者焉。以為之首領。立憲之國。其政教之權力。不可以不分區。故有宗教之長。與王者並立以為治。若夫專制之國則不然。立憲之治利為分。而專制之國利為合故也。雖然猶有辨。有專制矣。而視宗教猶法令焉。惟其所為。罔敢越志。有專制矣。而宗教之事。則常稟往古之明訓。而不敢以己意為之隆污。如是則必有神聖之經典。以為不刊之法則。故波斯之王。亦其國之教長也。而其為教。必守哥瀾之訓。支那之皇帝。亦作君而兼作師者也。然有六經。而天子與天下共循守。凡此。皆其力至大。雖有無道霸朝。不能以權力為之損益者也。

復案。孟謂立憲之柄利於分。專制之柄利於合。此誠破的之論。今者。吾國議立憲矣。又云豫備立憲矣。假其誠然。則所謂豫備者。將正在此分合之間。雖不能分。要常以他日可分為祈嚮焉可耳。

第九節　異教相容

吾輩固政法中人。而不知宗教。顧竊謂彼中之人。宜知容受宗教。與崇奉宗教。乃大異而不可同之兩事。

主政法者。既知信奉宜聽其民之自繇。而不禁異宗同存。為天職矣。則所為者。宜不止此。蓋宜禁國中異教之相攻也。且一教見攻。則未有不轉而攻人者。其所必攻者。即其所受攻者也。方其攻之也。不必以宗風之異同。而常以壓制之太橫也。

是故必為之法典焉。不獨禁為教者之害於國家也。且必禁為異宗者之相為害。身為國民。不犯上固也。而害及平等。則亦擾害治安。法所宜問者矣。

第十節　續申前義

然而有難者。一宗教之立。而又廣傳也。必賴教徒之熱心。而後能爾。而熱心之教徒。未有不深惡痛絕異宗者也。使於異宗而容之若素。則其宣揚本教之熱心。蓋亦僅耳。是故法典。見國既有教而民安之矣。則不必更立新教以相排擠。是亦未始非良法也。（自注云。吾於此節所論。非指吾國之景教。蓋景教者固吾民最大之幸福。吾於前節之末及他書。已言之矣。）

然則法家之於國教也。宜操何術以處之。曰。使國家有建立禁止宗教之法柄。則於新教固宜禁其施行。雖然。使既施行矣。則又不可以不平視。而優容之也。法家於教。恃此以往可耳。

第十一節　論變易宗教

長國家而變易破壞其舊行之宗教者。其事恆至危。使其治為專制。則專制不成。行且有革命風潮。因之而起。此誠歷史所大書特書而不一書。較之他事霸權為尤劇者也。蓋為上者。雖名操政教之大柄。而國之宗教禮俗習慣。欲變之於一頃常至難。非若法令然。可以朝成而夕布也。

且不知宗教禮俗之成也。常牽天繫地。與其國土人民。有特別之相合。而新者或不然也。使非入之至深。則不足為宗教。治制者。以宗教為之後盾者也。是故宗教破。則治制亦危。民之嚴之也。恆大異故。夫如是故易動。且其於二教也。徒懷排忌之私。而非擇其一而篤信之也。總之國不幸而變及宗教者。則其國無真國民。亦無真教徒。

復案。孟氏之論健矣。雖然。觀諸歷史。教之變也。恆非一二人之所為。要其歸皆時世耳。夫時未至而變之固危。時已至而不知變。又未始不危也。吾觀泰西之革命。無論宗教治體。方其變革。其上皆主於墨守。其下乃主於更張。風潮相激。而禍乃作。尚未聞前民變教。而致革命者矣。

第十二節　宗教刑律

宗教非用刑之事。夫謂刑以威民固也。雖然。宗教亦自有其刑罰。民之畏之也。嚴於國之文網。特兩行之則相滅。蓋民處兩刑之間。而其心之死久矣。雖欲威之。奚益乎。

宗教所以待罪業。其言極天下之可畏。所以待功德。其言盡天下之可歆。夫如此既入於人心矣。則為之君吏者。縱窮百術。欲其民莫信不能。方其奪吾教也。將吾之一切盡奪。方其容吾教也。若吾之一切皆存。

是故宗教既立。而為上者將欲破壞之也。乃臨其民以刑誅。使之就於死地。至無益之舉也。何則。惟被刑之頃。其人宗教之觀念常最深。而宗教之興。政為生死。民又安能舍所前信者。以從其上耶。必欲為此。將莫若餂之以恩寵。與夫生事之可欣。富貴之可望。勿鼓舞其神明。以使之忘死。勿驚怛其心志。以使之知疑。總之。凡宗教所提撕者。皆使之老洫無聲而已。故曰宗教。非用刑之地也。將以易其迷信。則牖之之力。必有大於刑罰者矣。

國之刑罰各不同。然由此得以覘其民之性質。吾觀日本之制刑也。常為慘酷。而行之以頓。不為煩苦。而施之以漸也。夫漸者傷人。而不若頓者之可驚。顧其實頓者易耐。而漸者難忍。猶高垣之易踰。而修陂之難越。以其漸而易之過矣。

總之先德有言。明刑將以弼教。顧自歷史之已事而徵之。未有嚴酷之刑。能以轉移風俗。精進民德者也。刑罰之有功。止於破壞夷滅已耳。

第十三節　正告斯巴尼亞與波佗牙之宗教審判官

當輓近末次之阿朵達肥。（譯言信行。蓋舊教常以年時大集僧侶。宣揚教義。並以此窮治違叛教旨之人也。）其集於栗斯奔也。有一猶太女郎。年僅十歲。被焚死之刑。於是有言其事。如左方所引述者。竊以謂此極無俚之紀載也。其所言明白如此。然即以理明之故。而曉人轉難索焉。噫。亦異已。

著者嘗云。雖其人為一猶太。顧彼於基督之教。未嘗或不敬也。嘗欲於各君主中。盡去其非基督教徒者。是亦仇教者所得藉詞者也。

則告舊教之審判官曰。公嘗怨日本之大皇帝。悉取其封內之基督教徒。而焚殺之以緩火矣。雖然。日本皇帝則有詞矣。曰。吾之所以待公等者。以不崇信吾所崇信故。猶公等之待彼。以彼不崇信公等所崇信也。故公等之遇此。祇得怨己力之弱。不克盡取我曹而滅之。致使我曹。轉有盡滅公等之今日耳。

至公等之所為。得無較日本皇帝之所為。尤暴戾乎。公等之教我曹。非以不崇信公等之所崇信也。但以公等所崇信者。我曹未盡崇信耳。我曹所崇信者。實古於公等。而為神之所夙重者也。我曹以為神猶重之。故崇信如故。而公等以謂不然。夫崇信神之所夙重者。非罪之至微淺者耶。而公等乃待之以刀鋸水火。是遵何道歟。

公等於我曹。既不仁矣。乃今以刀鋸水火施之於小兒女。是非不仁之尤者耶。何則。小兒女非崇信其所崇信也。以崇信其父母。遂崇信其父母之所崇信者。夫崇信父母。五洲萬世有宗教者之所同也。乃今以為罪而焚之。

且天下之崇信景教。以為勝回教者。亦有由矣。蓋以二者傳布之為術。大不同也。以若所為。蓋亦僅耳。假有回教之人。誇耀其宗徒之廣。公將曰。是何足道。是皆以力服耳。彼以刀劍臨人。逼使崇信其教者也。而公欲人崇信景教。乃以火求之。是其間尚能以寸乎。

方公等之勸人從教也。或以其教所從來為疑。公等則曰。吾教雖新。天之所立也。不見其始之推行乎。雖為事拜偶像者之所齮齕。而吾教方盛不衰。殉宗之血如水。而教如樹。被灌溉而日滋。非明證歟。乃今教行。而公等親為氐阿克利顛之已事。而欲我曹之從教也。不其難乎。

今我曹於公等。請勿稱天而言。天彼此所同事者也。請但言公等所最崇拜之耶穌。公謂耶穌乃神而即人身者也。其即人身。欲公等取法之也。向使耶穌猶在。其行事宜何如。得勿與公等所前為異歟。夫既勖我曹以從耶穌之道矣。而公等乃自廢其道而不由。不亦異哉。

使公而不由耶穌之道。則但由斯人之常道。可歟。所以待我曹者。惟公所欲。抑但以公理之著於自然者。不必稱宗教。亦不必有神明之默示。此公等之所卑。而不以為高論者也。奈之何並此而不能。

公等自以謂天之驕子。以天之寵靈。而早聞真道。我曹亦天之所生也。今設有人子。以獨傳父之業也。遂恨其餘子之不得傳父業者。公等將以為孝子乎。將以為仁人乎。

使公而果得真道於天。則慎勿以傳布之不詳。而轉使真道晦也。今夫道之所以為真者。以其有當於人心。而自得其誠服耳。向使刀鋸用而水火毆。是適形其理弱。烏足貴乎。

使公而智。則豈以我曹不願與公為幻之故而罰之。使基督而誠天之子。則我曹之不以輕信而褻道者。宜有賞而豈以得罰。且上帝者。公與我曹之所同事者也。上帝前者既示我曹以舊法矣。我曹至於今猶信之。夫豈以是之故。而罪我曹也哉。

乃今公所居者。則進化開明之世界也。學術進而天理明。當此之時。人類之思想。得哲學而益精。福音之義恉。以宣揚而加顯。小己權利之界域。天良主宰所彌綸。皆發現著明。古未曾有。顧公等猶株守暗古之成說。合一己之私見而用之。然則所謂聞義之徒。進德之修。於公等固無望耳。而吾之國種。猶假公等以莫大之權力。使之用事。則民生幸福。其與幾何。

今我曹將告公等以其心與情而無隱可乎。蓋公等之視我曹。直私仇耳。非教敵也。使公等而有幾微之愛於其教乎。必不令宣教之徒。其闇汶無所知。至如此也。

且有一語。須為公等敬告者。以若今日之所為。設後世讀史之家。有謂此日歐洲。為文明世界者。駁其說者。將舉公等所為以為野蠻之實據。而凡今之人。亦將坐公等所為。而同被無窮之謗譏。為其子若孫所大恨而深惡耳。嗚呼。可勿懼哉。

第十四節　問日本何緣深惡耶穌之教

今夫日本之種民。其性質之辟戾。吾於前書既明之矣。（自注。第四章第二十四節。）景教之於其徒也。以不畏強禦。守死善道為至德。故民入景教之後。雖君若吏董之以威。使捐所守。而教徒不能。假令其威益大。其守之也亦彌堅。惟彼教徒。固將於此徵道力焉。夫如是。故為之上者。愀然大畏之。謂其術為助民之逆命也。且日本法深。逆命雖小。刑必及之。乃今令民去教矣。而民顯然弗從。其犯上逆命。孰有大於此者乎。吏奉法鋤強梗已耳。烏察其所謂教者乎。

日本之刑加諸民也。誅得罪於其君上者也。乃宗教之家。方以守死不肯教者為摩爾底斯。而頌讚之矣。如此。滋觸其君上之怒。以謂是無異作亂之逆民也。則竭力盡法。以與之從事。由是施罰之君。受罰之民。為治之國律。牖民之宗教。遂熾然糾紛觝牾。殘忍酷烈。無所往而非至爭已。

第十五節　宗教傳布之情狀

東方之民。其於一切教也平等。所不然者。獨回宗耳。其出此入彼。而為異教。猶廢此立彼。而為異政也。日本國中。所以為教者。非一宗而已。天皇以作君兼作師。以政原為教長。民宴然伏於其下。雖千年無爭可也。不惟日本。暹羅猶是。乃至葛羅穆克。且不止此。彼以異教相容為義矣。加里屈特有建言焉。曰。凡教皆與人為善者也。

乃今有宗教焉。來從絕遠之國土。天時既殊。水土亦異。推之至於法典、禮俗、是非、義理。莫有同者。而謂以其神聖清真之故。傳而布之則必行。夫誰其信之。彼東方者。大抵皆專制之大國也。傳教者至。往往以羈旅之臣。其初所得免於竄逐者。無他。以其所言闊遠。不近事情。與吾行政之權。無關涉耳。且其君臣常大愚。於六合事變。多不通曉。傳教者餉以所知。則過望大喜。故蒙被尊寵者。時時有之。乃浸假而語之以道要。祛舊所持之迷信。則爭形焉。且專制之國。其性質恆喜同而惡異。彼以為異者亂之媒也。馴是以往。邦無乃傾。則取其道并傳道之人。而錮之矣。況夫西方之宗教。始固同出於一宗。而源遠末益分者也。彼則曰。是說也。彼中號傳守者。且自為異。而相擊排焉。則吾族又安能取無實不可知之說而奉之耶。

復案。西教之來吾土。其前後之情態。孟說實盡之。道咸以降。又先之以兵力。此其道所以滋難行也。今夫教之為物。與學絕殊。學以理明。而教由信起。方其為信。又不必與理皆合也。五百年以往。教力之大盛於歐也。彼皆隤然以舊、新二約為古初之天語。上帝運無窮悲智。於以默示下民。凡說之與此異者。皆殃民之妖魅也。乃三百年以還。其中無實虛誣之言。在在為科學之所發覆。逮至法人革命。急進者乃悍然取全體而棄之。則當時勢力之衰。入於人心之淺。可想見已。往者吾國偽古文尚書之讞成。葆真之士。亦欲悉取其偽者而刪之矣。顧有人焉。以謂所指為偽諸篇之中。有名言焉。關於世道人心甚鉅。則以為寧過而存之。彼西人之於基督教也。事大類此。夫由是而言之。則五洲宗教。一涉於神靈默示之說。固無所謂其獨真。而其道猶緜延不墜者。正在與人為善一言而已。加里屈特之說固不誣也。乃迷信之徒。猶以謂必此而後其靈魂可保。不入泥犁。吾誠不知其說之所以足存。嗚呼。宇宙廣莫。事理難周。存而不論可耳。

第二十六章　論法律與其所定秩序之相關

第一節　本章大義

人類生於兩間。待法而治。顧所以治之之法亦眾矣。則有若自然之法。生於物理者也。則有若天誡之法。出於宗教者也。教會之法。所以整齊教徒者也。國際之法。所以交通列國者也。民群通法。生而有群者所同用也。民群特法。自治其眾。隨國而異者也。兵戰之法。相摵相攻。定勝家之權利也。民事之法。性命財產。得此而後有以保持也。終之有宗法家法焉。同居一國。受姓不同。而所以治御其支葉子姓者各異。顧惟得此。而後有以延長也。

由此觀之。則民人所受治之法。亦云眾矣。而人心之理。在知人物秩序。於此諸法之中。於何者所關為最切。而勿輕重紛淆焉。致其群儳然不可終日也。

復案。孟氏之言法典。可謂緄而不晳者矣。察此節之恉。實與第一章開宗明義。所標舉者同科。顧其說自後世法家論之。實為未合。何則。孟氏以天理物性之出於自然。與國家律令之出於人為者。等而視之之故也。

盧梭民約。中言法典。則謂國法無論為一王之制。或為一群所公立者。皆與自然之法。所謂物理天則者。絕然兩橛。不可混同。若執此求彼。未有不觝牾者。而晦者又從而附會之。其去實瘉益遠矣。其言如此。復則謂一朝之法。因時損益。不獨與天理物情。未可強合。且即與道德之所去取。經典之所是非。亦不可相持而並論。故西漢朱子元。可謂知法意者矣。史言文學儒吏。時有奏記稱說云云。博見謂曰。如太守漢吏。奉三尺律令以從事耳。亡奈生所言聖人道何也。此真截斷眾流語。知此而後有斠若畫一之時。乃知秦之以吏為師。王荊公之使士讀律。皆深知法意之事。而媛姝之士。乃群以慘覈苛繞訾之。此真習非勝是。以不狂為狂者矣。

第二節　法有天人之殊

惟宗教有天誡之法典。而國家有王制之法典。事之宜以王制法論判者。不可以天誡法論判也。即事之宜以天誡法論判者。亦不可以王制法論判也。

蓋是二宗之法典。不獨其本原殊也。其作用殊。其性質亦以大異。夫王制之法典。人為之法典也。故其性質。與宗教之法典絕殊。此固重要之區別。而亦儘天下而知之矣。雖然。是所以為區別之理。亦有所由來。必詳論之。而後可見。

㈠方一王之制為法度也。其所損益。相其時之事勢。察變故之所從起。而為之立坊焉。非以為不可易也。方與其時之民志。相因而為比例。使民志而遷。則其法亦將從之而遂易。若夫宗教之法誡則不然。宗教之法誡。一成而莫與易者也。且法度之立也。固以所善為之蘄。然其所善。非至善也。至善者。宗教法誡之所蘄也。夫善不一端而盡也。故方其蘄之也。則以為鵠。及其既得。更進而有所蘄。則前所謂鵠者。今且為術。如是相轉以為無窮。而化從以進。若夫至善。惟一而已。惟一故無變也。是故國之法度。得聖者持之。可時變也。蓋善之中又有善焉。教之法誡。常無變也。惟其至善。乃得立故。

㈡專制國之法度。憑王者之喜怒而為之。如是者謂之苟且之法。不足貴也。假其國有宗教。而所立之法誡。如向者之法度。則雖在宗教。亦不足重也。雖然。國無可守之法者。則其群將渙。可久之法。出於宗教者。乃尤多也。

㈢教之所以箝制人心者。以其見崇信故。法之所以維持社會者。以其見威懷故。隆古之所傳。其事常與宗教合者。以人心於久遠之物。其為崇信易也。以其發於往古。雖大異於今所云。而吾心以謂。其在往古。容有是也。若夫創制之法。常以其新異而感人。又以其為要津當路者之所欲為。雖於理無可言。而其勢力。固足畏也。

第三節　民群之法常與自然之法相舛

何以言之。夫法莫重於自衞。此人心之所同。而秉於自然之性者也。顧吾聞柏拉圖曰。使奴隸以自衞故。而殺平人。法固可以殺人論。夫以自衞而伏誅。是法與理舛矣。

顯理第八之法。不待左證具。即可以致辜。此又悖於理。而與自衞之說迕者也。夫爰書之成。而定刑罰於民之一身也。必灼然於罪人之為誰某。乃今不待左證而讞成。其人固可曰。吾實無罪。而官之所指者誤也。

顯理第八之法又曰。王有所幸婦人。使其先有姦。而不自首者。厥罪死。此亦悖於天理人性者也。何則。女之有私。驅於血氣。累於情愛。而不能自拔者。往往有之。及其事過恥生。又未嘗不自艾。而以羞惡之良。使之自首。寧死有不能者。此亦天賦之人性也。乃今使違其性。而痛以法繩之。是與向者禁人之自衞。否則當誅。真同為悖理者矣。

顯理第二之法。凡婦人有身。不以告其部之令尹。如是而子死者。厥罪死。此亦悖理違情。而令民無所措其手足者也。夫使以告孕為禁姦。則告之於其最近之親戚足矣。彼親戚者。將設法以保其所生。又何必為此不情之自訟。而以峻典隨其後乎。

今夫羞惡之良。其人道所同具者乎。而其於女子也尤深。故每有寧死而不能為者。則如自訟其姦是已。其受教育也滋深。斯其持羞惡也彌重。設不幸而罹於如是之文網。彼有死耳。不能冒羞惡以求生也。

吾聞英倫之議法者。將許七歲之女子。得自相攸。以求其配。嗟乎。此何法哉。夫擇對者。一與之齊。終身不貳。非可苟然已也。故必識力稍進者。而後能之。七歲之女。其識力為何如乎。且女禮之成。期於二七。夫而後可牉合。任生子。世有七歲而任婚嫁者乎。又無有也。然則前令之悖人性。忤物理。殆莫此尤矣。吾誠不識其何心也。

往者羅馬之法。雖身為其女擇壻矣。已而有他故。則且使其女悔婚。棄其壻焉。夫悔婚已不幸。然使彼伉儷而自為之。猶有說也。乃今以第三人而間之。操其離合之柄。此豈順於人性。而可為法典者耶。

離婚而合於理。必婚之兩造自為之。即不然。亦當從其一而起意。使兩造願合。乃有人焉。欲使之離。其逆於自然之法。莫逾此矣。總之。離其婚者。為其合而害也。故其柄必操諸親嘗其害之二人。如是而離。庶幾有利。自非然者。吾不知何所取。而為此逆人情悖天理之法也。

復案。治國之法。為民而立者也。故其行也。求便於民。亂國之法。為上而立者也。故其行也。求利於上。夫求利於上。而不求便其民。斯法因人立。其不悖於天理人性者寡矣。雖然。既不便民矣。將法雖立。而其國必不安。未有國不安而其上或利者也。嗚呼。今之哲學言為善。所由與古之言為善殊者。古之言為善也。以為利人而已無與也。今之言為善也。以不如是。且於己大不利也。知為善之所以利己。而去惡且不止於利人。庶幾民樂從教。而不禍仁義也。亦庶幾國法之成。無往而不與天理人情合也。

第四節　續申前說

白爾根氏之王曰恭得婆祿。嘗下令於其國曰。凡民行刧。其妻子有不舉發者。與連坐。沒為官奴婢。此亦拂逆天性之法也。奈之何使妻證其夫。子證其父乎。是誅一有罪。而使民得益重之罪者也。何則。盜之刧財猶常理。而妻子證其夫父。則逆天矣。

威西峨特之法。許為子者發其母之姦。或其夫之子女。若奴婢。得加三木。使指其繼母及主母之姦狀。嗟乎。是真倒置。而無道之尤者矣。夫律所不容女子有姦者。惡其無節操。而德不潔也。乃今以逆情拂性之法求之。不知性情者。固節操德行之源也。亂其源而求其流之清。烏可得乎。

曩者巴黎。嘗演一劇。曰斐圖黎。一男子發覺其岳母之有姦。然自懟不幸。其恨姦事也。不若其恨為己所發覺者。雖身被枉誣。罹重辟。然寧受無窮之苦。捐親愛。懷憤情。終未嘗洩一語以求自脫。嗟呼。是真天理之流行。而人心所賴以不死者矣。是以觀者讚歎。以作者為絕倫。其有以入人心之深如此。彼為悖悖之法。以拂性絕情為能事者。又烏足以知之乎。

第五節　有以國律限制自然律者

雅典之律。凡為子女。不得任其生父飢寒。犯者有刑。雖然。惟其人為倡伎之所生。或其父使為賣淫之事。或為父者不為教育。無所傳授。致其人成長。無以資生。則不以此論。

蓋其立法之意。以為於第一事。彼為子女者。固莫知己為誰之遺體。於第二事。知為誰之遺體矣。然己身被莫大之害。廉恥喪而名譽隳。於第三事。則以其父之無良。致其身且無以自活。是故以天理言。以自然律言。子女者。固宜養其親者也。而坐其父之自逆天理。自然之律。遂有不行。國律若曰。是兩造者。無所謂親與子也。特路人而已。路人而相害。是當以國律平等而治之。假有犯民主之典常。而病其禮俗者。是固不可恕也。右唆崙所定之法典如此。然自不佞而觀之。則所以待一二事固至善。蓋其一雖有父而不可知。子固無以施其孝養。其二則雖有父。於義可不承。養於何有。凡此皆合於自然律者也。獨至其三。則有未盡。彼為父者。所犯尚不存於天理。而僅在人事間。固不可與前二者。等而論也。

復案。右之所舉三。其二乃人倫之變。漢人所謂造律是已。原文於第二事。語有未清了處。就其文翻之。當云其人之清質。為其父不顧名譽而混濁之。此有二解。一其人躬為下報。如舊約所載之一事。此人類之大變也。一其人使子女為倚市之業。則下流社會。所在有之。今譯從其後一義。蓋如是之親。其業固已重矣。

第六節　傳襲之事乃依國律而非依自然律

和恭尼安之法。不以女子承主產業。就令獨女無男。亦不使之主𡇼也。聖沃古斯丁曰。天下不公之法。未有過於此條者也。馬可福思亦論此俗。所禁錮女子。不許得傳父產者。為違天之事。札思狄黏亦謂男子獨專繼襲權利。為野蠻之法。蓋以上諸公。意皆謂人有產業。大自一國。小至一廛。身死則必受之以其人之後昆者。為依於天理之事。而不知其實不然也。

今夫人有子女。則必有以遂其生。此真依於天理之事也。然未曰必襲其所有。而為之主器。夫產業之分付。分付之法典。且所分付者。又有其分付焉。此其事。必社會人群為之張主。夫既張主於社會矣。則其所由之法典。人為之法典也。非天設之法典也。

亦知一群之治。欲其常平而無爭。常安而無至於亂。惟以子傳先業。而後物情乃晏然也。雖然。此特便事而已。非曰。必其當如是。而後社會乃可立而不傾也。

吾法之為封建也。必以長男為主器。全其父之所有而受之。女子無所分也。狼巴氐之為法也亦然。若女同產。若天生子。若其他親戚。舉不得與焉。假其無子。而近支之中又無男。而後國藏與其女子平分之。凡若是之法俗。必叩其所由來。亦將有說焉。持有故言成理也。

吾聞中國之傳代也。立子而外。有旁及之法。是法行。其主器者則兄弟也。而非子也。夫彼何為而有此法。豈不以主少國疑為非福。而閱歷深者便為主乎。蓋不願有委裘之君。負扆之臣。又假母后刑餘。以竊柄怙權之間隙。致利用沖人。以疊纘大統也。然則為天下計。行是法者。誰曰不宜。就使他國秉筆著論之家。言其事者。指其兄弟為簒。則亦不知其義。而以己國之所習見者推言之耳。夫豈有當也哉。

且豈獨支那而已。奴密地亞之王曰德沙爾西者。則以格拉之弟。繼其兄而享國者也。其子曰馬錫尼薩。不得立也。不惟於古有然。至今巴霸里之花門。其中鄉鄉皆有長。其繼立也。猶傳及之古法。未嘗棄叔季而立幼子也。

又有國焉。其君常以擁戴而立之。然則其傳位也。固國家法典所定之大事。則亦有時立子而合。有時不然。所謂立賢無方。期於利國而已。又安有不易之天則哉。

國有多妻之制。則妻之最眾者。莫君王若。則百斯男。非異數也。故國姓之胤。恆以此而獨多。夫王者子孫。固國民之所供養。然以是之故。數傳之後。民不堪累者有之。於是則為之法曰。神器之統。將傳女而不傳男。何則。避宗室之日滋也。

藩王多則爭端起。國不得安枕矣。則又為之法曰。王冠世及。必在其姊妹之子。夫女子雖多男。要之與男子之匹合者等。故其數常有限。而不慮其過多。則庶孽之爭。庶幾免耳。

有國焉。其民以國勢之特殊。或以宗教之迷信。其立君也。常以某姓為貴種。而必於彼乎擇之。此天竺五印。所以有種族之爭。而以絕嗣不血食為大戚也。然其立君也。乃不求之其王之兄若弟。而常取諸大長公主之諸兒。是又何說耶。

總之。為人親。而必為其子謀生計者。此天理也。自然之律令也。至身死。而必以子姓為主器。以傳吾業者。此人事也。國俗之所制也。是故外婦之子。其所應享之權利。國而不同。何則。有匹合之俗。多夫婦之俗之不同。而民群之禮俗法典。遂從以異耳。

第七節　凡事之宜以天理定者。不得專用宗教律判之

非洲之阿巴沁人。其教有五十日之齋戒。守之綦嚴。為此之後。民恆孱弱。不任作勞。然而突厥人與為鄰敵而異教者也。則伺此隙而攻之。往往得大逞志以去。夫民聚為國守。非天理耶。乃以宗教之故。而授敵仇以柄如此。

猶太人守安息日甚謹。若有寇讎及是而攻之。廢然不知拒也。庚辟時之圍卑路鮮也。其前鋒皆列埃及種人所崇拜之禽獸。守兵見之。不敢擊也。彼不知生人有自衛之天職。其為天經地義。過於宗教所垂遠矣。

第八節　事之應以國群法典論者。不宜更以宗教戒律科之

以羅馬國律言。凡盜祠宇中器物者。祇以盜論。而教律則稱其人為侵犯神聖。蓋教律以其地言。而國律則論事實而已。顧用律專以地言。是不思盜竊之性質與界說也。而所謂侵犯神聖。其為過犯之性質與界說。彼亦未嘗深求也。

妻不為其夫守貞。為之夫者。得緣此以求離異。而男子不專一於其妻。妻亦以此求之於律。於古可也。此俗與羅馬國律所載者異。然教會裁判則用之。蓋所用者固戒律也。夫使婚嫁之事。所關者存於神明。與所謂出世者。則男女不貞。以之平視可耳。但國群之法。環球列邦。於二者皆分差等。其所為責女獨重者。亦自有說。蓋以謂使女不貞。則一切道德。皆無足論。又以既貳厥夫。秩序斯紊。終之女之不貞非但己也。往往有後驗焉。種嗣混淆。莫知誰父。若夫男子犯姦。未嘗使所生者莫知誰母也。又未嘗以是之故。而損於其妻。此國律於二者之所以分輕重歟。

第九節　凡事之宜以國律論者非宗教戒律所能平

大抵宗教戒律。尊嚴之意多。而國群法典。則所彌綸較廣。

律之出於宗教者。其所重在守律者之道德。而律之行於邦國者。其所重在社會之淳良。故國律嚴其及人。而教律嚴其守己。是故宗教所標之義雖精。而不可以為造律之程準。何則。造律所注意者。在社會之康樂也。

往者羅馬嘗重女貞矣。則著以法焉。使無淫辟。至為王國。亦垂邦憲。顧其宗旨。則本社會而起義。至夫景教盛行。所為新律。則純以婚娶典禮神聖為言。而民德醇漓。所不論矣。彼以為此宗教之締合。而非人倫之締合也。

始羅馬國律。凡丈夫證明其婦有姦。而收諸其家者。以同惡論。而札思狄黏律。則謂於二年內。本夫得由庵寺。取其婦回於家。此其用意。全與舊律異矣。

又其初羅馬婦人。本夫出任戰戍。而消息不通者。其再醮甚易。以呈官求離異之權。在其手也。至君士丹丁著令。相待四年。方許求離。如此。則本夫雖回。不得訟之。而札思狄黏又令不必以年數論。但使本夫已死。呈證於官。即許更嫁。揣札思狄黏之意。固謂未死之夫。不可以倍婚姻者。人倫不可解之結合也。然而此意過矣。夫審本夫之死。無消息足矣。又何從求左證乎。男子出行絕遠。而軍事不可知。此最難得實者也。

不謂其夫之已死。而逆億女子之棄夫。然則札思狄黏之著是令也。使女子無家。是害社會也。使男子身冒百千之險惡。是害個人也。亦坐參用教律。乃有此耳。

且札思狄黏之立法也。夫若婦自願入教守貞者。即為可以離異之原因。此與法律之旨。可謂大背。蓋夫婦離異因由。存於結褵後所不可知之事。至於有意守貞。此在人心。非婚合時所可逆料者。故其法轉以勸男女之不貞。即許人離異之法意。亦以此而無當。何則。法之許離者。離其不宜。以合其宜。非離之使無所合。若以宗教之義言。此無異視牲矣。而不以祭。說何當乎。

第十節　於何等事宜從國法之所許。而不顧教律之所禁

假如國法許人多妻而不許多妻之宗教入其國中。則其國宜勿許多妻人從教。不然。則宜先以法。使此多妻離此本夫。而得平等國民地位而後可。非如是者。則女子所遇。至為可哀。蓋甫從法律。而社會中最大利益已損失矣。

第十一節　國之法庭所察者。現世之事不關未來世也

往者景教僧徒。本教中祓除之義。設為鞫疑法庭。其稗政黷刑。莫有過者。用是其法無往不為人所惡。假令馴是不變。吾意必有起而除之者矣。

且其制各國之所不堪也。其在有法度王國。則啟飛書告訐之風。其在民主。將使民為奸欺。不相任信。乃至專制淫威之朝。其蹂躪下民。殆不減其國之政府也。

第十二節　續申前論

二人同罪。抵讞者殺之。而宥承服者。彼其意蓋謂。是抵讞者。有怙終不悛之心。而承服者可懺悔也。不知此宗教之刑。而大異於國法。國法用一準。察其有罪無罪而已。而宗教之律。乃二準焉。既察罪之有無矣。而又徵其悔否。此所謂責心之律也。顧心卒不可責。而徒以長欺。此宗教之刑所以多濫耳。

第十三節　婚姻之法。何者宜從宗教何者宜用民律

嫁娶之禮。無論何世何俗。皆有宗教雜行其間。假其中有不潔清。抑不中律令者。而又不可廢。則必資宗教焉。使之中律。或祓除之。

著也。

蓋嫁娶者。人事之所重也。故國家常為之律令以整齊之。此民律之所

婚有儀式。有約諾。有希望。所希望者。種姓繁長。國以之庶。雖然。不恆然也。其事若有天佑者然。此宗教所由必用也。

婚者產業之合也。兩家始疎而終親。且子女生而人事繁。故又必有民律焉。以為規則。

且夫婚者。所以著有別也。有別者。惡野合之無責也。此則宗教與民律所交有事。以使社會之不淫而有常。宗教曰。必如是而後為真嫁娶。民法亦曰。必如是而後為真牉合。

然民法所以有力者。雖其事加於宗教。顧與宗教之約。不相反也。宗教為之禮儀焉。而民法曰。必由父命。此其所求。雖在宗教所求之外乎。然而不枝梧也。

是故婚之可離與否。宗教必定之。使宗教曰不可離。而民法曰可。則相枘鑿明矣。

有時民法之所定者。非不可無之法也。此如不法之婚。民法不使離而廢婚約也。罰之而已。

羅馬法。違例而婚者。亦有罰。然當安敦皇帝之朝。則著令廢之矣。

廢之則不為夫妻。而財產皆不得。故民法之於婚法也。常因時為隆污。有時以之救弊。有時以之止奸。

第十四節　親戚通婚宜視自然之律。而有時宜依民法

親戚血脈之近者。不可為婚。此在列邦。皆有法禁。然而究其原理。問自然律於何處為止點。而民法於何處為起點。此中消息至微。殆難決指。欲為此事。不得不求其大法言之。

其絕異者。以人子而妻其母。此大悖物性天秩者也。蓋子之於母。其為敬宜無窮。而妻之於夫。其為敬又宜無窮。是故以子母而夫妻。為亂天秩悖物性也。

且人道之生生也。其於女則前時。於男則後之。是故孕育之能。亦女先衰而男後竭。此自然之律也。向使母子而可以婚。將常以老婦獲其少夫。而生生之道不行。

若夫以父而婚其女。是亦反自然之律者也。雖無先竭後衰之不齊。顧其為悖性自若。然而韃靼種人。則有婚其親女者矣。而婚其生母者。則未曾有也。此得諸歷史傳聞者也。

復案。漢書載匈奴父死妻其母矣。而此云婚女。則西史布理思古言。阿

諦羅征歐洲時。中塗駐軍。與其女伊斯嘉成婚。婚女固斯開地亞法所許行者也。由東西二史言。擅胡於其母女。皆可合矣。

夫為父之天職。在保其子女之清德潔行者也。撫養而外。又有教育。將以求其形軀完美。心德不污。凡進於德行者。則獎勸之。且以養其慈仁之性者也。故凡可使其所生趨於敗腐者。為之父皆不宜。或曰依律為婚。非敗腐也。不知方其將婚也。必將達意通指。以生其愛。然則蠱惑行焉。是蠱惑者。宜為人道所深惡。安有既蠱而不敗腐者乎。

有主教者焉。有受教者焉。二者既立之深別。使蠱惑之事無所施。雖合於法律不可恕也。吾見父之於女也。雖其所定婚之男。不使近而至於狎。其為此寧無故乎。

若夫兄弟姊妹之間。其不可通而通之。為人道所深惡者。亦由此耳。蓋父母之於所生。莫不欲保其貞潔。且由此而百行之原正焉。即此。已足使為之子女者。重自守而不敢姦矣。

至於兄弟姊妹。凡同產之子女。不得相為婚姻者。其故亦以此。上古之世。侈靡未興。風俗淳樸。往往子女婚嫁之後。不與其父母析居。當此之時。室居雖小。猶足以容。則親情未漓。兄弟之子。又兄弟也。故同胞者既不可婚。則兄弟之子。亦在所禁。此亦自然之天律。不相效而國莫不同。羅馬固如是也。而東方臺灣島之民亦如是。五服之列。通者是謂亂倫。且天方之民俗亦然。摩勒地維亞島之民俗亦然。凡此皆不謀而合。可以知其故矣。

復案。中國一本所生。雖支流絕遠。但同輩行。猶曰兄弟。而西人不然。必同胞者。始以是稱。至於同產子女。則以表稱。其語曰骨沁。乃至同父異母。同母異父。則曰半兄弟。著深別焉。兄弟之子。猶姊妹之子。皆表之矣。故其婚律。凡中表堂兄弟皆有嫌。而或禁之。惟吾國特重男流。凡同姓者皆不婚。而中表雖至親者。猶可婚也。此未嘗無偏重之可議。夫姓生也。上古之所謂同姓。殆無男女之別。逮周而後嚴耳。既云血胤近則生不蕃。恐血氣之偏。無以相劑。則五服之外。當可以婚。而中表近者。理當禁之。庶幾有以合自然之天律云爾。

夫配偶之事。禁於生我我生。與我同生。此天律也。顧初民有不盡然者。則往往為迷信宗教之所誤耳。何以言之。譬如阿敘利亞與波斯民之父死而妻其母。其一以從沙彌剌密之法。其一以用咀盧拉斯得之義故也。又埃及以同產為夫婦。亦謂伊悉斯法。以此為神聖耳。大抵宗教之事。皆以難能為高。故禮近人情。則非其至。而天律自然。遂轉非諸宗之所重者矣。

夫男女牉合。何者為天律之所禁。何者但為禮俗之所不從。是二者之辨固微。然使知生我我生。與我同生。三者之不可合。乃所以保一家天然之貞潔者。則所以然之故。從可知已。

古者男女之生。不違其親之膝下。是故與子姓齊列之女壻。則與其妻之母。宜有別也。子婦之於夫翁。後父之於其妻之前女。皆不可合。是亦天之所禁。而非但人之所為也。以欲別嫌明微。使人道不淪於污穢。是故國律咸禁之。

亦有種民。視兄弟之子猶子。以常累世不析居。故亦有長則離其所生。而分析者。用前之俗。則同氣者必不可以為婚。由後之俗。雖同姓恆通婚也。

律之本於自然者。不限於封域。而出於人為者不然。故婚之通也。有許有禁。而皆以民律為之。

夫妻之兄弟姊妹。其相謂曰在律之兄弟姊妹。在律之兄弟姊妹。不必恆同居也。故不必禁其通婚。以嚴其別。而律之許禁。亦不本於天則之自然。常因俗以立制。大抵主於坊民淫辟而已耳。

律必以出於天設者為之本。顧同一俗矣。在此若出於天設。而在彼不然。此所以有禁許之異也。天設之律。固不可變。而出於人為者不然。父母之於子女。必同居室。此天設而無從或異者也。同產之子女。雖猶子而不必同居室。此人為而或然或不然者也。是故前之禁禁於天。而後之禁禁以人。

由是可知摩西、埃及諸種。所以許在律之兄弟姊妹通婚。而他種民或著之以為厲禁也。

印墀之俗。在律之兄弟姊妹。婚者不禁。其勢順也。諸父猶父。而有飲食教誨其猶子之責焉。此其俗至美。社會利之。且由是而生他俗。妻死。則續娶者。恆其妻之姊若妹。蓋以諸姨而為後母。視其前子。必慈於謂他人母者也。

復案。此節之論。蓋欲明男女之通婚。當以何者為天設之制限而不可踰耳。顧其詞頗費。而推究原理。亦不盡瑩。後有國民。欲為文明之通制。固宜取五洲種民。所最大同者而循之。夫男女同姓。其生不蕃。效果見於圖騰之代。此經驗之公例也。然所謂同姓。又非如吾中國之謂。中國專重男統。故同姓氏。雖歷千載之分。而不可合。而中表之血脈至近。其通又習為固然。不知同姓不婚者。惡其血氣之偏而無以劑也。如吾國之所為。義固無取。而其次則坊民之義。取易合者而禁其合。亦不可廢之天則也。

第十五節　有國律有民律事之宜準。民律者亦可更用國律為斷決也

民之相聚而為群也。常棄其天然自由。而為守法之民。是所守者。蓋國律也。又捨其天然公產。而為奉約之民。是所奉者。則民律也。然以前之故。而後有真自繇。又以後之故。而後有真產業。國律係民之性命。民律係民之財產。係民性命者。群政也。然不得執此以治民之產業。議者或曰。小己之利益。宜犧牲之以為國群之利益。此真詖辭。不知所謂國群利益。即合小己之自繇幸福而為之。舍小己性命之長保。言行之自繇。二者而外。無可言也。且所謂公益者。即在人人財產之穩固而無虞。蓋產業者。民律之所定也。以國律繩之。則大誤矣。

往者羅馬政家凱克祿。嘗謂均田口分之法。為不合公理。蓋彼民之合群。其目的無他。正以各守生業。不相侵欺之故。

故為政有大法。凡遇公益問題。必不宜毀小己個人之產業。以為一群之利益。亦不宜另立國律。使有侵損。如巧立名目者之所為。總之。凡國民產業之事。必以民律論之。而民律者。國民產業之金湯也。

復案。盧梭之為民約也。其主張公益。可謂至矣。顧其言有曰。國家之安全非他。積眾庶小己之安全以為之耳。獨奈何有重視國家之安全。而輕小己之安全者乎。夫謂愛國之民。寧毀家以紓難。不惜身膏草野。以求其國之安全。此其說是也。然是說也。出於愛國者之發心。以之自任。則為許國之忠。而為吾後人所敬愛頂禮。至於無窮。獨至主治當國之人。謂以謀一國之安全。乃可以犧牲一無罪個人之身家性命以求之。則為違天蔑理之言。此言一興。將假民賊以利資。而元元無所措其手足。是真千里毫釐。不可不辨者耳。夫盧梭此言。與孟氏右所云云正合。吾故表而出之。使閱者得參觀焉。

假如今有官長。欲建公中廨宇。或開治新通道塗。其所用之地畝。乃平民之產業。此非有以償之。固必不可。且非徒償其產業而已。即有民人。緣此受損。亦宜有以償之。蓋公家以此等事而與平民交涉者。其相與之際。與個人之相為交涉無攸異也。顧以個人相為交涉。則主產而不願售棄者。法不能強之使售棄。至於國家。但以公平購取。則有強使售棄之權。民人弗得居奇不與。此國家所特具之權力。過是以往。不得更侵。此亦不以國律抹殺民律之一端也。

羅馬帝國之散而為列邦也。主者仗新勝之威。以行暴豪之政。可謂至矣。久之民心思治。乃漸返而有循理奉法之思。故雖法極野蠻。而行者尚有和平之意。使聞者疑吾言乎。則請讀寶曼那於十二世紀所著法律之書。將有以徵余言之不妄也。

寶氏之書有云。當彼之時。設有官路。壞不可修。則闢新路。與舊路相並用之。然所需之地。必有以償失產者。償之奈何。亦出於用路之人而已。蓋此時國家平治道塗之政。不異今時。特彼時之路政。載在民律。而近世之路政。則科之以國律耳。(自注。考寶曼那法典第論二十二篇中。言道路新成。士僧農民所分出之費。甚為詳悉。)

第十六節　事之宜準國律為斷決者亦不可濫用民律

此雖常為難解問題。然使為政者。知民身自繇。與民家產業之區分。而律之立也。各有所為。不可緄同。則遇事釐然判矣。

譬如問國家政府所有土地封疆。可以捐棄予人與否。此國律問題。非民律問題也。其所以不得用民律斷決者。緣國家之不可無土宇以為基。猶之一國之中。不可無民律以整齊產業之事也。

故使政府。以其封疆賣棄。但國家尚存。將不得不具貲而求其新。但求其新矣。其事將於政府大不便。蓋勢有固然。凡政府之更置公地者。其民之所出必多加。而王朝之所收必加少。總之公地者。國家所不可無。而措賣之事。非有國者之所行也。

至於位業傳次之序。凡在有法度國。必以國家之安榮為主義。故其立法也。必有統紀。而後可以免於專制國之禍災。蓋專制者無定者也。其無定也。以其無法也。

且傳統之必立定法者。非為王家之私利計也。為其國計也。大位必主於一姓。繼嗣必守其定程。凡此皆以塞亂萌。而利安元元而已。夫使為一家之私利而起義。則其法必歸諸民律。民律者治個人之利益者也。惟其為通國計。故其法總於國律。國律者以安利社稷存立國土為義者也。

由是而知。使其國以國律而定繼統之序矣。乃今繼統序絕。無應承者。有人用他族之民律。以爭入繼。此大謬也。夫甲國之為律。未有為乙國道地者也。即羅馬之民律。亦未見其必優於他族之民律而可循也。方羅馬民之起而抗其王也。且不自用其舊有之民律矣。彼所據以斷其王之獄者。乃至無道。必不可復舉而由者也。

又由是而知。使一姓之繼統。既絕於國律矣。即不得舉民律之條。以求復之。蓋復統者。律中之所有也。欲用其條。惟遊於律中者可。遊於律中者遵律者也。而居於律上者不可。居於律上者造律者也。

凱克祿不云乎。民律者。定個人之畛域。劃兩家之鴻溝。夫以如是之法。欲以定國土之爭。種族之嫌。與乎寰宇萬方之聚訟。亦多見不知量而可歎耳。

第十七節　續申前說

古者希臘民主。有屏逐國人之法。將有所屏。則書名於策。使通國投占決之。然此亦國律之事。非民律所宜問也。且此法非民主之弊。乃有之以見其法之詳平。蓋在今日之政。則放流為罰。而古之屏逐。非刑罰也。是固不可合而論之也。

雅理斯多德嘗以此法為合於人理。而為民主所宜者矣。夫使當日雅典之民。不以其法為苛暴。則吾黨居今論古。欲與古之行法被法者立異同。亦多見其謬爾。

所以知後世法家論此法之多誤者。蓋當日此法之行。被法之民。常由此而反為光寵。又在雅典。其所以置此法不用者。正緣所加者之非其人。由此言之。可知其法之用。乃與刑罰迥殊。乃一甚美之法。所用之以制節國民之寵榮。使不至僭濫過差而已。

第十八節　法有相反而實同門。須為審諦

羅馬有借婦與人之俗。而法不之禁。此見布魯達克明文者也。又其書載嘉圖以其妻假賀天壽事。夫嘉圖名人。使其事與法忤。不冒不韙而行之必矣。

然其法典又云。男子縱其妻淫。而不告發。或經告發被刑。而其夫復收之。皆所禁而有罰。取此與前法互觀之。誠若矛盾。顧其實不然。蓋借婦之俗。沿於賴思第猛之舊制。所以為民主進種計也。至於縱淫相坐。禁取棄妻。則又為坊淫正俗之法典。二者並行。固不相悖。其第一條為國律。而第二則民律也。

第十九節　事有宜以家法論者。不當科以民律

威西峨特律載。家奴遇姦。得縛男女。獻之其夫及官長。請治罪。此真凶律。蓋奴隸小人。以此律故。乃操反噬之柄。大亂家國者也。

必用此律。惟東方暴主宮禁中。庶幾可耳。蓋禁籞之奴。遇此等事。大率指為同謀。而罰如之。故彼之捕縶如姦人者。非惡其亂也。乃所以自表白。且常欲徹究因由。庶幾免於弛防之罰。

若夫他國。其防範婦女較寬。猶用此律。斯可歎耳。世豈有假奴婢權。使之伺察尊長品行者耶。

是故如是之俗。只可目為一二家之家法。而視為民律。則大不可也。

第二十節　事有宜以國際法論者亦不當科以民律

所謂自繇國民者。遵守法律而外。無人焉可強之以所不欲者也。自繇國民。其所以相聚而居者。民律而已。以其為民律之所治範。故可以為自繇國民。

由此言之。彼身為國主。高高居民上者。自為一類。非民律之所治也。以是之故。國主無自繇者。夫國主者。以力相雄者也。以力相雄。故常制人。而或為人所制。是故城下之盟。其不可背。與好會之盟等。何以言之。蓋吾身之所以得自繇。而不可強偪者。以有民律為干盾故。設有迫立之約。以民律之在。吾得據此以復吾之自繇。而其約坐廢。獨至國主不然。制人人制。乃其常道。故雖受迫。無由控愬。設其不承。是謂絕物。絕物者何。其行事與其性質相背馳也。此無異云方其制人。則不能令。及其人制。又不受命。世固無是物耳。

第二十一節　是故宜用國際法者。亦非國律所得問

國律之義。凡同國之民。必受成於其法院。而受察於其國主。國際莫重於使臣。使臣不受成於所使之法院。亦不受察於其所使之國君。蓋使者其主之喉舌。以其主之無所屈。故其喉舌亦無所屈。其致職將事。莫之或攖。而陳情進辭。可以無諱。向使有罪可加以刑罰。所謂罪者。安知其非虛。又使負債可執而迫償。所謂債者。安知其非偽。由此不獨兩國之驩失也。而使者方求弛罪免刑之不暇。欲其不辱君命難矣。是故使之所為。可以國際法論。必不可以國法論也。假使臣敗度亂紀。所以治之。止於飭回本國至矣。有罪則其君治之。其君者。其裁判主可也。其同謀共濟之人亦可也。

第二十二節　論陰卡人阿達和洛巴之不幸

前節所發明之義法。為近者斯巴尼亞人所無理破裂。殆無餘矣。當陰卡人阿達和洛巴一獄。不得以國際法斷論者也。於是以國律與民律勘之。其劾阿達和洛巴也。則以論殺其民也。以多婦也。其所引之條例。非陰卡之國律與民律也。乃異國他種之國律民律。此其悖謬。可謂無以復加者

矣。

復案。陰卡者。古南美祕魯國之貴族主治者也。其舊史言始祖出於日。降分十二支。遞嬗為祕魯帝王。其末代曰呼亞斯加。凡此皆陰卡種。國君置妃后。必其同產姊妹。長子傳國。非然者。法不得承大統。至阿達巴洛加始廢其法。此千五百二十三年事也。陰卡固專制。然用社會主義。種人無私財產。常主其國政教職司。阿達和洛巴生於十五稘間。既立。與其異母弟呼亞斯加戰。勝之。遂領全國。繼而為斯巴尼亞將辟查路所賣。被執。國人以金十五兆圓贖之。然阿達陰令人剌辟查路。被覺。乃論死。

第二十三節　有時遵用國律轉成禍階。則宜更立國律以圖補救。而所更立往往成國際法

即如傳統。國律之大。方其垂創。意主維持國家。乃有時以守法之故。轉以禍國。則當柄者。必更立新律以補救之。無疑義也。且自法意言之。其後立之法。不必與前立者遂成反對。實則轉以相救。而達立法者最初之所祈嚮。蓋立法本旨非他。主於利國。故建言有曰。國民治安。是無

上法也。

不佞於前書。（第五章第十四節。八章十六節。九章四五六七等節。又十章第九、第十等節。）不既云乎。凡自立國。忽而附屬他國者。常陵遲而成弱。而強國以容納附屬之故。轉以成弱者。亦往往有之。蓋至尊之國主。必居其封域之中。而後有利。賦稅之不姦。貨財之不外溢。皆由此而得之。且民之得君。不願其具異種民之心習。蓋如是之心習。與其所治者。必不相得。夫民之寶愛舊有典則習慣者。其天性也。得此而後其群乃樂康。是故奪其舊有之典則習慣。不待喋血紛紜。而民馴服之者。此歷史所絕無僅見者也。

是故國之神器相傳。有以婚媾戚屬之故。而迤及他國之主者。是可以舍而更立也。蓋必如是。而後二國交有利。而民以安。此如俄國。當額理查白初年。著令。凡已有國者。不得襲本國之統。此至明之法也。而波陀牙亦定非本國本種人。雖至親。不得纘承國統也。

復案。此弊殆亞洲各國之所無。蓋亞之各國。大抵傳男。而孫與外孫。其服屬之系大異。不若歐洲之俗。男女並重。其視中表。無異吾國期功之親也。英前之威廉第一。所以能由諾曼德而入主全英者以此。後之雅各所以能混一南北。統治英蘇者。亦以此。至於中國。則三古以還。無是局也。

夫使遇此。其擇主之國民可以拒。則亦遇此。其大統之旁落可以豫祛。此其果固同。而順逆難易之勢。相去遠矣。今夫國民。目覩二國。以婚媾之造因。推其果效。勢或使其國不得獨立。抑坐分業割地。致不保其完全之封疆。則方其締合之時。即可聲明。絕其權利。如是則覬覦之情可以豫泯。以比事局既成。而後奪其所應享者。人心逆順難易之間。豈可同年而語耶。

第二十四節　警察規則與民法不為同物

君若吏於國中過犯之民人。有施刑者。有飭戒者。施刑者。法之所治也。飭戒者。吏之所察也。法之所治者。屏之於群之外者也。吏之所察者。收之於群之中者也。

是故警察之責罰。犯者為吏權之所治。過於法網之所加。成讞之奏當。刑者為法網之所加。過於吏權之所治。警察所及。日時而有。薄物細故。不察又不可以為治安。然而無所用其文法。當機裁判。期於無滯。惟然。故不可以施甚罰。薄物細故。期於治安。惟然。故不足以申大戒。其所守者規則也。非法典也。方其施行。在吏耳目之際。使涉苛猛。吏則過矣。是故違背規則。不可以為作姦犯科。法典之與規則。固不可目為同物也。

威匿思之法。民攜帶火器者罪死。夫刑極於死。吏攜帶火器。則當死矣。而用以殺人行刼者。又將何以待之。為此法者。殆不知前二者之有殊。故背物情而無倫脊如此耳。

曩有羅馬皇帝。以餅師造餅雜偽物。令站籠死。見者韙之。不知是其所為。與突厥之薩爾丹。以賊殺不辜。為秉公行權者。政無以異也。

第二十五節　事之準情酌理有可特論者。不宜拘牽民律文義以為斷決

有謂同舟出洋。凡塗中所約。登岸後皆可不承。假有以是為律者。是可謂之良法矣乎。吾聞皮拉法蘭碩言。當彼之世。波陀牙人莫不如此。不如此者。獨吾法民耳。彼以為同舟浮海。不過暫時相聚。舟中百物。官為置給。無生事之急需。彼此祈嚮正同。皆求水程之達。立約者。不處國群之中。特寓一舟而已。夫約者。為楷柱社會之責任而設者也。今兩方之人。既在社會外矣。尚何約之與有。

洛底亞民之緣沿海濱而為盜也。其立法之旨政類此。其法。凡遇颶。惟身不離船者。乃得主船與貨。脫身去船。其權利則盡失之。

復案。此節詞旨頗晦。察其意。似舉此二條。以識其背情理之顯然。坐牽民律之文義耳。

第二十七章　論羅馬承襲田產法典之原始變遷

羅馬承襲法典。設立最古。欲深考而微論之。非容不佞搜討於其最初法制不可。蓋學者言羅馬法者固不乏人。而於此一事。則尚無人焉。得其要領耳。

羅馬開基於羅妙魯。華路艦縷。取蕞爾之封疆。劃而分之與其民。為分田之制。此承學之士。所夙聞者也。而承襲法典。乃由是託始矣。

以分田而慮并兼也。法不容甲家之產。入諸乙家。故自法典言。只二種人得承先業。一其人之子若孫。此所謂蘇伊顏勒氏。譯言天然繼嗣者也。又其一最近兄弟之子若孫。必己無出而後用之。此所謂阿格納狄者也。

姊妹之子。謂之葛格納狄。法不得為繼嗣。因或用之。則外家之產將為所嫁之家并兼。而分田制壞。

且由是而母子法不得相承業。以由此將并兼之弊亦興。分田制壞。故羅馬十二章法典。舍阿格納狄無承繼者。子之於母。非阿格納狄也。

然承襲資格。不以男女為分。為蘇伊顏勒氏可也。為阿格納狄可也。蓋自母子。於法不得相承業。即傳於女。其產終歸外家。此十二章法典。

承襲資格。只取最親係屬。而於男女所不論焉。

由此故親孫得承祖業。而外孫不得承外祖業。以其一為阿格納狄。而其一為葛格納狄。女可承父。而子不可以承母。

羅馬初民。立法如是。其用意無他。在保分田之制。使不壞此制。雖女子可以承家。如其壞之。則不予也。

其承襲法如此。乃與其他憲法相倚而成。大都本於分田初制。且由此可知其法為本國之所自造。非若他法典然。得諸遣使調查希臘市府之制。歸而施諸羅馬民主者也。

氏阿尼修言塞。維圖烈因見羅妙魯與奴瑪二王所立分田制廢。乃復其法而脩明之。使守之益謹。由此可知羅馬分田承襲諸法。必三法家之所作述。無疑義也。(三法家指羅妙魯奴瑪圖流斯。)

夫承襲田產法典。羅馬乃緣國憲而立之。故國民不得以授受之私。而破此法。此羅馬初世。國民所以不得有傳產遺囑也。雖然。法則如是矣。而顧當人將死。意有所愛念。而欲有所畀予。乃格於法而不得行。是亦不得謂之非苛者矣。

於是準於人情國法之間。而為調停之術。意將有所分畀。令民聚國族而為之。蓋由是其人之為遺囑也。若依於立法權而為之焉。

十二章法載。凡為遺囑傳業者。付囑人得於國族中。隨意所擇。而畀以產。此自其表面觀之。若與前令大相僢馳也者。雖然有說。蓋羅馬舊典。所以嚴於承襲之人。必資格與法合。而後可受傳而無待於遺令。此緣分田初法而有者也。至十二章所載。付囑人可隨意所擇。不必其子若孫以傳業者。則本於羅馬俗之父權而推者也。羅馬父權。雖鬻其親子可也。若曰其身且可鬻矣。奪其傳產。而他畀焉。何不可之與有。是故二法相爽。以其所從出之理由迥殊。惟識此者。而後於羅馬法意乃可得而窺也。

雅典舊法。國民不得以遺令傳業。唆倫之立法也。許以遺令傳業矣。而有子者不得爾。以其無所用之。羅馬法家狃於父權之說。遂聽人親奪其所生之所託蔭。其相異有如此者。平情為論。羅馬為法。實嫌牴牾。不若雅典之於人心。較為當也。故十二章法出。羅馬分田之制。日漸陵遲。并兼事興。民之貧富。乃日相絕。富者以受分承遺之多。或兼數十家之產。而貧民多數。無一畝之宮。數世之後。赤足之民。相聚譁譟。國田再均之說。徧於國中。無已時矣。尤可異者。方風氣儉陋。民生困窮。既以此求其上矣。而他日紛華侈靡。僭度踰制。亦復囂然。乃知國之不均者。固無時而安也。

復案。讀此而反觀吾國。可悟井田古制之所由成。與其制之所由破。夫井田之制。至於春秋定哀之間。有存蓋寡。至孟子時。掃地盡矣。故其所陳說於齊梁諸君者。常存復古之意。江河趨下。其勢必不可挽。商君李悝因而毀之。以收一時之利。漢世諸公。覩并兼之害。欲以限田之法救之。然無及也。唐宋諸儒。想望太平。皆太息於先王經制之破壞。而歸獄商君。雖然。商君不任咎也。試思當日即無商君。井田之制。尚克存乎。至於今世。貧富相差。其在墨守之國。猶之小耳。若夫歐美二洲。愈益無藝。其不均者。非特田疇已也。而在工商牢筴之間。方瓦德初明汽理。奈端大啟力學。大地之上。凡人力所有事者。無所往而不可用機。於是勞力之眾。藉手成業。百倍曩時。向之旬獲十金者。今可以百。則大喜過望。以謂天下自此。將無窮民。爾乃瞬息之間。貧者益眾。相懸之度。尤為古所未聞。役財收利。潮長川增。若不可極。而勞力求食者。物競日烈。恆患無以自存。於是有心人閔之。而持社會主義者。乃日眾矣。今之持社會主義。即古之求均國田者也。

羅馬傳產遺囑。用一眾成之。此用其國之立法權而成之者也。身列戎行者。無立法權。故不得為此。由是國民乃予軍人以特別之便宜。許其於火伴軍侶之前而為遺囑。不必聚國民之眾而後成之。

復案。羅馬軍人遺囑有二種。其一曰波羅山闍。即此是也。蓋用於平時者。其一真軍伍遺囑。則羅馬皇所特許用於臨戰之頃者。蓋身生死不可知。而成於倉猝。故常出於口舌。而不必書之羊皮楮葉。而後可據也。

羅馬國會。歲僅兩番。而來會之眾。及質成之事。歲以加多。降乃不給。則於是議聽民之為遺囑者。不必待國會大集時。但取年輩及格者。為諸類民代表。為之監臨。其遺囑即同國會所成立者。後之為此。常集長老五人。而受遺者對眾出金。以購取其產業於為遺囑者。外則更舉一人。具天平衡量受金。以此時羅馬尚未有圜法也。

用五人者。似以為其國五眾之代表。此外尚有第六眾。然所不重。蓋其中皆無業之民也。

憶法家札思狄黏言。所用天平乃具文無實之物。夷考其實不然。具文無實。久乃如是。其始不如是也。當時所為。後著為法。皆依此物而起義。至今讀烏爾比安殘著。猶斑斑可覆案也。羅馬之為遺囑。其選監至嚴。瞶者、瘖者、狂者、皆不得與會。蓋聾瞶則不聞買業者之辭。瘖啞則不能宣告其業之宜歸誰主。至於狂者。於法不得與家國事。故雖有產。不能自售。舉此三端。其餘可概見爾。

遺囑之成。必當國眾。故其為物毗國法。而稍異民法。乃國民之應享。非私人之應享者也。是故男子猶居父權之下者。法不得以父命與人為遺囑也。

他國民之為遺囑也。與為尋常契約等耳。無繁文多儀之可言。蓋所著者。乃與受兩方之事。而皆小己權益之所存也。獨羅馬遺囑。導源最初國律。故特嚴重。而儀文遂繁。此其餘風遺俗。至今猶行法國南部間。蓋皆羅馬所舊治者矣。

如前文言。羅馬遺囑之成。其性質無殊法典。故其為此。常用誥令之詞。簡質徑直。為受者之所必遵。由是體制相承。非用勅命之文。則產業不得以傳付。至用其文矣。即由是而轉相傳付。又蔑不可。惟是所為付囑。必不得使受遺者暫為之主。抑使攝襲。而數時之後。乃復其全產。或產之一部分。於第三人也。

復案。使中國古如羅馬。則魯隱、宋殤之禍。可不見於春秋。而宋之德昭。明之建文。可無其事於後世。

使父為遺囑。於其男子。不明言其傳產。亦不明言其不傳產。則此囑作廢。於其女子。雖不明言其傳產。亦不明言其不傳產。而此囑不廢。此其故亦易明耳。蓋以是施諸男而不廢。則孫受其害。孫者不待囑可得產於其父者也。其以是施諸女而不廢也。無所損於外孫。外孫者雖有囑不可得產於其母者也。（囑廢而業乃傳。）

古羅馬承襲法。本諸分田之法意而為之。故產及女子則不過。女子鉅富。往往有之。以其不過。侈靡淫佚生焉。此敝法也。方布匿第二第三兩役之交。國民悟其法之敝也。於是有和康黏法典之立。此法典為當時之所極重。而散見於古籍者寥寥。常為今世法家所聚訟。不佞請得於此。一料理之。可乎。

一於見凱克祿之言論。中謂其律禁女子受遺傳業。無分其為已嫁未嫁者。

一李費簡錄。嘗引此律而不論。然據凱克祿、沃古斯丁二家之說。則女子雖為其親所僅出。於傳產亦在所禁之列也。

方和康黏法典之立也。大嘉圖實為之主力。所發言論。沃魯格流嘗引之。嘉圖之所以禁女子承襲者。乃所以去淫佚之原。猶其主張阿比安法典。乃所以挽奢侈之末流也。

札思狄黏及氏阿非盧所著法典。頗引和康黏限制遺囑析產律文。後人讀律。不察其意。以為限制之旨。直恐析產日微。不堪授受。顧和康黏法意。不如是也。其法意無他。直奪婦人得產權利已耳。第觀律文。其旨若揭。其所以禁平人不得自由析產者。蓋使自由。則婦人雖不得有承襲之產。而所從他道析分者。可過其所承襲者耳。

雖然。和康黏律所欲止者。國有過富婦人已耳。是故奪其大者。而小者使不足長奢。則亦未嘗盡奪之也。禁其承襲。而別定其所得受之數。凱克祿言此。而未云其數之幾何。獨氏阿言其數。為十萬塞斯特云。

和康黏律所以裁制富戶。而非所以削約貧民。故凱克祿言。此律所及之家。必主人名在申蘇爾籍中者。

然以此民遂可與法相遁矣。蓋羅馬民主之代。民喜舞文。假如有為父者。欲為遺囑。以產傳諸女子。則寧匿其名。而不登申蘇爾之籍。而布里它爾者。掌風俗民政者也。以謂是非和康黏律明文之所禁。則亦聽之。不加誰何。而其法乃虛立。

有阿塞魯者。以其女為承業之嗣。而凱克祿謂其合律。蓋其父名不在申蘇爾籍。非和康黏約束所及故也。當是時維禮士為布里它爾官。廢其遺囑。而凱乃謂維禮士為得賄。不然、必不取同僚他布里它爾所許者。而獨廢之也。

顧所可疑者。同為國民矣。而申蘇爾或籍或不籍何也。據圖流斯遺制。凡民不登名於申蘇爾籍者。則奴隸也。此說也。凱克祿、左納拉二法家皆然之。自不佞觀之。羅馬民不籍名於申蘇爾者。以和康黏與圖流斯二制言。必有異點也。

羅馬之民。以貲為差者凡五等。不入五等之民不籍。此和康黏法也。通六等之民謂之伊拉賴。凡非伊拉賴者不籍。此圖流斯法也。故欲避和康黏法者。其人乃入於第六等。或並第六等而不能。

前謂羅馬法典不許人為攝襲之遺囑。蓋為攝襲遺囑者。其用意即欲與和康黏法相遁者也。先立一資格應法之受遺人。而後由彼使之轉付其資格不應法者。由此而事變之來遂夥。然亦有不忘久要。依囑攝襲而轉付者。此如畢篤孤之事。有足述已。畢受遺產極鉅。而死者之意。所欲其轉付之人。無有知者也。彼乃護持死者之門戶甚久。已而舉產悉付其孀。無角尖之染云。

然亦有為法典之故。而自據其產者。則魯甫斯一事。最為近世學者之所知也。若凱克祿與伊璧鳩魯學人爭辯時。常徵其事。凱云。方吾少時。一日為魯甫斯所邀。同往其執友家。議己所承嘉路斯之產。義當歸之其女華姹與否。及門。坐中先有數少年在。而年識高者亦雜其間。既開議。乃無一人言當復。而皆以宜遵守和康黏法典為然。魯甫斯不得已。乃據美產。不之復。如遺囑所託付者。雖然。使魯甫斯不為法計。獨用直道行。吾知其不肯留半菽以自享也。向使足下當之。未必不復此產於其女。即使伊璧鳩魯當之。亦未必不復此產於其女。然而復之。其義乃與足下故所持說背耳。凱克祿論法如是。顧不佞則因之而有所思。

所思何。竊以謂人道每有不可祛之不幸焉。往往立法之家。雖瞭然於法之戾夫人情。而不容以不遂。則如和康黏之法是已。蓋立法之頃。所常目者非一小己也。在乎國民。非國民也。在乎社會。其作則垂典。乃不得不犧牲其所以為國民。與其所以為小己者。以達其所以為社會之目的。冀民主有昌盛之一時。故使有人以保愛其女之故。私為攝襲之遺囑。竊冀由此。有以及之。而法家則於二者之天性人情。罔有所顧。其父之慈。其女之孝。皆若罔攸概於心者焉。問所注目。則但計攝襲者之何如人。而其人他日所處。遂陷於至維谷之情勢。蓋攝襲矣。使他日復其所為攝者。如立遺者之所蘄。則躬為犯法國民。害於其國者也。又使守法。而不復其所為攝者。則背死者之久要而為昧良之人。憂又在人心者也。故合而觀之。向者為如是之遺囑。雖與法相遁而為之。非其人之慈愛。不為是也。非得有人焉。節義廉潔。不忘久要。又將孰與為遁法之事。蓋託者瀕死。而所託者財。如是雖久而不負焉。此非其人之樂為善。而土苴財富者。固不能也。夫非至廉嗜義之士。其孰與歸。而於法。猶以為害國之民也。此其為論。無乃苛歟。或者立法之意。以謂吾之為此條典也。取治大分而已。知欲遁吾法。必至廉嗜義之士而後能之。而如是之人於社會不多遘。吾法之行。其庶幾乎。

方羅馬之為和康黏法也。其古代之淳風厚俗。尚有存者。民奉法專謹。違之則心有不安。且法之成也。依於眾議。既立之後。誓共守也。是故良民尠為與法相遁之事。洎夫後葉。樸茂俗亡。而欺偽風起。至於其時。民雖欲為攝襲之遺囑。將誰託乎。故其法之行。不待上者之督責。而能違之者寡矣。

戰爭紛紜。國民之死亡無數。當沃古斯達之世。羅馬幾墟。非以術焉。以更實其戶口不可。於是有帕必安之法典。凡所以獎進牉合。使群趣於添丁者。不遺餘力矣。其能使民樂有室家也。其第一術在增益其承業傳產之希望。而不嫁娶者欲得此而無從。和康黏法。以杜侈靡。而禁女子承業者也。而帕必安法。則於數端。弛其禁令。法之隨時損益如此。

凡婦人得以其夫之遺囑。承享產業。而待有子者特優。有子者。不獨其夫之產。即他人之產亦可受也。此實與和康黏舊法正反。顧所可異者。帕必安法行。而和康黏法意猶有存其中者耳。如帕必安法言。男子有一子者。具承襲無論何項產業資格矣。而婦人則必有三子。而後具此資格也。

雖然帕必安法。固不云婦人生三子者。即有承業之利益。其得此也。固俟有人為之遺囑而後能。故初帕必安之法雖行。而親戚產業相承之事。

固無變於其初。和康黏法尤所重者。特沿之不久。遂無存耳。

羅馬征收日廣。琛賚山來。異俗日侵。其古意遂罕有存。向所謂戒侈坊淫。至是遂莫以責女子者矣。故沃魯格流生於阿杜利安皇帝之代。而云和康黏法。時已不行。譬若為金玉錦繡所掩瘞也者。又保羅思生於尼格爾之世。而烏爾比安居塞比盧之朝。皆云同父姊妹。法得承產。其猶用和康黏法者。獨疏遠戚屬而後然耳。

當此時也。羅馬舊法。民以為苛。而主察風俗之官。如布理它爾者。捨寃抑踰僭貪污之訟。餘莫過問者矣。

羅馬舊制。母固不得承子產。而自和康黏法立。此制之所防益嚴。逮覺羅紂皇帝立。則以謂母之失子。其哀已深。使得受子業。聊用慰藉。而前法由之廢矣。阿杜利安制詔沁涅特。凡齊民婦。生三子者。得承遺產。而由奴婢復為平民者。生四子。其資格與前同。此雖特令。然其用實與帕必安法典無異。終之。至札思狄黏之世。乃許婦人承業。利益與男子同。而不以所生多寡為等差。

總之。禁錮女子不得承受產業之法典。與女族承業不得與男族比肩之科條。其始皆奉行。其終皆廢置。迹其所以。原因則一。蓋所禁者。其法意與民主國家之精神合。民主者。不願女子坐擁雄貲。以為靡侈淫佚之媒孽也。斷其希望。而女德乃純。至於君主之國不然。競尚榮華。由是而昏嫁煩費。婦女挾貲產者可以予人。具資格者可以暴富。而人始樂於有家。故羅馬承襲法典之變遷也。與其國家治體之變遷相應。其始女族所不用也。乃浸假而女族用矣。其始母子不相授受也。乃浸假而承母同於承父矣。華連狄黏、氏倭多修、亞加紂。是三君者。且令外孫。得承其外祖業。直至札思狄黏之代。古初承襲法典。蓋無有一存者焉。札思狄黏之制承襲也。實分三途。曰上承。曰下奄。曰貤及。上承者以少承長也。下奄者以老襲幼也。貤及者年輩平等相為受也。而不為男女與內外族之分區。悉取古法之僅存。而一切廢之。摧陷廓清。自以為合於天理人情之極。而笑古代法典之多所牴牾也。

第二十八章　論法蘭西所用民法之原始與變遷

復案。學者謂此章為孟氏最稱慘澹經營之作。孟嘗有書與其友人。言於此章。心血耗者獨多。一書之成。頭鬚為白。則當日蒐討之勤。折中之慎。可以見矣。

第一節　日耳曼諸民族所立法典性質之殊

法種古稱拂箖。拂箖居日耳曼森林中。其去故國而西也。乃聚國族之賢聖者。裒成沙栗法典焉。其中一族曰理普亞利安拂箖者。從孤路威先王。（後之路易。即孤路威之轉。）與沙利安族合。而保其故禮俗。至氐倭多力為奥斯脫舍部王。乃勅書之羊皮。垂為要典。當是時氐倭多力強。巴法利亞與日耳曼皆其藩屬。故亦裒取二部禮俗。勅為成書。日耳曼以種民散出。國乃大弱。拂箖則所至征服。大廣土宇。已乃回復故地。取先祖所居之森林。而啟闢之。其時所傳。尚有堈林占法典。意亦氐倭多力之所制立施行者。以堈林占族亦其屬也。佛里舍者。法王馬得察理與白班二者之所征服者也。故其族所行法典。勢不能先二王。且其時民不知文字。至中古夏律芒始伐沙遜尼民族。克之。所行法令。至今猶有存者。吾黨讀書論世。識其法必出諸勝家也。厥後威西峨特、白爾根氏、狼巴邸三族之民。占有國土。皆取所守循之法典。勒為成書。藏之冊府。顧考其意。非以施之所勝國民。俾為典也。服疇肯構之思。示不忘其先。昜子若孫弗畔焉耳。

沙栗與理普二民族之法典。最為簡質。而阿旅芒、巴法利、瑚林占、佛里舍四族所為。亦皆渾然天樸。其質野固也。也敦龐深厚。見風俗之純而不污。蓋未受外境之薰染潛移故也。創垂以還。變更者寡。以其民族外出者獨拂箖耳。餘則未出日耳曼半步者也。拂箖之族雖外徙。顧其根源盛大。所以為後此熾昌之本者。皆自日耳曼而得之。故其法典。皆日耳曼之法典也。至若威西峨特、若狼巴邸、若白爾根諸民族之法典。皆以流徙新居。緣天時地利之不同。而民風亦變。與前者種民之所守。醇醨雕樸。皆迥殊焉。

白爾根開國不久而亡。故勝家所布法令。不及更變。若袞的博爾、若錫芝斯芒。皆造律令矣。而皆其最後之王也。至狼巴邸之法典。則有增益無更張。而羅叱利法典。為骨理摩路、班都、拉芝、亞斯禿弗所奉行矣。而亦無所損益。獨威西峨特法典。則多變於其故。不獨王者有所修改。即其國僧侶。亦有所沿革也。

蓋前之諸王。既取沙栗與理普法典而行之矣。顧緣宗教維新。則凡其中。與基督景理不合者。悉皆罷置。至其大經。則未嘗動也。而威西峨特之法典不然。

白爾根有體膚之刑。而威西峨特尤甚。沙栗與理普二法。無此污點也。其守先訓。過於前二。

白爾根與威西峨特開國之後。以其境為衝地無屏蔽。欲得民心之固。故為立公平之法以收之。至拂箖諸王。則負恃富強。無噢咻厥民之意。沙遜種民。伏於拂箖權軶下者。氣最不馴。時時欲叛。故其法典。乃勝家箝制所勝者之法典也。此在當時。於未開化諸部中。最為僅見者。大抵日耳曼法典。多罰鍰之條。而勝家於新服之民不如是。此皆按其律文。可以得其用意者也。

凡在國境之內得罰者。有體膚之罰。此非日耳曼之舊也。得罪於國境之外者。始得援日耳曼之律意。

律文明告其民。凡得罪者刑無赦。乃至教寺祠宇之神庇。亦不容如是之罪人。

宗教尊宿。在威西峨特諸王時。其權獨重。國有大事。聚而謀之。後世教宗審鞫。用刑獨酷。然皆沿於此時之義法宗旨而行之。教侶最惡猶大人。所以施之者。皆古法律也。

舍此而外。若袞的博所垂白爾根法典。皆稍祥平。而羅叱利於狼巴邸諸部所行。尤無可議。獨威西峨特所用理賽循都、費德循都及伊集加諸人所作。皆穉騃多可笑者。全失用刑之意。而徒為大言崇稱。無理取鬧。

第二節　當時未化國所用法典。皆種人法非國法

文明法典。其行也有分土無分民。故曰地律相盡。地律相盡何。境內之民。無論何種。必用其地之律也。而當時之未化國不然。其行也不偏於國中。亦不盡於國中。惟其種人之所在。此蠻夷法典之最大特色矣。故治拂箖人。必用拂箖律。推之而阿旅芒、白爾根、羅馬於其世莫不然。勝兵開國之家。無作法垂憲之思想。則聽其雜亂糾紛。期無害己而已矣。

此其因可從日耳曼之風俗而得之。蓋日耳曼種人。散居離處。山澤林莽間之。如凱撒言。彼固以是為最便也。且其意不願合。而惟恐羅馬之強使合。不得已而雜居。無事則各循其國俗。有罪則各用其國刑。方其析也。不相服也。及其聚也。不相效也。地可以公。而治權則私。居可以合。而種姓必別。是故其時法典。種族之法典也。不偏不該。居本國如

是。入鄰國亦如是也。

至今蠻夷法典。猶有存者。取而觀之。可證前說。如馬可福思之科條。理普諸王之號令。莫不如此。第二朝之科條。皆沿第一朝而立者也。故子孫所服從者。必祖父之法典。妻所服從。必如其夫。設不幸而孀。則反其所初服者。奴婢復與未復。皆服從其主之所服從。尤足異者。人得自擇法典。以治其身。至洛達寮制法。始令民將其所擇從者。必宣於眾。而後許行。(洛達寮法見狼巴邸律書。)

第三節　沙栗法典與威西峨特、白爾根法典不同要點

前謂白爾根與威西峨特之法典為公平矣。乃沙栗法典。則有大不平者存焉。以其於拂箖、羅馬二種人間。著可悲之異法也。如云其人為拂箖。或北部蠻夷。或其人素服沙栗法者。為人所戕殺。律載罰金二百穌。以與死者之親戚。但使所殺者為羅馬人。縱有身家。所償半之。若其人為羅馬屬。則所償血鍰更少。例不過四十五穌。有戕殺王官者。設為拂箖。罰六百穌。設為羅馬。雖至貴重。如王賓客。法不過三百穌。然則沙栗法典。於拂箖、羅馬二種間。無分貴賤。皆設最苛之區別明矣。

不寧惟是。其法曰。設有一眾。聚攻一拂箖人於其家而殺之者。償六

百穌。惟所攻係羅馬人。若復奴婢。則所償減半。又曰。若一羅馬人。加一拂箖以鋃鐺銬鐐之屬。罰三十穌。惟若一拂箖加此於羅馬者。所罰半之。若一羅馬人褫剝一拂箖人衣者。罰六十二穌有半。而拂箖以同事施羅馬者罰三十穌。夫為法於二種民之間。而其不同如此。為羅馬者。亦可哀已。

乃近有一著名法家。輒謂著在舊籍。高盧民於羅馬最友善。不佞實不知其言之何所據也。將以拂箖之素虐羅馬而踐踏之。既克之以兵。又困之以不平之苛法。惟然為友善之明證歟。則無異言韃靼種人。既克支那之後。而友善支那民也。（著名法家指竺博思神父）

往者公教之尊宿畢協。嘗用拂箖以毀亞利安王者矣。然不得以此遂曰。彼欲載未化之人使為君也。則吾黨又安得據前之說。而曰拂箖有愛於羅馬乎。自不佞言。則固與前說大異。吾將謂使拂箖所忌畏於羅馬者彌少。其優容羅馬者。亦彌以亡也。

吾意竺博思神父所考錄以為歷史者。不過取詩歌所散見。辭令所僅存。而據之為典要。雖然。此等揚厲鋪張之作。殆不足為事實。而以為論世考俗之基礎。亦已明矣。

第四節　羅馬法典亡於拂箖而存於峨特與白爾根諸族者何由

由前之言。則有物焉。為曩哲所不能明。而以為莫究詰者。乃亦可以推知。

今之所謂法蘭西國者。其第一朝之君王。所用以治民者。固羅馬之舊法。亦稱氐阿多舍法典。此為其經。而雜行以其時所謂蠻夷律者。何則。其時境內。固有北部之民。來奠厥居也。（案。羅馬之世。凡北部諸種律非羅馬者。稱蠻夷律。）

嗣是拂箖所居之部。自為法焉。是謂沙栗法典。而氐阿多舍法典。則用之以治羅馬之民。其有為威西峨特之所治者。亦用氐阿多舍法典。以其王亞拉力之令。勒成冊書。以待羅馬民之訟獄。而峨特又自有其國法。乃優力克之所纂。凡此其大經也。或曰。是則然矣。顧何以沙栗之法。降而為拂箖之所通行。而羅馬之舊法日廢。威西峨特既亦有其舊章矣。乃羅馬法用於其間。勢力日廣。蝕其舊典者。獨何故耶。

則應之曰。羅馬法所為日廢於拂箖族者。以用沙栗之法。有莫大之利益故也。當日之民。以羅馬之畸輕。拂箖之畸重也。則皆去羅馬。而願居沙栗法之治下。此其勢固然。當此之時。存羅馬法者獨有教侶。何則。教侶去羅馬法而無所利故也。教侶不以種人分。而其異罰。以位之高下。此不佞將於後此言之。教侶之用羅馬。與拂箖之用沙栗。其利益殆同。不獨無所苦也。且其法立於前王。前王景教徒也。故教侶於其法。不宜畔去。此羅馬法所由廢於民。而存於教也。

若夫威西峨特之法典。於本種及羅馬民。未嘗與之以畸重畸輕之利益也。故羅馬之遺民。亦無取於舍舊而從其新。於是乎其法典賴以存而勿廢。此說考之愈流。乃愈可信。蓋袞的博造律本公。不使白爾根之民。有畸重之利益過羅馬者。觀其序論。此律本旨。即以平議二族之爭端者也。且所派裁判之官。亦必由二族選用。員數均平。此其立法用意。不佞請得於他處言之。（第三十章第六七八九等節。）故羅馬律獨存於白爾根者。亦緣羅馬遺民。無所利於舍舊謀新。若居拂箖之國也者。而沙栗法典亦未行於白爾根。此可證以阿古寶所與路易思之書矣。

蓋阿古寶嘗欲路易思行沙栗律於白爾根。由此可見。前此沙栗律。未嘗用也。且不獨白爾根。即他部之服屬白爾根者。皆存羅馬律也。即峨特族所居之國。亦皆不受沙栗法者也。吾聞當法王白班及瑪得察理驅沙蘭生民族出國時。凡所略定諸部。皆請守其舊律無變。而法王許之。故其時法典。雖皆附於種民而立。至羅馬律。則以行用之周。庶幾國土法典矣。

又白爾根之禿王察理。於耶穌降生八百六十四年。在碧斯特嘗詔勅分區各部之用羅馬律。與非用羅馬律者。

依碧斯特詔書得二事焉。一、當時諸部。有用羅馬律與不用之異也。二、當時用羅馬律者。至今猶然。部所與詔書合。而法國諸部中用法。有循俗守典之殊。循俗者。律無成書。守典者。載諸冊府。此皆可於詔而得之。

吾嘗謂王國初開。法典皆附於民族。不以地而以民。當碧斯特詔為區別之時。見民之服典。各從其故。終不以易地遷國之故。而或改也。

不佞非不知右之所言。乃吾之新說。而為前人所未嘗發。顧考古論世。視真妄何如耳。使吾言信。則不得謂其事為非古。夫論發自我。與發諸古之法家。若華勤脩。若畢昂思。所由雖異。亦何關事實輕重乎。

第五節　續申前論

衰的博法典。行用於白爾根者有歷年。與羅馬律並存其間。至比烏路易思之世猶然。此可證以阿古寶之寓書。雖碧斯特詔書指威西峨特所居之地為羅馬律部。而威西峨特舊立法典。亦未嘗廢。此於八百七十八年。吃王路易所集圖雷思會。所紀載者。又足明也。此會後碧斯特詔。僅十四載耳。

久之。峨特及白爾根之本種律。乃皆廢。問所以廢。則皆一因使然。蠻夷種族之法典以不便而不行。而羅馬邦國之律。乃徧立耳。

第六節　羅馬法典何以存於狼巴邸之國土

前謂狼巴邸法典本公。而羅馬民之處於其國者。無舍去舊典之利益。而羅馬律由是以存。此說考諸事實。皆合者也。蓋拂箖諸部之羅馬民。所以去故就新者。蓋有因焉。而如此原因。不見於狼巴邸。是以新故二法。得并存也。

不寧惟是。實則主法漸廢。而客典獨存。雖狼巴邸之巨室舊家。尚守故律。而市府齊民。居其多數。漸結團體。已成自治之規。巨室則夷於眾庶。而覆滅者有之。（見馬遮維而佛羅連史。）市府自治之民。於狼巴邸舊法之以格鬬決獄。與一是武俠禮俗。本非所樂從。又況當日其地教侶勢力極重。教侶者。純用羅馬法典者也。此狼巴邸律之所以終廢也。

夫自本源閎大包括廣遠言。則狼巴邸法。安得方羅馬者乎。夫羅馬號令。嘗及三洲。此義大利民所寤寐未忘者也。當此之時。民主自治之規。隨地漸立。問可用以為民主法則者。將狼巴邸之不偏不眩者乎。抑羅馬之并苞兼舉者乎。

第七節　羅馬法典何以亡於斯巴尼亞

若所見於斯巴尼亞者則不然。蓋終之威西峨特之法典行。而羅馬之法典廢也。費德循都（六朝間斯巴尼亞王）與理賽循都二王之世。實禁用羅馬律。法廷引用者有誅。而理賽循都則首令峨特、羅馬二種人通昏者也。蓋二種之律。皆緣保種不雜之說。久禁通昏。而理賽循都則以謂此令不除。國民終無和同之日。而一國之內。異法輒行。又非所以整齊國俗之道也。

雖然禁羅馬律矣。而法南諸部。為斯巴尼亞所服屬者。猶用之也。蓋其王朝視此。同於荒服。略用羈縻而已。試考其王曼拔之史。其時土著勢盛。瞭然可知。曼拔即位。在六百七十二年。此時諸部峨特法典方衰。而羅馬法典未廢。斯巴尼亞國律。本與其地之風俗民質。絕不相侔。又民尚自繇。以擇從法典。為自繇之實。往者費德與理賽二王所立之法。固於猶大種人獨苛。而是時猶大種人。於高盧南部。又獨具權力。當日史氏謂其地為猶大人之逋逃藪。至沙蘭生民族蹂躪西歐。其得入法南諸部者。民實開之。試問舍羅馬、猶大二種民。孰開之乎。國亡之日。其首先蒙難者。為峨特種人。以彼為貴族故也。史謂其種由法南逃往斯巴尼亞。顧所謂斯巴尼亞者。特當日諸城邑。未亡猶守者耳。蓋自是以往。法南諸部。峨特之族微矣。

第八節　謂廢羅馬法典為夏律芒令甲者誤

有法家曰勒必大者。纂集舊典。而考覈荒疏。嘗以威西峨特禁用羅馬律之事。乃夏律芒之令甲。此大誤也。且勒必大謂此特條。為當時之通令。意欲將世間一切羅馬法典。盡去之而不復存也者。此何說耶。

第九節　古蠻夷律與隨時所定令甲之亡於法國者。其故惟何

法典之異。有沙栗。有理普。有白爾根。有威西峨特。其於法也。皆行於一時。久乃漸廢。此其故可得而言也。

封建制行。采地世守。而民之從於公事者。各有受田。（復案。那術之制。凡爵受地。可畜世僕四家以上。各分王地。每得二十碼克之歲入。養丁二十人。以為王賦。有兵役則執兵執器以從。）由是事俗異古。而舊有蠻夷之法典。不可施行。雖然。其法意無雙。國中爭訟。大較以罰鍰行。但國幣之值常變。所科之罰。乃與俱變。至今國府。古之典冊。尚有存者。世爵之主。定其所罰之數。其地裁判。受以決獄。故古之法典。行

者特其意耳。至於律文。不能泥也。

法之境內。嘗分為無數之采地。有分土者。雖亦上繫於王。特若小侯之受成於方牧。無軍國通制。欲用一概法典難。法雖立。莫從監察其必遵故也。先是王朝。本有時遣之使。以刺察各部之訟獄與軍興矣。顧以無事。其法漸廢。廢之日久。不克復舉。則轉於新封之土。王不得更遣使於其間。蓋知封建制定。遣使轉為上下煩擾。而君國子民。各私其地。雖有通法。無由責必行也。

法之王統。以族遞嬗。自第二族之叔季。凡沙栗、白爾根、威西峨特諸法典。已罕有行。迨至三族之初。則莫有及之者矣。

當第一第二族之居王位也。嘗有國會之集。其所集。皆世家爵主。與教會之尊宿。而齊民士庶。不得與也。集國會者。將以整齊限制教徒之權利。往往新勝兵家。為之發起。其編纂律。命曰令甲。自有令甲。四事從之。采地各用拂特法典。而教寺衣租食稅。各部依前法典為之收也。教徒與王朝分勢。自為風氣。雖變法之詔令。可以不遵。教徒所守用法典。必教皇之條教。與教侶所議定者。如前言。自封建制定。法國王者無遣察庶邦之政。法典遂無劃一之機。是以自第三族為王之初。而向所稱為令甲者。漸不可見矣。

第十節　續申前說

若狼巴邸、沙栗、巴法利亞諸法典。皆隨時有令甲之增入。此其理由。法家尚資探討。必求真際。舍本典不為功也。蓋令甲固有幾宗。有從軍國而起義者。有為財賦而附益者。而涉於宗教權限者尤多。餘若民政之事。則間一有之。不多見耳。其為民政而增者。則附著於其時之民法。民法者。種民各用之法也。以此。故令甲有云。凡茲所增。與羅馬舊章。無違反者。自效果言。則令甲之涉於財賦宗教。乃至軍國大經。與羅馬法固不相涉。而涉於民政者。又不過取蠻夷舊典。或為解釋。或為修明。或廣或刪已耳。顧舊典得此之後。有異效焉。則以其經脩。而遂為其民之所忽也。草昧之世。往往有然。以其經部分之要刪。而遂致全體之忘失。是不亦甚可異者哉。

第十一節　蠻夷法典與羅馬法及後附令甲之所以廢。尚有他因可言

羅馬失鹿。而日耳曼民族得之。沾受文明。始有文字之用。於是效法羅馬。纂其法俗。以為冊書。夏律芒死骨未凍。諾曼德內侵。國民交訌。

日耳曼民族遂復由明入昧。而文字亡。此教化之不幸也。故不獨蠻夷之舊典云亡。而羅馬法典。與今甲之所增删。法蘭西日耳曼二士之間。皆泯沒矣。當此之時。獨義大利一邦尚存文書之用。蓋景教樸伯。與希臘皇帝之所居。而其中城邑。又交通輻湊之都會也。高盧諸部之鄰於義大利者。猶有羅馬法典之幸存。而漸成國土之正法。民人權利。亦賴是而不亡。不佞每疑威西峨特法典之所以亡於斯巴尼亞者。當亦由無文字之故。夫法典既亡。斯民之所奉行者。風俗習慣已耳。

種族之法。既墜於地。鍰罰之刑。與所謂斐勒闍法者。（詳見第三十章第十四節。）大抵通俗所為。不援條例。是故總而論之。自王制成。而日耳曼種。始出風俗習慣。而有法典之文。厥後數時。乃復去勒成之典章。而返諸無文字之習慣。

第十二節　論方俗習慣與蠻夷、羅馬諸法典之變更

考諸舊籍。知吾法當第一第二王朝時。即有所謂地方習慣者。如云某地舊俗。古傳通用俗例。法典故事等語。間見錯出。班班可稽。或謂所云俗例故事。實指蠻夷法典。而正名法典律令者。惟於羅馬法為然。自我觀之。此說非實。昔法王白班詔言。凡各部中無法典可循者。得依舊俗決

事。但不得先法典。當是時非屬羅馬國種。皆稱蠻夷。而蠻夷自有法典。且必謂各部皆尊羅馬法典。而後本種法典者。此於古籍所考。實相牴牾。據夷典所言。常有與前說相反者。

蓋夷典非僅俗例相沿而已。特其異於邦國常典者。其用與種民偕行。即如沙栗法典。種民法也。然在沙利亞、拂箖所居之部。其用與邦國常典幾同。惟若沙利亞種民雜居他部中。始見其為種民法耳。故使白爾根、阿律芒、羅馬諸種人居沙利亞部中。斷獄平爭。自各用本種之法。而一再施用。習為故常之後。亦遂為其地之新例。此法王白班所以有前者之詔令也。既沿為例。即亦有時為拂箖民族所援引。特其嚴重。自不逮通用之沙栗法耳。

總之各部之中。皆有通行法典。而亦有新增事例。使事例與法典不相矛盾。則亦隨時援引之。以輔法典之所不及者。此其大經也。

事例所增。大約皆通行法典。所無可比附者。今請更申前譬。如白爾根人居沙利亞部中。身受裁判。其科條於本種有之。而沙栗法典無明白可引之條。則用白爾根律。成讞之後。著為事例。此無可疑者也。

當白班時代。所增習慣事例。本無法律權力。顧不數時。習慣事例用。而法律轉廢者。大抵新章因時為用。有扶偏救弊之宜。則可知雖在白班之時。其眾情之視習慣。已過於舊頒法典矣。

由右所言。可以知羅馬律所以早成邦國法典之故。此有碧斯特詔書可證者也。又可以知峨特律所以同時並用之理。此可自圖雷思決議而得之者也。蓋羅馬、峨特。其為種族法典均也。而羅馬律通行。峨特律特用。由是久之。羅馬律遂由種族而成邦國之法典耳。或謂當時諸夷典。亦係種族之律。顧何以隨地失傳。而羅馬律乃轉得施行於威西峨特及白爾根各部落乎。則應之曰。當古之時。雖羅馬律亦幾廢。與他項種族法典蓋同。不然。羅馬律行用處所。宜存氏阿多壽舊典。不應札思狄黏法令。乃獨傳也。如前各部名用羅馬勒成之律。實亦不過羅馬遺民。樂用本種舊律。且指為特別權利。與其中犖犖數章。為眾所未忘者。顧所存雖微。已足結若前之果。迨至札思狄黏法出。峨特及白爾根諸部。遂以此為勒成載府之刑書。而拂箖舊邦。則但引之以為釋例論獄之用。

第十三節　論沙栗與理普兩拂箖律與其餘夷典之異同

沙栗律。凡論獄不容負證。譬如有人。訟其鄰黨。依沙栗律。此人須直證被告者逋負過犯。乃可歸獄。而被告徒為不承。其獄不得釋也。此與各國法典所恆用者殊。

理普之律。乃大異是。而容負證。假如有人被控。往往被告具一干人證。共立誓書。矢無其事。其獄可釋。所控事重。則誓證人數亦增。有至七十二人者。此法阿旅芒、巴法利亞、堈林占、佛里舍、沙遜尼、狼巴邸、白爾根各部均用之。

謂沙栗律不容負證。然有一時用之。但亦與正證兼行。不獨用也。原告控人。既具正證。為歸獄張本矣。被告者。亦具人證。以白其誣。是兩造各具正證。而後理官察所具者之虛實。（英國向來裁判即用此法。）以為裁決之資。此其所行。實與理普法律大異。蓋依理普律。祇須被告人自誓見枉。更遣所親。誓云其言是實。其獄立解。如是法律。自可用於淳魯質信之民。假如民俗譸張。將逃法者眾。此所以他時議法之家。又加曲防。以杜弊偽也。

第十四節　異同餘點

沙栗法典。不許以決鬬解獄。而理普民族。及他蠻夷國。皆用之。以余觀之。則其容用決鬬。有固然者。蓋以救負證法之窮也。今使以甲訟乙。親見被告以詭誓遁法。寃憤難降。使能執兵。舍求決鬬。其憤末由洩也。惟沙栗法典。論獄本不用負證。故亦無須以決鬬解獄。

白爾根王衮的博。於此事有二令為法家所共知者。學者取而研究。將見吾前說之不謬。蓋此法乃以塞詭誓之末流。觀於夷典禮義。可自明也。狼巴邸羅叱利法。被告既以誓自明。可不納決鬭之請。顧此例沿用遂廣。因而弊生。而舊法乃復用。（見本章第十八節後段。）

第十五節　聲明理想

吾不謂決鬭之事。求諸夷典所增刪。令甲所附益。必無一二明文。見決鬭解獄之事。不必由容受負證而後起。第法緣事立。而積人成世。事各不侔。何可執一端論。吾所論乃日耳曼法典大意。與其性質理由。取其習慣。察所以致然、與竟然者。讀者勿以辭害意也。

第十六節　以湆湯試囚其法見諸沙栗法典

沙栗法典。載其湆湯試囚。因為法極虐。故其責行。量為輕減。假如有囚。須以手探湯。試驗曲直。如原告許可。得以金自贖其手。其贖鍰多寡。依法所定。而後以誓自明。并集人證。誓其無誣。原告即宣言被告無罪。對眾解仇。此沙栗法中。准用負證之特別一事也。探湯解獄。常由兩造私定。而法容受之。無專條責令如是也。故用前法。原告可得贖金。被告亦得以負證自解。法亦容之。負證非他。對神誓言。未有所控過犯而已。宗教義法。人受傷害。可以自由發心恕宥害者。故對簿之頃。亦可自由發心。聽被告人以誓自解也。

當法官未行宣判之頃。兩造之人。其一以試法之可畏。其一以可得少數之贖金。相與息爭解仇。固調停獄訟之一術。故沙栗法獨於此時。許用負證。負證既具。獄無餘求。雖用負證。不至猶有不平。而啟決鬬之釁也。

第十七節　法國古民之特別思想

其事絕無理解可言。而常出於幸不幸。乃吾人之先祖父。取其榮節財產性命。一決於冥冥之不可知。是大可怪。夫試囚者。驗其有罪與無罪也。顧所由之術。與無證同。而所驗與過犯虛實。又釐然無相繫之可見。乃常用不一用如此。可謂傎已。

古日耳曼民種未嘗一被征服者也。故所享受之自繇無極。種自相攻。大抵皆報復事耳。自前之習慣。約為規則。禍乃稍衰。法意若曰。是鬬狠者。惟官長監視指揮。乃得為耳。此雖未為善政。以較向之私相攻剽。漫無制限。所進不綦多歟。

突厥種人之私鬬也。以第一合之勝負。為天心向背之明徵。而日耳曼種人相仇。亦以鬬決為帝臨之一事。上天之戰。固以癉惡禍淫為顧諟之要職者歟。

撻實圖言。日耳曼種人將戰。常選死囚一人。與平民鬬。視其勝負。以決吉凶。夫其民於匹夫私鬬。乃信其可以決公戰之吉凶。則於小己之爭。何不可倚之分曲直乎。

白爾根王衰的博。於決鬬解獄之俗。獨大躓之。所據之義。著於詔書。曰。吾之為此。欲吾民勿取不可知者。而證之以瀆誓。又取灼然心知者。而飾之以讋盟也。由此觀之。是宗教方謂用決鬬解獄為褻天。而白爾根王。則以作誓證獄為莫大之瀆神也。

雖然。其俗亦有其所以用之理焉。軍國制興。民以尚武為德。怯懦者。一切惡之根本也。以謂無勇之民。既違其父兄之所教誡。集詬闒茸。不尚節概。凡國民所奉為不可畔者。彼或畔之。受鄙夷而不知羞。見榮美而不知顧。於國又何望乎。且使其人果良家子。則輔膂力者。不慮其無巧能也。相勇氣者。不慮其無膂力也。節概名譽既重。則於武事。當莫不習。不習者節概末由立。名譽末由保也。膂力勇氣技擊。所崇拜者也。詐諼飾偽巧黠。所賤惡者也。詐諼飾偽巧黠者。怯懦之產兒也。

探手涫湯而外。尚有試手烙鐵之法。此類統名火訊。罪人既經火訊。

官囊其手而封彌之。滿三日開解。無爛痕者為無罪。與省釋也。狃於執兵之民。手足胼繭。雖探湯受烙。三日固可平復無痕。其有痕者。必其雌弱者也。即如今日農佃。村野婦人。操作素苦。皆能手觸熨斗。執熱無虞。常法婦女對簿。須決鬬者。有男子執兵。為代受對。號尚辟安。譯言衞介。獨於火訊。可無須有。僿野之國。平民居養苦觳。上者貴仕。下者工農。無今世所謂中級社會者也。（案衞介代婦女決鬬事。見撒遜刦後英雄記小說。理碧珈受鞫教會時。伊萬和為之衞介也。）

故此時裁判得用決鬬火訊諸術者。以與教俗民質。固有合也。其不平在法。而不在法之所加。其不善在因。而不在果。雖與公理反對。而於民直無傷。可以謂至愚。而不必即為暴虐。

第十八節　決鬬解獄所由漸普

考阿古寶與法王狄旁乃路易書。知彼時拂箖民族。決鬬亭獄之俗。尚未盡用。書言袞的博法典。為時俗所濫用。請以後私家爭訟。在白爾根境內者。但以拂箖國律亭之。顧觀他籍。則若決鬬亭獄。其時固已甚徧也者。此法家所聚訟者也。雖然。用不佞言。此疑亦無難破。總之。此俗乃沙栗所不容。而為理普所利用耳。

法廷決鬭。雖當日教宗反對甚力。而其俗在法國有日滋之機。即教宗中人。亦有間接助成之事。此不佞所將為微論者也。

具此說之憑證者。狼巴邸之法典也。狼巴邸皇帝鄂朵第二令曰。吾國有敗俗。行用久矣。產業契執。有以為偽。執者證其不偽。但指福音。而作咒誓。如是無俟審判。坐享產業。不容異詞。故譎狡之民。敢作奮誓。則所覬覦輒得云云。當鄂朵第一之詣羅馬為薰沐加冕也。正樸伯約翰第十二開會之時。義大利諸有土咸集。皆言宜定法典。以挽滔天之俗。樸伯與皇帝皆言。茲事體大。應俟拉文那大會議決。至開會日。諸有土重復合詞。一倍顩懇。仍無決議。則云有某某要人。未克與會之故。嗣而鄂朵第二。與白爾根王名康奴辣者。同至義大利境。以威郎納為會地。諸有土。更申前請。於是皇帝以全會之贊成。造立法典。云今後遇產業爭執。一方人謂所執契約。真合法典。一方人以為不然。指為偽造。或不合法典者。許用決鬭斷決。其世僕爭執分地。以至教會僧侶土田之訟。取斷決者。事同一律。僧侶准以儈介。執兵代鬭云云。即此可見。當日諸侯。所以力主決鬭亭獄者。起於宗教許人。設誓自明。即為了證。於獄法有大不便之故。乃雖以群貴之譁顩。奮誓之流行。鄂朵以皇帝之尊。國主之重。而教侶相抗。至再會而不得決議變俗。必待啟之兩國帝皇。歐南群貴。合力相強。而後得之。學者應知當此之時。義皇權力甚盛。樸伯據勢代微。鄂朵之來。乃所以張義大利之國權。而決鬬亭獄。又群貴所視為獨享之權利。必得此而後可以杜侵欺而保世業者。此令既行之後。而私鬨鬬狠之風。遂益進而不可復挽矣。

吾謂惟裁判許用負證。而決鬬之俗乃興。此於前事。又可證吾說之非誣。蓋鄂朵之所謂敗俗非他。即有人執用偽契。被人告發。見逮法庭。乃用負證抵讕。指福音而自矢不偽者也。夫盟誓所以質神明。乃今褻瀆無嚴。祇用售欺如此。而教侶以其人犧捐至重。又從而左袒之。彼負屈不伸之家。舍與爭一旦之命。又安出乎。此決鬬之俗之所以風馳也。

誓獄決鬬二法。乃教俗二黨之所爭持。吾欲學者深明其然。不得不更告以鄂朵第二之原制。狼巴邸先王洛達寮第一本有條令。防爭產欺奪。定遇此等訟獄。官中造契舊胥。須對所呈。誓證非偽。假如前胥身死。則當日中見簽押諸人。須作誓證。無如此法雖具。而惡俗仍存。終之乃有前令之設。

初夏律芒之召集國會也。僉議容受負證。欲使原被兩造。不為讋誓甚難。欲挽末流。固不若聽任決鬬之為愈。當時制令。即亦從之。其在白爾根。決鬬亭獄。俗亦日滋。而負證之用則日寡。二事固互為消長者也。義王氏阿多力。嘗禁鄂思多羅、峨特決鬪之俗。而贊德循都與理賽循都兩王之法。若將使決鬪觀念。盡絕於人心。但白爾根法典。非高廬、那爾滂諸部之所嚴重者也。又峨特種民。方以決鬪亭獄。為優種獨享之權利。

自鄂思多羅、峨特見滅於希臘。狼巴邸遂征服全義而有之。用勝家之俗。而法廷決鬪行焉。然考所立法典。固未嘗不豫取末流而塞之也。自夏律芒、狄旁乃。路易及前後鄂朵諸君王。於憲法有所沿革。在狼巴邸、沙栗兩舊典中。增列條款。而後決鬪亭獄。乃為國典之所特容。其始猶用之刑法也。繼乃行之於民法。此其用之所以降繁也。中古法家。意主塞偽平爭。而術不知所從出。負證證獄。固不便也。而救之以決鬪。乃決鬪之不便尤多。爾乃出入二者之間。為隨時之擇害務輕而已。

自人心之偏利者而言之。則教宗僧侶。所以樂用負證者。以詛誓必要明神。冥漠照臨。乃教宗所有事。是負證法行。而神權日重也。神權重斯教宗興。有土貴族。所以喜從決鬪者。以先世起家武功。子孫驕佚。刀劍既所素狎。保守實恃強權。又安能棄尚武之風。以從事於詛盟。聽譸張者為愚弄乎。

雖然。勿謂此貴族所蹙頞不喜之習慣。興而行之。盡由於宗教也。跡其由來。實本於夷典之法意。惟以負證為法。致有罪者。或以逍遙法外。故有人以謂不若尊重神權。使作奸者。服教畏神。不敢設無實之讐誓。教侶則聽用舊規。故自他端言。負證自明。在教侶亦所痛絕。法家蒲曼諾直謂如是證獄。乃宗教裁判。所未嘗容受者。由此則此風固可不長。而夷典中所定科條。亦且因之而少力。

復案。此節細審語氣。不獨與上文所言不合。即本節文理。亦有不相承接之處。頗疑是迴護教侶之詞。今姑順文為譯已耳。

由此則不佞所謂負證決鬬。二者相為因果之說。尤足證明。蓋當日王國法廷。則二者並用。而宗教法廷。則二者皆禁也。

決鬬解獄。自係悍俗尚武之風。而宗教明神臨鑒。與善罰惡之思。固亦行於其際。是故此法既施之後。所謂依十字架裁判。用冷熱法水試囚等法。皆去之而不行也。

夏律芒遺令。謂其子中有爭訟者。應依十字架裁判。至狄旁乃路易。乃詔除此法。宗教裁判而外。不得用也。而其子洛達寮。乃並宗教裁判亦悉除之。即冷水試囚。不得用也。

當法制尨異時代。吾不敢謂教會中人皆遵前令。觀沃古斯達斐立策書。尤可見也。所可知者。雖用必甚少耳。蒲曼諾與聖路易時代相接者也。顧其言法典。於其時鞫囚諸法。匪所不言。獨於此等法。則捨決鬪而外。無所及也。

第十九節　沙栗羅馬兩法典與所增令甲所以坐廢之新原因

前於沙栗羅馬兩法典。與所續增令甲。所以廢息之故。固已詳悉言之。乃今將指其所以致然之新原因。新原因非他。即此決鬪之俗。流行甚徧耳。

蓋沙栗法典。不容此種習慣者也。緣此其律於時為無用。無用乃致遺忘。羅馬法典。亦不容此種習慣者也。因之而其律亦廢。其時法家。所講求者。決鬪解獄。與案之由此俗而興者耳。且由是而續增之令甲。亦可以閣置。先民典章。相率遺棄。而無坊民之用。後之考者。且無從指其墜廢之何時。蓋漸即愆忘。而又無他部法典。為代興之用也。

其時國民。本無所用於勒成之法典。就令有之。而以其無用。漸即遺忘。固甚易也。

不幸而有兩方爭執之事。其所以決之者。招集儐介。約為決鬪而已。本無事於諏律穩疑。與為之法官者。須具衡審左證之學問與能事也。

故其時一切刑法之公。民法之私。皆攝之於可見之事實。執是事實。

而交鬨生焉。其所爭者。不僅其正要也。乃至支節之叢生。時日之延宕。無不待一鬭以為決。此蒲曼諾之紀載。所屢書不一書者也。

間嘗考之。蓋自王朝第三族之興。所謂訟獄法典者。大抵不外例俗。而一切皆以榮節為之要點。（榮節名詞釋義。見下第二十節。）假如有裁判員。其所定讞。為兩造所不遵。是裁判員。輒向違判人。求所以滿意者。求所以滿意非他。遵判。謝罪。或約鬭耳。如在蒲哲思境內。拂特法官。簽召某人庭訊不至。其第二檄則云。吾嘗遣人召爾。而爾以吾令為不足遵。爾輕蔑吾如此。故吾今得於爾求所以滿意者。云云。此約鬭書也。約則竟鬭矣。此俗直至肥王路易而後改也。

決鬭之俗。鄂里恩尤盛行。甚至索逋。亦出此法。少王路易乃令凡逋負在五稣以下者。不得為鬭。然此令特行於其地已耳。故至聖路易時。款在十二德涅爾以上者。即可索鬭。法家蒲曼諾言。吾法前每有敗俗人。雇用儈介。在約期之內。一切爭執。皆令鬭之。總以上所考者言。知在彼時。吾法決鬭之俗。所行固奇廣也。

第二十節　榮節之說所由來

蠻夷法典。其中條例。有極不可解者。如佛里舍律。載以箠擊人者。

罰鍰半穌。若致創痏。無論傷之大小。其所罰鍰。則不止此。又沙栗律。載凡平民。以箠擊他平民。三擊罰鍰三穌。但若見血。則與以刀劍傷人罪等。罰十五穌。由此言之。是罰之所施。以傷之大小作比例明也。狼巴邸法典。則定一擊、二擊、三擊、四擊之殊。而所罰鍰數。從之異等。不若今世。一擊之論。與百千擊之論。無攸殊也。

夏律芒於狼巴邸律。增置條例。中載凡民人經問官許以決鬬解獄者。各持木梃就鬬。不得用刀劍。此其用意。似為教侶道地。又以決鬬日多。往往流血。勢不得不以木代鋼。稍抑其烈也。至狄旁乃路易乃復為令。聽民自擇於梃刃二者。由是舍田奴家隸。無有持梃就鬬者矣。

不侒於此。見滎節之說之發端焉。譬如某甲。身為原告。向法官言。某乙曾為某事不合。及官問被告某乙。則云某甲語誑。如此者。官即發令。甲乙兩方。任其決鬬。蓋此事業已成俗。但甲乙兩人相謂誑子者。見謂之家。即應求鬬。以所傷者在滎節也。

既經求鬬之後。即不得自食其言。不復為鬬。為此者不獨為國人所不齒。而於法亦有罰也。由是成俗。凡出言求鬬者。必出於鬬。否則至辱。亦以滎節之事。不許食言也。

有地望貴人。於馬上被甲戴胄執兵而鬬。田奴家隸。徒步執梃而鬬。

故擊人以梃。古俗視為至辱。因擊之以梃者。明視其人。等諸田奴家隸也。

貴人鬬不免胄。而賤者露面為鬬。故非賤隸庸奴。雖鬬無頭面受創之事。因之批頰刮耳。亦為至辱。其相仇非至蹀血不止。蓋以此見施。實視其人。同於奴隸。榮節所關。不可忍耳。

日耳曼各部種人。其視榮節之重。方之吾法。殆有過而無不及。親戚雖在疏遠。或受欺淩。合體響應。由是法律異點生焉。狼巴邸律。載人有隨帶僕從。出入不虞。而行襲擊。意主愧辱其人。貽笑眾目者。所科鍰罰。半於手殺其人。又使束縛手足。用意同前。所科鍰罰。比手殺者。得四之三。

吾法先民。視受侵陵。固亦綦重。但所重者。在侵陵否耳。而受擊用器之殊。體中部位之異。與其施擊情形之不同。則未為區別也。但使被擊。即為受辱。而受辱之多寡。視被擊之重輕。

第二十一節　日耳曼人所爭榮節禮俗

撻實圖云。日耳曼人為鬬。右執劍。左擐瞂。鬬已而遺其瞂於場者。於俗為至辱。往往以此致自殺者。故沙栗律。載有謠諑謂人遺瞂鬬場。毀其名譽者。罰十五穌。

夏律芒修沙栗律。改前罰為不得過三穌。夏律芒尚武之君。為此減損。其非使民不重武節無疑。其更易此律。必緣兵器代異。夫兵器代異。為一時禮俗所發源者眾已。

第二十二節　他禮俗習慣之與決鬬相關者

人類以情為田。男女之交。其理可數言而盡也。伊其相樂。一也。以施愛與受愛為幸福。二也。媚茲佳人。邀其譽賞。以彼於男子之品格價值。衡鑒常最精。三也。以是三者。而所謂媚俠之事生焉。媚俠西語曰葛倫得利。非情愛也。而常為情愛之媒。先意湊微。輕倩栩活。雖無情而常若有情。是則媚俠而已矣。

時地事會不同。男女交態。隨之亦變。雖然情愛之所倚。於以上所指之三端。常有所偏重。自不佞觀之。當決鬬盛行之世。所主於媚俠之意者。必最多也。

狼巴邸法典。載兩衞介為鬬。於其身尋得左道幻草者。監鬬法官。即令取去。并令其人作誓。自明身中更無餘草。此種律條。所由有者。自係當時世俗之迷信。因迷信而恐怖。以恐怖而一切之怪誕生焉。彼衞介之習其業者。執兵擐甲。凡所以為擊刺抵禦。孰不精良。柄長器重。乃至淬厲辟灌之優。皆操勝算。而不知者。方謂其人有護身之符咒。神授之妖兵。而一時之思想。滋瞀亂爾。

於是歐洲中古。有奇詭之武俗。西語曰希法勒黎。上自王公。下至走卒庸奴。莫不浸淫於如是之觀念也。野史稗官。載遊方之壯士。召魅之妖人。刑天藥叉。躡風神馬。隱形之術。不敗之軀。又神祆術者。於王子鉅公。有護生授法之事。苑囿宮殿。為神咒所現生。若於山河大地之中。別結一夢幻新詭之境界。而一是日用常行。依乎天理之事。直賤隸凡夫之所有事已耳。

所謂遊方壯士者何。其人甲冑常不離身。而所遊之地。所常見於其前者。砦堡也。碉樓也。巨人強盜也。而壯士則以擊姦折強。扶雌救弱為己任焉。是以中古稗官。無所往而非媚俠之蹟。媚俠非他。合兒女之柔情。與英雄之神武。為一事耳。

是則媚俠之俗之所由興。大抵以為世界有一類非常之士。每遇貞潔而麗都之女子。當其受欺遇厄。媚俠之士。必冒九死不顧後患而拯之。至於平時言行。則以見悅於如是之女子為至幸焉。

稗官小說。以媚俠為宗旨者。於此等求悅婦人之意。所不訾也。且加頌揚。由是歐西之間。傳為國俗。歷世之後。別成媚俠精神。有為古人所不及料者。

夫羅馬以神京為都會。閭閻豪侈。縱聲色口體之娛。而希臘之靜野平疇。又極合言情之地。遊方壯士。以保護女貞。崇拜豔容為天職。此其地媚俠之風所由盛也。

於是古俗。又有開場決鬬之事。為世所豔稱。其事常合愛情任俠二者而為之。得此而媚俠之行。愈益重於世矣。

第二十三節　決鬬亭獄之法典條例

決鬬之俗。固為可憎。然以其成俗。則亦著立規則。而禮儀興焉。今夫人類。所以首庶物者。非以明是非歟。顧亦言其大較耳。每至晦盲成俗。雖至不中之法令。可以行也。故自理道言。所與之違反而不可忍者。有若決鬬解獄也耶。一以成俗。必為設非禮之禮。非法之法。蓋不如是者。其事固不可一日行也。

學者欲曉然於當時之法意。必取聖路易之條典而審求之。彼於訟獄。固為大變其前者也。法家德芳佃生與聖路易同時。而蒲曼諾則與相接。餘子皆出其後。讀諸家之紀載言論。於當日之所實行。固可得也。

第二十四節　條例云何

假有一人。為數人所共訟。則原告一方應公推一人。出而對簿。若意思不齊。無由推舉。問官得於其中隨指一人。以為原告一曹之代表。使應訊而當訟也。

有地望人。而訟田奴。不得以貴人自居。必下齊田奴。徒步持皷執梃以從事。有乘馬甲冑來者。群牽其馬去。褫其甲冑。獨留中衣。乃入場也。

將鬬。法官宣令三章。一章、凡兩造親戚皆退。二章、觀者不得譁譟。三章、不得以任何法。於兩方鬬人。施其助力。違者法至重。因助而致一方鬬負。至死者。法亦死也。

民政官領眾圍護鬬場。方鬬。兩方中有揚言止鬬者。必謹識其時之地位形勢。既止為媾。媾不成者。令各復前之地位形勢。更為鬬也。

其始爭也。常先頌言人罪。或頌言法官裁判。故不以實。挑鬬者。先致戰贄。如手衣之屬。既贄則必鬬。非其地公侯特許者。兩方人不得私為媾也。鬬而一方人負。雖且死必監鬬許可而後加收恤。其許令。彷彿今之赦書。

假所犯罪名。在大辟之列。而其地公侯以受賄。私許加收卹者。察出罰六十鮢。其懲罰罪人法權歸諸尉也。

民不任鬬者。法得自擇衞介以從事。慮代鬬不力。約負則斫其一手以示辱。

自前世紀。吾法乃禁私相決鬬。列諸大辟之條。是固嚴重矣。然而斫手之罰。殆不減大辟。蓋衞介身為武士。手足是資。乃今去之。其資格已亡。失身偷生而資格亡者。固人道所尤痛也。

罪在大辟。以決鬬求直。又用衞介。方鬬之頃。必別縶兩方人。不使見鬬場。立木加縛。鬬已。負者即於是處殺也。雖然。負者不必盡失其所訟也。如在懸判期內。其所失者。不過此懸判利益已耳。

第二十五節　法典所定決鬬之限制

民以小事致爭鬩。雖戰贄已下。公侯得沮止之。勅解仇。收回戰贄。罪人所犯眾者。如殺人朝市中。其獄且無事訊鞫。自不得求鬬。法官據所眾著者。加判決具獄而已。

如同事再三見。拂特法廷有成案。可比附者。法得不任決鬬。意緣鬬有勝負。不必循故事發落。而成例以之紛更也。

要求決鬭。期必得者。必關己事。或家門事。或其拂特地主事。外此不得堅執要求。

罪人既發落解釋者。雖原告親屬。不得以發落不平。更求決鬭。蓋防獄坐此。致膠擾無了期也。

一人忽不見其家屬。妄意仇家所殺。必求報復。已其人復出。自無可鬭。又如其人別去或匿。為眾所知。亦無可鬭也。

人被傷致命。乃於將死時。言所訟者實無罪。而更指一人。此不得更與所前訟者鬭也。惟若無所更指。則將死之言。視為宗教原宥常法。其親屬可更訟。要決鬭。

又如一方之親屬。既下戰贄。或受人戰贄。而中起紛爭。即不得鬭。蓋如是者。官謂兩方人。欲以常法亭獄。而是時尚有人堅執欲鬭者。後致損失。責令賠償。

決鬭亭獄之俗。有一善焉。能轉兩方全體之鬨。而為小己之爭。法廷得以收已失之權力。其始為國際法之所論者。乃今可以入諸民法也。

天下固有無數文明事。而所以行之者。乃極狂愚。遂亦有多數狂愚事。而所以行之者。乃極文明也。

有某甲以某事犯。要求與某乙決鬭。顧事跡明白。其事即某甲之所為。雖已下贄。無效力也。蓋得以無定之決鬪。替不遁之法典。固身犯重罪者。所甚願也。

凡事經邀公正人理處者。不得鬪。經宗教法庭所判決者。不得鬪。事涉婦女嫁資者。不得鬪。

蒲曼諾曰。婦女不能鬪。故以女子挑鬪。不指明代鬪衞介為何人者。其約鬪戰贄。例不受。又婦人非稟於其夫者。不得下戰贄。而挑婦女決鬪者。又不必告其夫。

要鬪或受要人。年在十五下者。則不成鬪。然可令人代鬪。其身為孤兒。其保父願出從事者聽之。

田奴世僕。其可鬪事例如下。一、凡奴僕可與奴僕鬪。二、遇復身人。或平民貴人。惟為所要。乃得與鬪。若己要以上諸色人鬪者。以地望之懸。諸色人可不受贄。三、雖鬪。其主令之止者。不得不止。四、必經受主家專許文書。而後可鬪平人。五、教寺奴僕。遇人可鬪。與平民等。示承教也。

第二十六節　爭訟之一方人與干證決鬪例

蒲曼諾言。兩造對簿。如一方人。覺彼方干證。將作反對誓詞。可告官云。彼方證人。乃係誑子。如證人不相下者。即可下贄要鬪。其正式法典訊鞫作罷。以既決鬪。即以勝負為曲直也。

即彼方有第二證人。至此亦無須具證。蓋使具證。此獄便應取兩證人辭。作為判決。惟不令具證。而後第一證人辭。成虛設也。

第二證人。不容具證。亦不得更令餘證具辭。更令餘證。即為不直。但使無下贄要鬪之事。用第一證人之後。尚可令餘證具辭。

蒲曼諾又言。使甲乙兩方人為訟。甲既令丙為證。丙於具辭之先。可云。吾於此案爭端。不願涉鬪。無論如何爭執。不涉吾事。但若以吾為可信者。吾則具辭。表其事實而已。如此則乙不得與丙鬪。須與甲鬪。設甲負者。官亦不得以甲為不直。特不得用丙為證而已。

所以知此等為當日法廷習慣者。以鬪證之俗。見巴法利亞及白爾根兩法典。盡如右言。不設制限也。

前於衮的博所造律令。所為阿古博及聖達維圖深訾者。已詳言之。衮的博律謂。被告所具證人。即以誓明所告為誣。應許原告。要此證人決鬪。蓋彼既灼知所告為誣。且又設誓。以明其辭之信。如此雖守其言。至出於鬪。當亦無難。故自此王垂法。作證之家。雖百方求免闤闠。有不能矣。

第二十七節　訟獄一方人與會審員之決鬭

決鬭用於亭獄。乃最後無以復加之解決。故瀆訟覆訊。與決鬭性質不兩存者也。如羅馬及教宗法典所謂上控平反者。皆此時吾法所未之前聞者也。

尚武好鬭之國。所爭在榮節。而不必公理。故上控平反。法不可行。然可以兩方人所相施者。施之亭獄之官。蓋法官既判。而一方人以為不平。要其決鬭可耳。此則與其武健精神有合者也。

故當彼時。其所以為翻控呼籲者。乃刀劍擊刺之事。而以蹀血為解決者。非若今時。所爭在文書筆舌間。文書筆舌之爭。惟後來人乃有此智識耳。

聖路易法典。謂翻控函悖逆失平二義。又蒲曼諾云。假有世僕田奴。欲控其主。於其身家。施非理事者。須先致還受地。已乃向其牧伯上控。致要鬭之戰贄於其主人。主人亦向公庭宣言。此後是奴。非己服屬。乃受贄也。

蓋以田奴世僕。於其主人裁判敢為翻控者。此無異斥其主人判語為不公而不以實也。夫奴對主人。所言如此。一出口間。已入悖逆範圍。此聖路易之說所由起也。

是故行此者。常為避重就輕。不直攻其主之身。而攻其所召集之會審員。蓋拂特法庭。其建立指揮之者。固其主人。而列坐裁判。則會審員也。用此冀免悖逆之嫌。而所攻者。可與為決鬬之事。

雖然。向拂特法廷。斥其斷決故不以實。乃極冒險事。假受判之一方人。待其議決宣判。然後斥其不實。則全堂法官。皆當決鬬。以證所斷非誣。此一方人便應一一歷鬬。蓋眾議僉同。罔則皆罔。非盡鬬之。無從決也。以是之故。受判者。常先請會審各員。各將意見以次宣布。譬如首座先宣。次座未起。受判者即可憤然。斥其誣罔。由是作鬬。不過一人。取勝分數。乃較多也。

而德芳田則云。對簿之人。非俟會訟者三人宣畢。不得徑斥為誑。既斥之後。亦無歷鬬三人之說。至全堂法官。其不盡鬬。不待論矣。德之所言。與前節蒲曼諾所云不同如是。非二法家有信謬之殊。實緣當日此等習慣。隨地參差。原無一律通法。蒲之所言者。係克列芒部之俗。而德芳田所紀者。乃咩曼埵之俗也。

會審員宣判。而被受判人斥為不實。判者仍守前判不移。於是法官。即令下贄。受判人猶不服。乃收押。而判者不然。蓋會審諸員。係地主公侯臣屬。職應扶衞法庭。以與不服之人鬬決。非然者。須罰六十粟拂鍰也。

既斥法廷所判為不公。而又不能鬬勝。以證其判實不公。則應罰六十粟拂。以與法庭之主。並出同數。以與被斥之會審員。凡經頌言所判與前員同意者。皆得受鍰。

人犯大辟重罪。既被捕獲論決者。不得以前法翻案。知如是之人。既不能幸逃法網。常望用此延宕時期也。

旁觀謂法庭所判不公。又不能以決鬬自證其說。貴人罰十穌。田奴半之。坐妄言生害之罰。

法官及會審員。決鬬而負。不得傷其性命肢體。假其獄為大辟重罪。囚負則死。

斥會審員。乃以避徑斥本主之悖逆。然使其主無臣屬合格之人可以召集。或召集矣。而員數不敷。則應出貲雇請牧伯之僚。求其會審。顧此等人如不願判決。可云彼之來會。不過宣言意見。以備甄采。非為斷決之論云云。如此本主。即應親決。宣判而為受判人所不服者。則以己身應鬬。

無旁貸者。

假設地主極貧。無力雇請。或竟未嘗雇請。或請矣。而牧伯未許。如是則地主人不得獨斷。以不得獨斷。即亦無人赴愬。主奴間設有違言。須同赴牧伯法廷。聽候斷決。

由是而拂特諸侯司法之權。坐以漸失。吾法法家相傳古語。食采是一事。司法又是一事。即由此起。蓋食采有地之家。往往無合格臣屬可資召集。以立法庭。致一切民間獄訟。必申送牧伯。為之亭質。行之久而成俗。遂若本無司法之權。求復此權。不但力所不逮。而亦無此意向也。

會審員當宣判時均應在坐。因宣判罪人或不承服。抑斥言不公。即應歷問諸員。是否與宣判者同意。則答曰然。故德芳田謂當此時。不能游移推託。游移推託。即為無禮失信。事關榮節。莫或為也。此等習慣。至今猶見諸英國助理陪審之制。每逢大獄。事關人命者。助理宣詞。不可不合一也。

是以判決之詞。恆出於會審之多數。如兩說相半。案屬刑法者。則於罪人從輕。屬逋負者。則於債家量減。若係承襲業產。所原者亦在被告也。

德芳田又言。當地主於境內受地人召集會審之時。被召者。不得輒云以會審者只有四人。不願入座。亦不得云因全數未到。或因最為更事明法之某某未來。不願入座。蓋受田之戶。於地主誼近君臣。於召集會審時。

為前說者。無異於兵事時。以同列放棄義務之故。己亦棄之。而地主既立法廷。意必求為人民所尊重。故所選召。意中必取封內最為智勇之人。召而不來。法典將廢。拂特受地之民。於其地主本有二種天職。一曰執兵禦侮。二曰會審法廷。而在當日世風。會審法庭者。實無異執兵禦侮也。

拂特諸侯。召集法庭。本以亭封內之獄訟。然使諸侯親與受地之戶有爭。兩造就質自集法廷。亦為合法。又若審斷不平。侯家亦得指斥要鬭。所異者。會審諸員。於侯為臣。誼在尊承。而侯於會審諸員為君。誼在仁恩。由是相沿禮俗。於侯家所指斥者。常立區別。視所指斥。為繫全體。為屬個人。假為全體。是侯自斥己立法廷。身先蒙辱。無可鬭也。惟指個人。自可要鬭。其人而負。性命財產。均歸侯家。亦所以定一方之秩序也。

上節所言區別。固指侯親就質而言。顧其事入後稍有推廣。蒲曼諾謂。凡受判一方人。指斥所判為不平者。僅指一員。決鬭即不可免。若係指斥全體。則法廷諸理。得衡於二者之間。或徑以決鬭解獄。或仍依法典定讞。意當蒲時。決鬭解獄。固已漸稀。第所言法廷得以自由衡擇兩可之間。實與當時榮節觀念。及臣僚尊護君侯法廷之誼不合。故蒲氏所言。乃吾法法典歷史中所僅見也。

亦非謂一切不遵判決者。皆當俟鬭而後決也。不獨在前事不盡然。即他獄亦不皆爾。讀者應記前二十五節中所言之限制。蓋尚有牧伯與王者法廷。得以命人判察戰贄之應受與不應受也。

獨至國王法廷所判決者。不容不遵。王者於本國無敵體。則無可決鬭。決鬭者必平等也。而王者之尊於國中為無上。故亦無可上控求平反也。

此為國法。而亦以範圍民法。蓋得此而司法衝突之風。乃差減也。假有小侯。慮其法廷。將有不遵判決之事。但事關公理。不容復搖。則預請於王。乞遣專官。其斷語不可不遵者監之。此如德芳田所記戈爾貝神父一事。法王斐立為遣全體法司。以亭其獄。即此義也。

又使不能徑得監審者於王。則移其法廷。附入王所。又使王與己之間。尚存牧伯。則移其法廷。附於牧伯。復由牧伯。附之於王也。

故古司法。雖於今世覆獄諸法。不但無有其事。抑且未有所知。然以王者為國至尊。禮刑所出。由彼而為百川分流之源。亦得彼而為諸水歸墟之海。法典亦不慮其不行也。

第二十八節　籲控裁判懸延

裁判懸延云者。謂拂特法廷。於一案延宕規避。或徑不為兩方人裁判也。

當法國第二王族時代。地方侯伯曰考溫特者。有司法屬僚。佐其亭法。顧其為長屬尊卑者。特於名位則然。至於裁判。靡所讓也。年時定期。坐局放告。名布拉錫達。其所斷決。斯為最後。與考溫特自決。無以異也。名處法廷。相持異議。亦於此決之。惟是法廷。可以決死囚。省釋繫。與貨產之籍沒。其餘地方法廷。號森丁那利者。無此權也。

有大獄。關於國法者。則王自臨決。如教宗長老畢協。拂特諸侯。及他貴族之爭。王乃選集諸貴。共亭其獄。

法家或謂地方侯伯所亭之獄。法得翻控王朝之使者。其說似失考。侯伯王官。司法權等。不相統屬。所異者。使者坐局放告。歲四箇月。而其餘八月。則決於侯伯法廷者也。

設有人於一布拉錫達經斷不直。乃復翻控。已而證實為曲。其人於所坐外。別應罰鍰十五穌。又送詣前局法官處。受笞十五。

設侯伯。或王朝使者。見尊爵貴人。不可理喻。則令其人具保。以俟王親覆訊。嘗見默支令申。凡翻控必在王廷。而他處翻控。皆禁罰之。

侯伯之屬曰式栗甫。亦理詞訟之事。民不遵式栗甫所斷。而又無愬詞者。可禁繫令服。若有愬。則致諸王廷。以俟王之司法為覆訊也。

由此觀之。向所謂裁判懸延者。殆不數覯。蓋當其時。民所有言。非曰坐局法官之惰廢與溺職也。實常訾其苛嚴。至今考諸舊律。猶有侯伯法廷。坐局歲不得逾三次之條。此非慮其廢法。而實杜其喜事。明矣。

降而小貴日繁。封地之中。其相繫屬又異。由是而有法廷不集。失亭民獄之事。而此類之籲控乃生。且牧伯緣此。而有鍰罰之入。此其風之所以盛也。

決鬬之風日滋。有時審會之僚。不易召集。而獄遂懸。於是有籲控裁判懸延之法令。此在法史。亦得失之林也。蓋當日郡國所有之戰爭。常起於違背國法之事。猶之今世列邦兵釁。常藉口於破犯公法也。

蒲曼諾言裁判懸延。不容有決鬬也。其故有可言者。地之侯伯。地位本尊。為民所承。不可鬬一也。會審之員。亦無可鬬。蓋鬬者起於疑似。失在懸判。必有日月期會可言。失斯失耳。無可抵讕。因而致鬬二也。判且無有。何謂不平。其無可鬬三也。終之裁判虛懸。過在諸理。其所得罪。不獨造訟之兩方。實於有法廷之侯伯。不肯盡力。而侯伯與其封內受地之家。誼在君臣。又不可鬬四也。

懸延上控。證以證人。證人之詞有虛實。從此或生決鬬。雖然此鬬。與侯伯及其法廷諸員兩無涉也。

抑其事起於侯伯所召集之群僚。召集會審。不復省獄。或逾期限。不為裁判。則訟者可控之於牧伯。果其不直。只出罰鍰。鍰歸主得。故無助之事。彼且收其分田。責令出所罰之六十粟拂而後已耳。

懸延之事。由於地主。常因會審員數不齊。或竟未經召集。如是者可控之於牧伯。然牧伯則但召兩曹對簿。不問地主。以其尊故。

然而地主。常於牧伯。自請覆驗。假使前控為誣。本獄仍歸審訊。而罰上控者六十粟拂。使所控為實。則地主坐失本獄之裁判權。而歸牧伯法廷訊斷。蓋訟者之上控懸宕。所靳政在此耳。

有時拂特諸侯。即在自設法廷。為人所訟。但為不常見事。見者必田畝爭執。此獄每多延宕。然而會訊諸僚。可以王命。致地主使對簿。蓋會審員本地主所召集。不得以臣召君。惟用王命。乃可召也。

使地主始令裁判虛懸。繼而卒加裁判。則上控裁判虛懸外。又可控其斷獄不以實也。凡封內食采臣僚。妄控拂特諸侯虛懸裁判者。訊實之後。罰鍰如諸侯隨意所定之數。

如舊籍載拱脫部民。有向王廷控佛蘭德伯爵懸獄不斷者。及加審驗。則伯爵所延懸時期。較之當時所習慣者。尚為短促。於是王廷判獄歸原控法廷亭鞫。而罰上控民金六萬粟拂。民以為重。復向王廷求減。廷議不許。並令伯爵必如前數科罰。即欲求多。亦無不可。此法家蒲曼諾親與會訊之獄也。

至其他拂特君臣之獄。有損臣下身家榮節。或所爭係采地以外之產業。皆不得上控裁判虛懸。蓋其獄本非拂特法廷之所亭訊。應在牧伯王廷故也。蒲曼諾云。凡臣下於主上個人之身。固無裁判權力也。

以上所述。於一時法典。雖經細考。尚難盡明。蓋此等事諸家紀載。本多矛盾紛黪。去其葛藤。尋其根葉。在不佞固亦得未曾有者耳。

第二十九節　聖路易之朝代

至法王聖路易。乃盡取國中決鬭亭獄之俗而除之。此見於其朝之詔令。與其所著之憲法者也。

雖然。其在子男法廷則但禁不遵判決之要鬭。

蓋拂特法廷所裁決者。必其封內臣民之獄。臣民斥本主法廷斷決不平。必與宣判之理官要鬭。此舊俗也。至聖路易始著法。令受判者。得以聲言冤抑。而無取於決鬭。此在法典可謂大變古俗者矣。

聖路易謂國中拂特法廷。所判封內大小獄。受判者不得斥言不平。抑不以實。以悖逆故。夫使其事。施之邦君。且為悖逆。則自國王共主言之。其為悖逆。乃彌甚也。雖然。受判之人。有屈抑者。許其要求覆鞫。所要求者。非曰法官之故不以實。抑不公也。祇以有忽。或懷成見。夫如是者。不但為法所許。抑亦不得不然者也。

凡王畿之內。法廷所斷。不得斥言不公。設有冤抑。許求覆訊。若吏不省。許其上書求省於王之法廷。

至於拂特法廷。斷決不平。許其指斥。乃上其獄於牧伯或王之法廷。具人證。引科條。按所立法典斷決。不得更要鬭也。

總之。無論拂特法廷所斷決之可以指斥。抑在王國法廷所斷決之不可指斥。解獄之法。皆不得以鬭決如前。

德芳田嘗記法立之後所初見之二獄。其一為聖昆丹法廷所判獄。在王國之內者也。又其一為滂狄埃伯爵法廷所判獄。猶用舊法許指斥。然而二獄之結。皆未嘗用決鬭也。

吾之述前今也。聞者將問聖路易既反古而變法矣。顧何以指斥不公之事。獨禁之於王國之中。而不禁之於拂特法廷何耶。則應之曰。方聖路易變法。其在王國。得以率意徑行。無有沮力。至於拂特邦君。各守舊制。不欲封內訟獄。去其各有之法廷。必待有指斥不公之事。而後共主之權。得以施用。故聖路易存其指斥之俗。而獨除決鬭之風。去其故俗之實。而存故俗之名。是亦變法者。不為駭俗之微旨也。

而當日拂特諸侯。固實有不盡遵新制者矣。如蒲曼諾言。當彼之時。斷獄用二法典。一則遵聖路易新令。而其一則仍沿舊風。諸侯可擇於二者之間而雜用之。但一獄開訊。言循其一之後。不得中易而已。又云。克列芒伯爵境中法廷。舉行新令。而附屬食采臣僕。各建小廷。則沿舊俗。顧伯爵雖舉行新令矣。而於一獄。特復舊法。亦無不可。否則伯爵權力。將反遜其臣僕也。

所不可不察者。中古法國。非若今時。統於一王而已。其中有王國焉。所直隸於王者也。有封國焉。所分治於諸侯者也。直隸於王者。王而外無所承也。其分隸諸侯者。各承邦君。而以王為之共主者也。是故王之出令制典也。在王國之中。可以徑行己意。至於作法以統群侯。則以風俗異宜。必相咨度。待彼畫諾加璽。而後可通。不然則或承或否。視其領地之便。而群侯之下。尚有食采受地之臣僕。其於群侯。猶群侯之於共主。聖路易之為新令也。未俟群侯之諾者也。顧其令體大。而關於封境之治甚鉅。彼受而行之者。必從其法之於己有勝利者矣。故羅白脫者。聖路易之親子也。封於克列芒為伯。彼則受其父之新令矣。其中舊封臣僕。則各守舊俗而不以為利行也。

第三十節　指斥裁判之則例

一方人有以裁判為不公。而求解於決鬭者。必在法廷宣判時。故蒲曼諾云。兩造已離法廷。無所指斥者。即不得有後言。以其獄為已決也。此例至今猶然。雖決鬭風亡。法意未嘗異也。

第三十一節　續述前例

惟田奴於其主之法廷。不得指斥。此可得諸德芳田所紀述。與法國憲典所載者也。德芳田云。主奴之間除上帝而外無理官也。（案吾國亦云君臣無獄。）

此亦決鬭解獄之則例也。故田奴可鬭貴人。而得指斥裁判者。惟經受勅書。與相沿已久者為能。然而貴人終不願與奴鬭也。故德芳田常欲請設特令。求變此俗。不使會訊之員。以田奴斥獄之故。須出於鬭也。

降而決鬭之俗。漸以不行。而覆獄之新典漸用。齊民冤抑。有所控愬。而田奴無從。人心以此為不公。故法國法院。後於田奴之愬。乃一律受之。

第三十二節　續述前例

諸侯法廷。有以斷獄不公。為人所控於牧伯或王者。侯身常親至對簿。亦為其法廷自辯護也。又若以懸判為人所控者。侯身亦必與愬者偕。以若所控不實。帶獄回所部。其裁判權仍不墜也。

法典降愈繁複。上控之事亦多。以上二則例。既所必循。而諸侯遂有不暇給之勢。奔走牧伯法廷。而所勤者皆他人之事。事窮則變。故華魯亞斐立著法。以其部之長史代行。而侯身不可得召。入後控愬尤多。則令兩造為侯判所左右者。自為辯護。侯之所判。雖常為所曲者之所攻。亦常為所直者之所護。故侯與長史。皆不必至也。

不佞前謂諸侯有被控懸判者。使所控而實。其坐失者。不過此獄之裁判權而已。顧入後則懸判而外。往往其身為人所上控。如是受驗而實。律著罰鍰六十粟拂。控於王則王受之。控於牧伯則牧伯受之。由是而異法興焉。獄既平反。而罰一方人鍰。轉使侯受之。此例沿用綦久。至盧支安且著為令。顧以其據理之謬。已而廢不行也。

第三十三節　續述前例

自實事言。一方人受判為曲之後。而乃指斥理官斷決不平。欲用決鬪伸理者。固無幸也。蓋自理官受贄。即鬬而負。其反對之一方人。業經受判為直。必不能以他人鬬負之故。遂反為曲。而俯首受法明矣。則雖幸勝理官。而與反對之一方人。又須鬬也。然而是第二鬬者。非以明前判之平否。蓋判之非平。已於理官之被勝而決。今所鬬者。證指斥之義不義耳。是故法廷舊例。至此常為宣語曰。本法廷今將翻訴之詞作廢。又將翻訴及所翻之判語作廢。然則自其終效言。彼指斥理官斷決不平。而起鬬者。使理官勝而身負。則翻訴之詞曲矣。使身勝而理官負。則不僅判詞廢也。而翻詞亦廢。由此仍為未決之獄。須加覆驗而已。

故德芳田言。翻獄者欲以決鬬求勝。無此事也。此自當日情事言。固信。然後來翻獄。而由助理人覆加察驗者。無此宣詞。觀佛拉文謂法院職在詳獄。此等文法。不能與設立之意兩存。可以見矣。

第三十四節　法典裁判之事何緣而有祕密

決鬬俗行。則亭獄不可以不眾著。攻與禦之事。皆在人耳目間。故蒲曼諾曰。證人為詞。必在公廷之上。

勃提耶注家。謂聞諸舊吏。考諸法典故籍。皆云古刑法獄。亭諸通市之中。一切施行。與羅馬之俗無甚異。此因民不識字之故。當日之民。不識字者。固甚眾也。人之意想。必得文字而後凝。而祕密情事。乃可以不洩。自無文字。欲事無忘誤。非著之於眾人之耳目。令共見而共識之。固不可也。

法廷會訊。所召集者。封內之食采臣隸也。凡其所裁判之獄。與民人之所訟訴者。久輒易忘。而奇請他比之弊或出。惟有文字紀載。著為成例。治獄者取而循之。乃無愆忘之事。由是兩造當廷。均不得斥駁證人供詞。要其決鬬。以用此則爭無已時也。

降而私密之裁判漸用。前者獄事。無所不公。今之獄事。無所不密。訊質探訪覆驗駁證司法各員之意見。一切皆祕而不宣。蓋法各有利行。而亦視行政之規以為合。此可以觀世變矣。

勃提耶法家。謂裁判祕密。始於千五百三十九年。吾則謂其變以漸。自聖路易變法而禁決鬬。當日諸侯。從違相半。後復修令。從者降多。而獄遂無取於眾訊。故蒲曼諾謂獄之證供對眾公聽者。惟許以決鬬者為然。餘皆祕密聽問。而吏受詞。書之於策。故裁判祕密。以大經言。自決鬬之風漸息。而後然也。

第三十五節　法廷訟費

往時吾國法廷。無責令一方人。使出訟費之事。蓋獄經裁判。曲者出鍰。以與設廷之諸侯。及治獄之僚眾。所罰已多。即用決鬬。鬬而負者。身產兩亡。其罰可謂至酷。凡此皆可以褫健訟者之魄者矣。至於常獄。其解也固無俟鬬。然而地主小侯。既得鍰罰之利益。故雖甚費。不可不承。所費非他。在召集法僚。與建設法局二者已耳。且其時民質厚而法簡易。一時爭端。皆可當廷發落。非若後世文字之繁。簿書山積而鈔錄川流也。是故訟當其時。固無事費。

訟費之興。其自翻控之新法用乎。德芳田曰。使一方人依聖路易律翻控。例出費。其用常法翻控者不然。獄之仍歸拂特法廷者。王廷所得。不過罰鍰。又得據所爭之產。一年零一日耳。

以翻控之易。而翻控之獄日滋。自法廷常易其地。而對簿者有傳送之煩。自新例日繁。而案無速結之望。自舞文者眾。雖有至公之請願。其辭令不可不精。自巧者知所以致人。而與法相遁。自原告常以勞而破家。而被告反以無事而逃罰。自辨飾雲興。往往積累卷之詞。而莫知其所主之說。自稱明法者。徧於國中。而不識直道為何物。自詐偽之風。有所獎激。而愿者無保護之可邀。由此乃不得不以甚費之可畏。沮人民好訟之風。蓋直者既出費以求判。而曲者又必出費以撓之。此訟費之所由日廣。而晳王查理乃為設訟費之專條也。

第三十六節　國家大理

沙栗、理普諸蠻夷法典。科罪大抵皆罰鍰。當時固無專官。如今日然。以為王國專理刑法之獄。所謂大理者。其時爭訟。大抵私家害損。治其獄者。亭以賠償。故其獄多民法事。而亦盡人能理者也。而羅馬法典。於民獄之不入大理所治者。固有專設科條。

決鬭之習俗未除。大理之官。固無由設。誰能以身為儋介。以攖天下之要鬬者乎。

狼巴邸法典。有穆拉多黎所增入者。謂當吾國第二族王朝時。有大理辯護之設。然使學者取其全體觀之。將見其時所設。與今世所設大理之官。大有異也。蓋當時同稱之官。其所有事者。雖非私家之訟。而所職者。特為王家料量公私庶務已耳。故法典條款中。從未言委之以刑法之獄。與察拂特承襲年格。及教俗之爭訟也。

大理之官。當決鬬盛行時。固無從設。顧有一事。大理辯護。可以決鬬。穆拉多黎所增條款。置此於顯理第一憲法之後。蓋即為此而立者也。其憲法曰。人有親殺其父。若其兄弟。及他親屬者。即不得受其產業。其產業應歸他親屬承襲。本人產業沒官云云。故大理辯護。所得受要決鬬者。必待產業沒官之獄而後爾。大理之設。即以保護官家權利者。此固與法意合焉者也。

若盡取前例觀之。則大理辯護。所督察者。可歷舉也。如有人捉獲刦盜。而不獻諸拂特侯伯者。有煽惑居民。使畔拂特侯伯者。有侯伯所斷死囚。有敢行刦奪營救者。教會容庇刦盜。抗令不繳。有敢為之辯護者。將國王機密。私通外人者。羅馬皇帝使人過境。有顯然暴犯者。對皇帝批旨。有顯肆輕詆。而為皇帝所查辦者。有抵拒通行圜法。不肯收納者。終之。凡一切案關王賦。應歸大藏辦理者。皆大理之所劾治者也。

至於刑法之獄。未見當日大理辯護之或察問也。如私鬬之獄。縱火之獄。乃至當堂擅殺法司。以及分別奴隸平民身家地望之事。皆所不關者矣。

蓋此等條款。不但為櫽括狼巴邸法典而設。乃兼取當時所增令甲為之。故其為第二族王朝現行法令無疑。又可知者。此等大理辯護之官。至第二族王朝之季。已與各部察獄使者。同為廢制。蓋其時法國。既無通行法典。又無統匯財賦之司。無每歲定期坐局放告之侯伯。而所謂大理辯護者。其最大職。即以保護侯伯法權。自侯伯權廢。其官亦無所事矣。

自第三族王朝建。決鬬之風愈行。決鬬盛。故大理之官。亦無由立。是以勃提耶於其《鄉野會要》一書。所言獄訟之制。僅及當時之貝栗拂、沙占德等官。考舊典與蒲曼諾所言。當日治獄察宄之方。可以見矣。

嘗見摩訶加王雅各第二所垂法典。而得王朝大理一官所由立。至此。其設官之意。乃與今設者無殊。可知法典習慣未改之先。此等專官。固無由見也。

第三十七節　聖路易法制何緣久而忘廢

聖路易法制之行也。其興。其用。其漸廢。統而計之。為時固甚暫耳。

此其所由然之故。請得而論之。蓋聖路易條例。當其纂輯之時。非以為劃一之通制也。雖此意於序及之。而非其實。其所輯者。固眩眾科。凡屬民事者。屬於產業相傳者。屬於婦人奩產者。屬於采地賦入。田主權利。以及地方察奸禁暴之所行。凡此皆其條例之所著也。願學者宜知當彼之時。一城一邑。一鄉一市。各自為俗。如此而制為通令。欲整齊而劃一之。是欲取殊俗異禮。而變之於一朝。至難之事也。微論其為聖路易之時代。就令今王。威伸全國。而為臣庶之所服從。取而行之。猶以無效。何則。俗固不易驟為變也。故政法格言有云。法之利害相等者勿變。使此言而可用也。則變而為利甚微。而不便無算者。其果宜與否。不俟言已。使學者深察當日之世局。見一國之內。無數小侯。自負主權。兼無不王制。將悟纂輯新典。頒行國中。而蔑舊有之章程。與久行之習俗者。乃當日政界中人。略有閱歷者所必無之觀念矣。

前說而信。則其法雖立。非經當時議院中諸侯官吏所贊成承諾者。又明。亞米安市廳法籍所載。為杜康芝所引據者。固自誤也。或謂此令之頒。在一千二百七十年聖路易將往刁匿思之先。其說尤不可信。蓋聖路易赴刁匿思。乃一千二百六十九年事。杜康芝所言不誤。但杜由此謂前令頒行。即在聖路易去國之時。則其說又為巨謬。不悟變法最蹈危機。令而不行。逆節萌起。此何等事。乃於出國離本之時為之耶。大抵變法必行。乃英辟之業。若以必行為期。勢須赴以全力。此誠非監國假權者之所能。況當日監國者。即權均力等之諸侯。而所利在法之無變者耶。時則有瑪太、聖丁尼之長老。有沁蒙、涅思里之伯爵。又恐二人中萬一有死者。特置之副。如斐立、伊無閣之畢協。所以代瑪太者也。如約翰、滂狄埃之伯爵。所以代沁蒙者也。而約翰者。即前第二十九章第八節所指之滂狄埃伯。於其封內。不肯行用新律者也。

竊謂今日所存之條例。與聖路易所制垂者。絕非同物。觀其中引謂聖路易法典。則非本法典可知。又蒲曼諾所引用者。皆聖路易專令。無是書所纂輯者。德芳田著書。即在聖路易之世。嘗紀新例始用之二事。其語意若事隔甚久者然。故知聖路易制法之日。必遠在是書纂輯之前。蓋是書之成。必在聖路易末年。或其已死之後也。

第三十八節　續申前說

然則今世法家所指為聖路易條典。晦隱舛亂。歧義紛然。雜出於法蘭、羅馬二律之間。初若王者之創垂。而實則私家所彙輯者。果何物耶。欲瞭然於其性質源流。學者非置身於時代間。不可得也。

聖路易親見其時刑獄之無友紀也。則本其先覺之意。欲示其民以其俗之當惡。由是於王國之中。立數新令焉。又於小侯所封之土。立數新令焉。取而行之。為多數國人之所順也。故聖路易死。而蒲曼諾紀述其事。輒謂聖路易訟獄新令。為諸侯所承用者。居大數也。

蓋如是。而聖路易之所祈嚮者遂達。方其為法。而使諸侯行用也。非必有意遂為一世之通法。責必遵也。為之法式焉。俾四國有所則傚。且以見於有土者無不利也。去其太甚。示以良規。及其行之。又群然見其事之合天理。順人情。道德宗教。兩無所背。而國以治安。民之身家。以無隉杌。則推之滋廣。而舊俗寖以革耳。

知其俗之不可以束縛而馳驟。乃為之誘納焉。慮其威之不必伸。乃以柔道。使之悅而從我。是非明王哲辟。不能用其術也。蓋理之服人。不獨其順己也。而有時其箝制人之力。實過霸朝。其始未嘗無逆節也。顧其終勝。即存此逆節之中。反側齟齬。少見輒歇。已而馴服乃愈至耳。

聖路易欲國人知舊行之法之不善也。故飭譯羅馬法典。使當時言律之家得誦習焉。德芳田吾法言律最古者也。其所言多羅馬律。自其書全體言。則合法國刑獄舊法。聖路易新令。與羅馬律。三者而成書者也。蒲曼諾所論。少羅馬律。而調停於新舊法典之間。

不佞以謂今之所謂聖路易法令者。乃其時奉法吏之所纂輯。其用意與德芳田、蒲曼諾二家正同。而與德尤相類。其書封面標題。既云照巴黎、鄂利安及拂特法廷所行律矣。而序文又云。乃取通國與安珠部及拂特法廷所行用者論之。由此可知其書本為巴黎、鄂利安、安珠三部而設。猶蒲曼諾、德芳田二家之為克列芒與咩曼埵二部而有事也。蒲曼諾書言聖路易新令為拂特法廷所承用。非無據也。

故此書纂者。乃取當時現行之律。與聖路易新令而並載之。雖非專純。而於吾國法典。極可寶貴。蓋後世法家。所賴於安珠舊俗。聖路易法令猶有考者。乃在此書。總之法蘭古典。以是書乃有存耳。

其所以與蒲、德二書異者。以其中詞氣之不同。乃立法者責令施行之語。蓋本合習慣著令為書。其措詞固應爾耳。

其書所病。在非專純而為兩行之律。有法蘭。有羅馬。拉雜並著。無所折中。往往事不相類。牽涉得書。矛盾牴牾。亦自不少。

吾非不知法蘭舊律。與羅馬有極相似之處。如公集僚庶。以建法廷。斷決為末。不容翻控。其宣判也。於有罪者。則曰康闐晤。譯言吾斥。於無罪。則曰阿布梭爾福。譯言吾復。凡此皆與羅馬市鞫之俗。相吻合者也。顧不得以此。遂云其法為純。蓋其中實用古法亭獄者絕少。而所承用者。大抵羅馬皇帝所新立。用以制限救正法蘭刑律之偏者也。

第三十九節　續申前說

聖路易所定法廷訟斷之法。已而不行。所以不行。亦自有故。彼知舊法當變。而所以實變之者。未嘗及也。如亭獄最善之術。變舊最良之方。皆所未暇。去其舊而新者又未完也。則浸假又有其新者出矣。

故聖路易法令雖立。要可以為變俗之階梯。而未可以為法典之進步。開訴愬之門而已。至於亭斷之折中。則未有也。蓋訴愬之門既開。向之所用於小侯之一方者。往往遂成一國之通例。用此而條例積多。自為一部之新典。而聖路易法令。猶造屋者之有木架也。逮屋成。而木架乃墮地矣。

故聖路易法令所得之果效。非立法者所前期也。由來世變之興。嘗待數朝之醞造。事機既熟。則變革從之。

已而法蘭有議院之立。然其性質。與英倫之所有者絕殊。法之議院。乃國內最尊獨立之法院。所以了決眾獄者也。其始立也。所聽者。拂特諸侯及宗教長老畢協之獄。與夫臣下得罪國主者。故所治者國法而非民法。繼而一國之獄。乃莫不聽。向之坐局。歲有定時。繼乃無息。向之司法。數員而已。繼乃滋多。時短員寥。不足以待獄事之繁眾也。

自議院為最尊司法之機關。而官有定程。其中奏當成事。遂漸成一宗之法典。芒祿約翰於晳王斐立之朝。亦嘗薈萃成書。至於今法家所謂鄂林漠典冊者。即其書也。

第四十節　教皇法諭所由雜用

學者將曰。聖路易法典既不用矣。顧何以承其乏者。非羅馬法典。而轉雜用教皇所定之律條耶。應之曰。其雜用教律者。以當時有宗教法廷。常行教律。而為時人目擊之故。至羅馬律。固無法廷為守而用之也。夫於刑律。分為神道世俗兩大宗。此自後世有此區別。當時人未之知也。故民之訟也。一於僧侶。一於有司。而其訊鞫之也。亦未嘗致謹於其異。而當日之民。一若王官有司。所不可使教宗稍分其權者。獨於拂特制置之訟。與夫罪犯之不涉教域者耳。至於其餘。皆可任也。假有契約之訟。往往其始則赴於有司。轉而質之於教侶。夫教侶雖有裁判。其令固不能責行於有司。然有驅逐出教之權。為時人所最畏者。彼得利用此柄。以為威猲。由此猾桀之民。往往案經有司矣。已而移控教廷。以期異論。故其利用教律者。以其稔之也。其不用羅馬律者。以其無所知也。夫獄見諸實行者也。民之所趨。必其所已行。

第四十一節　宗教與有司二刑柄之消長

古法國之拂特小侯無數。各自為法。治民之柄。分而操之。而宗教刑柄之日張由此。宗教之刑柄張。則小侯之權力弱。小侯之權力弱。而王朝之法制行。王朝之法制行。而宗教刑柄之焰熄。此其大經也。法院既立。其治獄之典。始固皆取宗教法廷之善者而用之。已而其不平大見。然而王制立矣。其勢力日進。所必取宗教法廷之不平。而救正之者。自然之勢也。夫宗教法廷所為。當是時實有使人不可復忍者。欲證吾言。且不必毛舉而細論。學者但取蒲曼諾、勃提耶所紀載。與其時王之詔令。合而觀之。可以見矣。雖然。吾將獨舉二事。其利害關通國者。此二事極無道。不久為詔令所禁除。蓋其得行也。固當民智晦盲之秋。譬諸魅然。出必以夜。曙光微呈。不可見矣。又以其時僧侶之無所叫囂。吾又知禁除之甚易。而無所沮。蓋人心善機。未嘗盡絕。雖至不善。未嘗不可與更新也。其二事云何。一民死。於教會無所佈施者。於彼法名未經懺悔死人。若此人者。不得以景教禮葬。又使其人死無遺囑。其親屬必向畢協聲明。請派公正人議。以若干佈施於教。非然者為有罪也。又民或娶婦。合巹之首三夕。不得與婦徑同臥。須出貲向其地畢協。取縱容書。乃得真合。不爾亦為有罪。其必擇是三夕為售。而不察餘夕者。以其最為利市故也。如此類法。已而皆為法院所改革。此見羅嘉烏法國簡明法典中。又用王朝申飭亞米安畢協之詔令也。

姑置前說。而取一切權力消長論之。無論當任何世。遇任何政府。我曹於其中。見有數宗政界之人。各求權力之增進。而互相抵巇齮齕者。慎勿謂此傾排競進者。必皆小人。而無脩潔之士也。嗟乎。魁偉怪傑之人。所絕少能安澹泊。而樂寧靜者。其性質殆與生俱成。而末由解免者也。是以一進之餘。常不知退。何則。進循前軌。勢甚便也。退而自勒。勢甚逆也。故於如是之人。求其公正。求其殉國而無所私轉易。求其明智。求其知存亡進退。而察未形之變至難。

得位行權。其人心所最樂者乎。而豪傑則尤喻其可樂。是故雖其人甚愛道德。甚尚廉貞。而如此者。終不敵其自愛矜己之觀念。嗟夫。古今之人。既精白其一心。而猶知惟此無他腸之所存。乃猶有其不可用者。蓋未嘗有人具此幸福也。吾黨所圖。其所待於外物者固至眾。其勢常若使求為善人甚易。而欲為哲人至難。夫善功之不數覯。比之善志。豈特千萬相越也哉。

復案。此節之後二段。真孟氏曠觀千古。橫覽五洲。驚心動魄。喫緊為人之言也。其言似為宗教中人而發。夫歐洲景教之禍。中古最烈。固迷信也。而以為上通帝謂。下救生民。深信極守。不可或搖。甚至言論自由。目為莫大之孽。積薪舉火。以焚生人。猶曰毀其軀殼。乃救靈魂。

極天下之至不仁。而信為深慈大悲之事。負具權力。不可以口舌爭。而其人又脩潔端直。承天畏神。至今讀其歷史。尚不能徑指之為惡人也。而為禍常如此。中國固無教禍。而東西心德。恆不相遠。若東漢之黨錮。趙宋之道學。朱明之氣節。皆有善志。而無善功。嗟乎。委隨既不可行。守正乃或尤害。然則何以救之。曰凜天下事理之無窮。知成心之必不可用。孔曰毋固。佛曰無所住而生其心。惟日孜孜。以從事於下學。以自脫於拘虛囿時篤教三者之弊而已。此不佞群學肆言之所以譯也。

第四十二節　羅馬法典之所以復行與其效果

一千一百三十七年。札思狄黏會纂。始搜獲於殘闕中。羅馬法乃有死灰復然之事。義大利官設專學教之。彼固先有札思狄黏條例。與奴韋禮（譯言新典）二書者也。吾於前篇已云。此種條例乃南人所樂用。而奪狼巴邸法典之權力者。

吾法此時所舊有者。惟氏阿多舍條例。其有札思狄黏法典。乃義大利法家所輸入。以札思狄黏法典之成。乃在拂箖入據高廬之後故也。此法典始行。頗有衝突之事。羅馬樸伯。恆主行用教律。用他律者。每以出教懲之。顧札思狄黏律。終不因是而廢。聖路易欲其民周知此典。下令翻譯其書。至於今藏書之家。尚有寫本。嗣是自定新律。其中引用甚多。此不佞所前及者。至晳王腓立則詔諸郡國。凡其訟獄。自有故事習慣可循者。只得以札思狄黏法典。為論獄析理之書。而郡國之舊用羅馬律者。則聽依比斷決。

前又謂凡古俗之以決鬬亭獄者。理官裁判。所資於問學至寡。民有爭端。所以解決之者。有可見易知之習俗。父老相傳。遂成典要。曲直視勝負耳。神權用事。無疑難也。至蒲曼諾時。亭獄乃有兩法。一由小侯召集封內臣僚。為之公聽。一由王朝所置有司聽之。用前法者。各循其地成案舊俗為之。用後法者。則有所謂賢人長老。為有司指引舊例作斷。跡其所為。主獄訟者。固無事於問學。抑高才明識而後能也。自聖路易條例肇興。而羅馬法典。經轉譯而講之於國學。奏當傳爰。各有儀法。而私家之明法辯護亦漸興。由是向之封內臣僚。與所謂賢人長老者。於獄事皆無能為役矣。公聽之曹。漸即解散。而小侯亦無意於更立法廷。召集會審。蓋聽訟之法降繁。非若前者決鬬。聽命無形。而為迷信尚武之民之所喜。新法委曲詳密。彼固未之或知。而亦所不願學。則由是小侯法廷集僚聽獄之事漸稀。而有司問獄。乃以日眾。向之所謂有司。其問獄非自裁判也。集具人證。而宣長老公決之判詞。自長老自謂不能。而有司乃獨判。

獄政之變遷如此。而其勢尤便改革者。則以有宗教法廷之並行。蓋教中條例。與新定民法。皆與小侯法廷勢不兩立者也。

法國自有王制以來。聽獄大法。向不得以一人裁決。此見於沙栗法典。及第三族王朝令甲者也。至是而此法竟廢。廢而相反之弊。亦見於地方之獄訟。其救正之術。則由法司派員。代表舊日之長老。以為法廷顧問之官。又獄有肉體刑決者。問官例用兩明律生自輔。蓋其時翻控至易。故前弊不能久存也。

第四十三節　續申前論

是故吾法獄令之變遷也。非有詔書明文。禁諸侯之亭訟獄也。非有特令。不許集僚以為裁判也。有司受訴。非特設也。其裁判之權。非有所受也。事變之至。不期而成。一若勢有固然也者。羅馬之法典。法廷之成案。民俗之纂編。凡此皆須學而後能。而當日之諸侯貴人。不知文字為何物。則其權之日去固宜。

偏考舊籍。見與前事相涉者。獨一令焉。則地方所用典獄。必選諸教外平民是已。然而此亦非特設此官令也。其令中絕無此說。察當日之出此令者。以律中骫法之罰。得此乃有所施。當日教侶。雖或觸禁犯科。本非刑法所得及也。

亦不得謂諸侯司法之權。以其非據。有其或奪之者。其權乃日去也。權之日去。坐墮廢者有之。坐自請不治獄事者有之。歷世綿長。文法代變。而諸侯之智識才力。則亘古不變者也。宜其不相得已。

第四十四節　以生口證獄之弊

凡為典訟之官。舍前事舊俗。無可為依據者。其訊獄常倚證人。以為斷決焉。

蓋自決鬭之舊俗漸廢。非得人證。莫由定曲直也。已而遂有錄供之事。顧錄之者。特不可忘耳。非曰遂信而可恃也。且傳鈔既煩。治獄之費。以之愈重。於是國為之法焉。法行則供詞大半無所用之。其法惟何。曰謹簿籍是已。得此而民之貴賤年歲婚娶生死。皆有可稽。簿籍謹。故民之上下其手甚難。而訊勘之半功已舉。譬如彼得以保羅之子而爭襲。欲知其果為親子否。向也必倚鄰證之供詞。乃今則視其鄉之洗籍。（西人生而入教。有洗禮。故曰洗籍。）信而有徵。推是行之。凡事之可為訟端者。皆謹籍之於其始。以較向用生口之游詞。不既便矣乎。故吾法之法。凡債過百栗拂者。非有契據。不得以生口證詞斷結。此吾人所耳稔者也。

第四十五節　法國人之習慣

由是而國之習慣。皆勒為書。而拂特侯國。風土不同。各自成俗。合而纂之。則法蘭西之民法也。蒲曼諾言民法。封而有之。以其離異如此。通習之者。遂為明法達禮之家。常為時人所宗仰。謂之法燈。於時有極大法燈。言不信全法之中。有二封地焉。所用法典。乃合一也。

其所以成此繁殊之故。有二端焉。一則前所云地方習慣是已。（詳本章第十二節。）其次則決鬬之法所貤生也。蓋鬬之勝負常不可知。以其事之無憑。而所判者又不必真曲直也。而異說殊文。從之起矣。

其始十口相傳。不過為長年三老所記憶已耳。文字降用。乃成載書。而大者遂為法典。凡此皆世變所漸成。而非人力所張主。

㈠當法國第三族王朝之初。常有詔令之頒。所及者。有偏部之事。有通國之政。此如腓立沃古斯達與聖路易之制令是已。且不僅王也。即牧伯諸侯。亦有條教。每歲法廷。坐局放告。頒令封域之中。此如布列顛尼伯、藁德弗理所定貴人分土之令。又羅勒弗公爵所定諾曼德典例。氐阿保羅德所定尚白音尼典例。他若芒狄佛伯、沁蒙所定法典。皆此志也。由此而典籍降多。其中載法。為全國通用者。亦時有之。

㈡當第三族王朝之初。凡為編戶。無慮皆世僕奴隸已耳。世變多故。王與諸侯。不得已而有復民之令。

復其奴則必為制田產。制其田產。則必為定民法。而後有以平其爭。且奴之身固其主之產也。復之而產失。勢必有所取償。又必為法制焉。定其應有之權利。凡此皆見於復民詔令中者也。而如是詔令。載之國府。遂為吾民法典之綱要焉。

㈢自聖路易以降。明法詳獄之學者代興。如德芳田。如蒲曼諾。則取其經歷之成案。一切而筆之於書。跡其纂述之心。固將以便其所治之獄事。未必意存法制。以示一朝民產之典章也。然而所載著者。於一時之制甚備。斯二法家。非有創法垂典之特權也。所纂述者。不過其時所共見共聞之事實。然吾法舊典不忘。實式賴之。蓋所言者。乃法國之通典也。

論法國之刑律。要當以察理第七與其後數世。為最要之時期。蓋此時始將通國舊行習慣。勒成官書。而纂輯秩然。見一王之制作。郡部所行。皆有采取。又募集所在民獻。萃於京師。各舉所知。匯成鉅典。凡所經行。無間口耳所傳。簡編所載。皆編列之。而後排比短長。求其畫一。顧整齊之矣。而貴族平民。世守權利。必謹勿奪。故其始沿用皆習慣也。而此舉獲三善焉。載之典府。不憂愆忘。一也。折中損益。有大同之規。二也。蔚為王章。世所嚴重。三也。

郡部法典。多所編修。而竄易者亦甚眾。其於通法顯有牴牾者。去之。所以助行通法。可以漸期統同者。益之。

故法國通行刑律。自吾黨視之。若與羅馬舊章。分立異趣。蓋所分治。國土相睽故也。顧吾律之中。實有數章。乃沿羅馬之舊。守而不廢。時則為之。方其脩成鉅典也。羅馬法典乃為吏必習之書。而晦盲之運告終。民不敢以不學相矜。而從事於無益。聰明用於討論。無強為解事之風。向也問為樂否耳。至於其時。雖婦人猶恥之。

夫此篇法意。可為微論者眾已。自聖路易去決鬬而用訴獄。降及察理。鉅典告成。法皆有所可詳。變皆有其可跡。顧使吾書為此。將支大於幹。而臃腫之患生焉。是故吾如篤古之家。裹糧而遊埃及。親見金塚。窅然而歸。

第二十九章　論制作法典之宜忌

第一節　立法者所宜知

夫《法意》何為而作乎。鑒古以程今。將以明法家之用心。期乎中庸已耳。治法之事。猶講德也。無過不及。執兩用中。而民生遂焉。此驗之於行事。而可知者也。

民莫貴於自繇。欲自繇。其國不可以無約法。約法而至於繁重。將法之所為立。轉以失之。簿書文法。可以無窮也。身家財產。將以不固也。訟之曲直。或以無所驗而公道大亡。或以多所驗而兩造皆病。秩序亡。則凡民無安堵之方。文網密。則舉足有犯科之懼。原告直矣。乃無由復其所亡。被告曲矣。不悟所蒙為何罰。

第二節　續申前說

塞錫烈嘗論羅馬十二章律。中載債家逋負逾時。財主得取債家而分磔之。謂欲禁民不量力而借財。為法不可謂重。嗟乎。如塞錫烈言。將極酷之刑。斯為最善歟。將人性止於極端。而天理物倫。乃悉廢歟。

復案。塞錫烈自云。此法從未見實行者。意當時十二章未必有此約束。此後之講民法者。有謂律文所指。乃謂財主得鬻負者為奴。而分其金。此近似之說。未暇詳考也。但不佞所欲言者。曩吾嘗赴順天鄉試。臨場徧閱棘闈照牆告示。士子夾帶片紙隻字入場。若皆有斷頭之罰也者。及見實行。乃大相反。竊怪明人為此律令。而清朝因而不革。法家用意。杳不可窺。夫律倍物理人情。則責行無所。而其究也必交出於欺。就使立法者處之。勢亦自廢。是為法不足以止姦。而人心愈以淪喪。非徒無益。且大害焉。此風俗之所以日趨於不救也。度大清律例。此類猶多。如辦逆倫重案之類。此而不革。雖有律猶無律耳。

第三節　每有無謂之法而為立法人之所重者

希臘唆倫法典。載當國部憒爭之際。其人於彼此無所左右袒者。謂之頑民。此自後人異俗觀之。未有不以為大可詫怪者也。顧唆倫有聖智之稱。不宜立無謂之法如此。使吾人取當日希臘之世局而深觀之。則立法之用意見矣。夫古之希臘。散為無數小部者也。力均勢敵。則憒爭固所時有。既爭則必有深識廣心之士。雜於其中。其禍乃不至於極烈。今於爭而匪所左右袒者。其人往往賢也。唆倫懼分崩離析之秋。而若此人之不出也。固為法以驅之如此。

小部紛爭。而通國之民。或首或從。皆與乎爭之事者也。此其事大殊於吾所居之王國。土廣民眾。即有黨論。為黨眾者。小數之民已耳。而億兆總總。皆不關休戚者也。故黨而有爭。甚且成亂。其平也。在解散亂民。以歸於大眾。非煽大眾。而使之入黨也。惟希臘之前事不然。國有內訌。必使少數先覺之民。親與其事。庶雖昏亂。而公理不亡。知捐忿解仇。而國禍亦庶幾早已。猶之為釀。一盎之齊。漲發僨浮。入之以數滴之涼。遂成澄醞。唆倫法意。亦猶此耳。

復案。哲人之言。不當如是耶。孔子欲就公山佛肸之招。而親見南子。不為非禮。揚雄之不去莽朝。許衡之策名元代。凡此皆信道篤。自知明。知一身為元元所託命者也。吾少時見王荊公以馮道為知道。則色然駭之。及長見歐陽永叔之傳馮道。又心焉非之。司馬公為通鑑。則以魏禪漢為正統。朱晦翁作綱目。則以昭烈為中興。而魏為篡奪。嗚呼。言各有攸當。而義之不可以一端盡也。有如此夫。

第四節　法立而適得其所蘄之反者

無遠矚之明。而欲為救弊之法。則所得之效。常反於其所期。往者僧侶。常爭住持之產。則為之法曰。假有兩造。爭所住持。後死者得之。此其意本以息爭無疑。不謂法立。而效乃大異。由此僧侶。乃大不咸。各利同門之或死。猶英倫之獮獒。既鬬。其一未死。終不休也。

第五節　續申前說

希臘之伊思什尼。欲民亂之毋焚城市而遏水流也。則著法。使丁壯之民。常赴府立誓。其誓文曰。吾今謹對神誓。不毀安域刁尼之城市。亦誓不轉變其地之河流。如有種人。敢犯此者。吾誓與之宣戰。而翦除其城邑。所誓如是。其後半如有種人云云。驟觀之。若與前半誓文相輔立者。乃不謂見之行事。乃相凌滅也。

蓋安域刁尼所不勝大願者。希臘城邑。永無毀傷已耳。乃此誓行。而毀傷之災乃加烈。夫希臘國土。散為小邦。救災恤鄰尚矣。即不然。亦將議立可為共守之國際法。使全希之人。知翦除城邑。微論報施云何。實為極惡之事。是故使人毀我。不得以尤效也。復仇報怨。夫寧不直。顧總其後效。常為不智已耳。且伊斯申尼既著此法。又安知來者大奸。不杖其法以為辭乎。已而斐立果用此誓。大翦南疆之城邑。夫亦曰是所翦者。固嘗犯希臘公法之盟也。向使人為翦邑遏防。而安域刁尼問其罪矣。而施之以他罰。如置其將若吏於大辟。或不與之以同盟之權利。與出大費。以修復其所翦除者。則希臘諸城。雖與其種人。共千載無疆之休可耳。

第六節　有立法同而得果異者

凱撒常著令。勅羅馬民藏金於家。不得過六十塞斯特之數。令行當時。以為至便。蓋民苦逋負之多。無所告貸。自此令行。而富者出貣。逋負有所清償。由之兩利故也。後者吾法。亦有此令。顧行之於情勢大異之時。遂大病閭閻。而國幾以亂。蓋當此時。政府既以法使人不得以財貣人營業矣。已而為法。使之欲藏於家而不可。是何異手操矛弧而奪之耶。凱撒之為法也。意欲財幣之周流於國中。法政府之為法也。意欲撈籠見金以歸之府藏。羅馬用地產田宅為質。以出私家之滯財。吾法用無自值之交會。以聚斂平民之積畜。嗟乎。民不願而官強之。其與民為易者。無論何品。皆土苴耳。

復案。同一法也。施之於彼時而利生。出之於此時而害著。其見於歷史者眾矣。一曰形勢之不同。二曰用人之各異。三曰用意之有殊。酈食其范增。同於立六國後。而張良極知其不可。乃固陵之策。教漢王以天下之半與韓、彭、鯨布者。又子房也。王荊公青苗雇役諸法。用之於浙東而民受賜。用之於天下而民流離。朱子社倉。其法與荊公青苗。實不相遠。而行之又以無害。凡此皆學士大夫所習聞者也。方今吾國以舊法之疲弛。處交通之時期。道在變革。誰曰不宜。顧東西二化。絕然懸殊。而人心習俗。不可卒變。竊願當國者。知利害之無常。拘嘘之說。固不可行。而紛更之為。亦不可以輕掉也。

第七節　續申前說。見立法之不可不審

社會屏逐之法。始於雅典。繼於阿爾歌。再用於錫拉鳩茲。錫拉鳩茲行此。乃為千弊所叢生。無他。坐立法者之蒙昧也。門戶熾然。交相排軋。其中用事國民。互有所逐。法各持一無花果葉。以示反對。由此而賢人裹足。邦幾以傾。惟雅典不然。立法之家。方為令時。即曉然於果效之所底。秩序限制。遂足救時，雅典之行社會屏逐也。一時所逐不過一人。而占數多寡。所定亦得其宜。故政界之中。非必去其人。而後國利者。其事不見。

且其政五年而後一行。蓋所屏逐者。必在極有權勢之家。而容忍則害且及國者。故其事不可以屢行。而所加者亦不可以踰一也。

第八節　有法若同條而立法之用意大異者

法國替襲之例。大抵沿用羅馬。顧其用意。乃大不同。羅馬承襲之人。例於教會。有所佈施。此載於宗教法典者也。故宗教中人。常以死無承繼為玷辱之事。甚或以奴為後。使之替襲。吾法替襲。必待指使承襲之人不肯承襲。而後有此。故其用意。非若羅馬恐姓氏不存。而業莫為主也。乃以求承繼者之有其人耳。

第九節　希臘羅馬於自殺者皆有罰而用意亦殊

柏拉圖曰。人取其親切之極點者而殺之。是曰自殺。其殺之也。不待長官之命。非以免辱。而純由計短者。是應受罰。羅馬之法意不然。其罰之也。非以其人計短。或不耐生。或痛苦無聊。而為此也。乃惡其有罪。不待明正典刑而先死者。故自此言之。是希臘之所懲。羅馬之所恕。而希臘之所恕。又為羅馬之所懲也。

蓋柏拉圖所論法意。乃沿賴思第猛舊風而有之。賴思第猛之為治也。長官之命。至極尊嚴。生人禍苦。以受辱為極端。而短計為諒。為至重之罪業。至於羅馬不然。其為法未嘗有精意坊民。如希臘也。質而言之。為鍰罰耳。方羅馬為民主時。其法典無禁罰自戕之條例也。其史氏紀述此等。每加揚詞。其中亦未嘗或載一端。坐自裁以受罰者。

由民主而轉為帝制。方其初朝。閥閱名家。多罹文網。於是自殺者眾。以逃捽誅。死者。猶得葬祭以禮。遺令見行。何則。自殺非違律之事。議者猶以死為難能故也。乃終之專制之威愈烈。帝者繼暴以貪。於是定法。自殺者。并籍其產以入之官。亦曰畏罪自殺。理有餘罰也。

復案。自賈誼建策。謂束縛係絏。非所以待大臣。而氂纓槃水。聞命自裁。乃貴者所以自待。由是二京自殺之事。史不絕書。而宋代以還。失地喪師。但肯一死。即無負國。春秋洎今。尸諫之事。代而有之。凡此皆吾國所獨有之習慣。而他國之所絕無。即告之且不知其義之所在者也。他若苫塊告亡。則為死孝。匹婦無俚。則曰殉夫。總之吾人心腦之中。固以死為最難。苟能是矣。斯滌垢蕩瑕。一切可以不論。尤可怪者。邇來別有烈士一流。或緣一時之感憤。或以一事之致爭。報館載為美談。學堂懸為儀法。縱其事之為誠。已不知其所謂。矧其情之多偽設也耶。

所以知其法意之為如是者。緣他時有以畏罪自殺。而其人所犯不至籍沒田產者。仍許後人承襲也。

第十節　有律文若相反而法意正同者

今世官府出票逮人。常取之於其家。此羅馬法典之所不許者也。蓋逮人為暴厲事。有公文焉。名捕其人之身。故羅馬之不許逮人於其家。猶今日之不許以逋負故。而就其家為捕捉也。

然則羅馬律與吾國律。其為法意正同。大抵謂國民得以其所居之家。為神茈之所。不宜於其中。而蒙暴厲之辱也。

第十一節　兩法典不同宜如何為之比較

吾法之律。為罔證者服上刑。而英倫之律不爾也。夫二律之異如此。而欲較其失得。問何者之為良。則宜知法之刑典。於罪人可加張格。（刑具。以兩柱為體。而兩端各置橫木。可轉縛罪人其上而漸張之。如促皮者然。）而英無之。又法之刑法。被告者例不得具證人。而英之獄訟。兩造各具證人。以上吾法之律三。與英倫之律三。皆各自成體。不得獨用與偏廢也。英於審訊罪人。不用張格。欲其辭服吐實甚難。以此故於兩造。廣納證人。不敢以上刑之罰訹之。其在吾法之律。以猶有一術可以得情。雖臨證者以危刑。無害也。又以被告法重。而證者辭游。訹以危刑。於法轉合。法獄證人。乃大理辨護所具。囚之生死。繫其一言。英國之獄。不獨被告罪人可以具證。且兩造之證。可以通談。故雖有罔證出於其間。為禍不如是之險酷。英之罪人。尚有以自救。而吾法無之。是故欲衡二部法典。所立科條。短長離合。獨取其一論之。必無當也。必取全體而通觀之而後可。

復案。此又近世言改良刑律者。所不可不知者也。夫吾國聽訟。誠有失中之刑。顧其至此者。必有其所以然之故。謀變法者。不於其本而求之。而一切為其縱舍。將從此得二弊焉。刑不足以禁姦。而民玩法。一也。否則改良之事。徒為空文。而地方之吏。仍行其所習慣。二也。二弊起則一敗從之。朝廷之刑柄不張。而猾者得以持州縣之長短。嗚呼。可不懼哉。

第十二節　律文若同而實異者

希臘與羅馬律。其科容受盜賊之家。與親為盜賊者。為罰皆同。而吾法之律亦爾。雖然。希臘羅馬二律。實協於理。而吾法之律。乃甚悖也。何以言之。蓋希臘羅馬。其於盜賊。情得者皆罰鍰。以其罰鍰。故容納者甚宜於同罰。且其刑所以止於罰鍰者。意謂凡為損傷人者。以賠償為第一義也。至於吾法。其待盜賊者以上刑。如此而蔽容受者以同科。則於義為失入矣。今夫容受盜賊。其情理可原者眾矣。而盜賊則無可原。而常有罪者也。容受之惡。在使罪人不早伏其辜。盜賊之罪。在躬為犯法之事。容受靜而容惡者也。盜賊動而作奸者也。盜賊觸網冒禁。而其心固與法為敵。又安得等之容受者乎。

乃今之法家曰。是不然。所惡夫容受之家。以其惡或浮於盜賊也。何者。非彼則奸無所容。而國可以無盜。且容受者。盜賊之主也。輕主重客。於法不詳。應之曰。是說也。亦然於希臘羅馬。而不然於吾法者也。何則。前二國律止罰鍰。其問題之最要。在所行之損害。損害而賠償。容受者之能力。常過於盜賊。今法國既以上刑待盜賊矣。則所以科容受者。宜從其他道。不應猶科之以同等之上刑也。

第十三節　論律不可與所祈嚮者分言。以羅馬盜賊之條為喻

盜賊於行竊時被獲者。羅馬謂之現賊。於事後發覺者。謂之非現賊。十二章律。載現賊應笞。笞而罰作。其未及丁者。但笞不罰作。其非現賊。鞠服後。倍其所竊之值以為罰。已而波爾司亞改良刑律。不用笞杖。亦無罰作之刑。則於現賊罰四倍。其非現賊仍罰倍也。

聞者將訝羅馬律於二種賊。何為致異若此。夫賊一耳。豈得以現獲非現獲。加區別焉。而為異罰如此。則不知羅馬治盜諸律。其法意沿於希臘之賴思第猛者也。來格穀士之立法也。既使其民有敢戰之勇矣。顧徒勇猶不足以上人也。則以法又使其民奸。曰凡小子。宜習為盜。盜不足治也。惟盜而被獲。斯宜重笞。此意行。而希臘羅馬治盜之律。遂相沿而有現獲非現獲之異矣。

羅馬律。凡奴而盜者。則推墜之於達爾比亞之巖。此非用賴思第猛法意者也。蓋來氏之法。本不為奴設。故其離之也。實與之合。

羅馬童子為盜。而當竊現獲者。縶送令尹。尹得以意笞之。無定數。如斯巴達人之所為。雖然此法之源。尚有遠者。賴思第猛本之革雷得者也。故柏拉圖欲證革雷得律文。乃為教戰設。嘗引其律語曰。求肉薄能耐楚痛之能力。與為盜而無令人知者。

雖然。民法之立。有待於國憲而後成。故欲倣用他國之民法者。必先取二國之典章官制。而較其同異。

即如賴思第猛之倣用革雷得律。其倣用者不僅法律已也。國憲政體。靡所不同。故其法意。不相牴牾。而皆中理。獨至羅馬之效顰希臘。而國憲政制大殊。由是往往而成可怪。而其法之行。與其他法典。終不相得也。

復案。此節又孟氏喫緊為人語。其指點最為明切。竊願言變法者三致意也。不佞非曰吾法不當變。特變之而無其學識。姑耳食而盲隨焉。其後害且烈於不變。沮吾國之進步者。必此耳食而盲隨者矣。

第十四節　論法又不可不合立法時之事變而觀之

雅典國法。載凡城邑被圍而亟。城中一切無用老弱皆殺之。此極惡窮兇之法也。顧其由然。則先有其時之國際法。極惡窮兇。而後致之。希臘之相攻也。城邑下者。其民皆喪失自繇而為奴虜。故城破者。一切同盡之日也。以此其為守常至堅。破則相屠戮無人理。而驚人之法典。亦從以興。

羅馬刑法。醫之誤人者有刑。臨證稽遲。與投藥而誤。使其人有身家地望。則徒流之。賤微者厥罪死。而吾法之法不然。求二者之相異。則宜知立法時兩國事勢之有殊。蓋羅馬舊俗。往往以無所知者。自鳴為醫。以求一朝之衣食。至於吾法。則醫固有學。歲時程試。命之以階。如是吾醫若通其業。異羅馬者。是以無其法也。

復案。吾中國之於醫。既不設之學矣。而又無刑以從其後。此庸醫殺人之事。所以屢見也。嗟乎。日本之法西人也。一兵而二醫。吾國人人至今。尚各執其陰陽五行之說。以攘臂於醫界間。吾知其民智之無可言爾。

第十五節　法危則於法中應寓救正之意

羅馬十二章律。載民遇白晝行竊。及夜間行竊之盜。起而追執。盜與抗拒者。格殺勿論。惟當格殺時。事主應呼其鄰右或路人。方為應法。夫民獲竊盜。法應絷送有司。所可格殺者。以其抗拒。雖然此危法也。所恃以救正者。在呼鄰右路人而已。凡律許民自執法柄者。皆宜有救正之事。蓋惟正當格殺之頃。而呼旁觀。見其人之所為。乃不得已。而可告無罪。其呼者。呼見證也。呼法官也。而旁觀之人。亦必此時。親覩事實。乃無可疑。凡其時之舉動音聲、氣色語默。皆有以決其人之曲直。故法立。而使國民喪失其自繇。或至於大不安者。其施行必與眾共之。而後可也。

第十六節　造律時所宜留神之事

人既具才識。足以為法家。而因緣事會。將為其國或他國造作律令者。宜謹於其事之不可以苟。而曉然於其義法之云何。其所繫於國與民者。誠至重也。

其詞文必簡要。如羅馬十二章律。簡要之範楷也。雖小兒能誦之。至札思狄黏之新典。則繁重矣。故後來須有刪節之事。乃可行也。

其文字必明顯而易知。義取質直忌紆回。後羅馬以帝王之詔令。為文士之詞章。其無當威嚴遠矣。故使法典而浮夸。民即以誇飾之言視之。其於行法大病。

其用字造語也。必使人人見之。但生一意。無餘義。往者紅衣李恊旒之相法也。嘗曰。宰相固可以彈劾。顧彈矣。而所言無關大體者。劾者宜有刑。如李言。無異云宰相不可劾也。蓋所謂關大體者。非絕對之詞。劾者以謂關大體。而宰相以謂無關。徒起爭而已。夫孰從而辨之。

紇那留律。有敢買復人為奴。而加復奴虐苦者。罪至死。所謂加虐苦者。其義亦至渾。不足為法典。蓋虐苦與非虐苦。不僅在施者之重輕。亦視乎受者之堅脃也。

科罪至罰。將垂久遠者。勿以錢幣量重輕。蓋錢幣真值。年時千變。久乃愈不可知。古之所名。今且不知為何物者。有之矣。昔羅馬有黠者。忽於市場。與人人以批頰。後則各與以二十五佩士金。以十二章律所載如是。以吾人所共聞也。以金科罰。其弊如此。

凡詔令律文。既為斬截明了。不可含混之詞矣。絕不宜更為渾括之詞。以求無漏。如路易第十四。著刑法之令。首先歷舉一一。凡有害王國治安者矣。而終之曰。此外凡隨時國王法官所定奪者。夫著此語。則全體皆渾。而所謂刑法者。將一惟王朝法官所定奪。前所歷舉。皆贅旒耳。

察理第七。謂兩造既經廷斷之後。時踰三四月。甚至半年。尚行翻控。此與舊例不合。故由彼定法。嗣後非因司理有受私骫法之事。或有顯然重大理由者。不准翻控。此令以有最後一語。竟同虛設。遂有案歷三十年。猶行翻控者。

狼巴邸教律。凡婦人披緇。雖未經發願。不得更嫁。其法曰。今如女子許嫁於人。所受者不過弸環。更嫁他人。且為不義。何況所許嫁者。乃係神明。若上帝馬利亞者耶。此語著之法令。真成憒憒。蓋以婦人披緇。為許嫁天神。此是喻詞。原非實事。法律以相比者。必兩皆事實。不得以虛喻實。亦不得取實喻虛。

君士丹丁法典。絕重教宗左證。訟者得畢協一證。於餘證均無所須。此君於訟獄。可謂直捷取徑矣。其於事實之情偽也。以人。以人矣。又以貴賤尊卑定用否。可謂直捷取徑矣。

法律之言。又忌玄奧。蓋法以及眾。必常智之所與知。非待名理推究。而後知其意之所存也。其相諭也。宜若家人父子然。意內言外。當下分明。斯為法語。

既立大法。而另標除外者。乃至不得已事。故非至不得已者。應無須及。以免別生枝節思議。致入歧趨。

法既頒用。非有重要理由者。慎勿紛更。札思狄黏婚嫁法典。始云女子經人定聘。而男家於二年內不能完娶者。許女子悔婚。無所損失。嗣既頒用。復改二年為三年。不知此等情事。二年無異三年。展為三年。於被法兩家。無所出入也。

法典不為解說。解說則損威。如不得已而為解說者。亦當詞事相稱。無失嚴重之意而後可。嘗見羅馬法典有云。瞽目人不能對簿。以其無目。不覩法官儀飾之盛。此其理由。直堪發笑。竊意當日為此。應別有作用在。不然法典中。不應有此穉騃語也。

法典不得用術數家語。法家保羅。於其例案中言。小兒至七閱月。機關長成完足。依畢達哥拉比例率。所定數理可證。等語。此等事。乃依畢達哥拉術數之言為裁決。大可怪也。

吾法古法家律論。謂國家拓闢疆土。則所有教寺神堂。應為王有。以王者首戴員冠之故。今置王者法權廣狹不論。亦不云民法教法。與所謂王國公法。有無異同。所欲論者。既欲辨護此等法權。引義宜如何嚴重。獨奈何據一徽章形式而言之乎。

察理第九年及十四。計數未足。遂於盧恩法院。宣布年時。加冕稱制。撤居攝監國之權。達維拉解其義曰。常法孤兒。依遺囑設立保父。產業等由保父經理。其孤兒年格。必計數滿足。而後復之。獨至榮名爵號之事不然。故一及其年。即可作為滿足。等語。夫法之王位相傳。用前習慣已久。亦無大弊。固無取不佞置議。致不足之意於其間。但達維拉於王者親政臨民。僅目為收回榮名爵號之事。於義則甚非而大謬也。

聽斷固無以為。然亦有時用之。而有在例在案之別。在例者。固遠勝於在案也。何以言之。如吾法律文。凡商人倒閉。其先十日所行之事。皆可作為騙詐。此以為之在例者也。至羅馬律文。凡夫於妻。證實姦情。而尚收留不去者。有罰。惟若恐懼涉訟。或憎畏醜聲者。不論。此以為之在案者也。蓋以為在案。法司必於兩造。懸揣虛擬。而逆億其所不可知。此至難明無定者也。若其在例。則法司視之。以為固然而已。

法之善者。行於事實之間。而不存於心術。即如柏拉圖所定懲罰自戕之律。謂將加諸非以求免恥辱。而由計短者。此坐廢之律也。蓋行法之時。法官必無術焉。使法所加者。自承為短計。謂為短計。亦惟臆斷已耳。

無用之條多。常為要典之累。可舞之文眾。必沮正法之行。是故法惟無立。立則必有效果之可期。刑不輕加。加則必無避就之可冀。

華勒什闍律。載為人後者。至少可得其父遺產四分之一矣。而於他處。又許作遺囑人。不與為其後者以此數。此真以法典為兒戲者矣。蓋使作遺囑人。愛其子而為之地。前設之條。本無用也。又使為人後者。從其父以求薄產。後設之條。又為梗也。故是兩條。皆同虛設。

所最宜留意者。不可以一時憤好之私。而為背理違常之條令也。斐立第二仇惡阿蘭支親王。為討檄云。有取其頭。或殺之者。賞二萬五千王冠封爵。不幸身死。其長子受之。末署法蘭西國主。奉天行政云云。乃不知此等詔令。自榮節言。自道德言。自宗教言。均無一可者也。

復案。以金購人殺人。自戰國而始有。直至今日。視為當然。此真吾國之大恥。方其為此。反之於心。而無所不安者何。曰彼固吾仇。而吾所欲殺者也。不知人之所以可殺者。法殺之耳。法有時且不可殺。公理殺之耳。夫人與我為仇。以我視人。人固可殺。而以人親我。我亦可殺。是人與我交可殺。而孰果可殺。則未定也。抽身而決鬬。傾國而交綏。固明言相殺。而孰殺孰不殺。猶聽命於天焉。故其殺也。庶幾以無罪。

乃至暗殺行刺。雖有所奉辭。而皆為不義。況以國事之異同。敵愾之各主。乃行財焉。教人行至不義之事。宜哉其為文明國所共疾也。昔者甲申之役。額羅金見吾國購殺白夷之告示。而焚圓明園。近者梁啟超以購殺亡人之旨。而昌言暗殺。嗚呼。自公羊作俑。以春秋為復仇之書。而吾國道德人心之蔀。經二千數百年而未去。犯五洲之不韙。而合群乃不可期。吾安得起禹墨伊周之魂。而相與痛哭乎。

勿輕為禁。夫上之有所禁也。方其為禁。皆曰為道德風俗宗教計。是不可以不禁。雖然。此自禁者觀念然耳。往往事過境遷。則所禁之至無謂以見。且欲禁者。又何患無辭乎。

法者所以罰不義平不平者也。欲罰不義。欲平不平。則法必自處以義。自守於平而後可。故法典有二義焉。曰明曰允。嘗見威西峨特法典。其中有極可笑者。則所以待猶大人者是也。曰凡與猶大人食。必加彘肉。監者勿食之。此極虐律也。猶大人既被納諸異己之法律矣。而又不得名一錢。治一產。所得有者。不過自別其為猶大人之徽識耳。

復案。孟氏此節言。真立法家所宜常目存者。今者事事方為更始。而法典居其最要。孔子曰。刑罰不中。則民無所措手足。吾安得議法諸君子。悉取而熟讀之耶。且不佞於此憶一事焉。請為讀者著之可乎。今夫軍旅之法。有最重者焉。曰毋違令。上有所令。其是非然否。利鈍短長。皆非其下所得以擬議者也。赴湯蹈火。篤奉信行。無稍出入而已。不如是者。雖有至練之兵。極勇之將。不可用也。故司令之權至重。而其責亦至殷。往者甲午海軍。由大東溝而旅順。由旅順而威海。威海恃口岸礮臺為聲援。已而敵人自落風港潛趨。拊威海之背。口岸之礮臺全失。海軍屯威海者。遂成釜中之魚。提督丁汝昌竭四十餘晝夜之力。而內地之援不至。乃自殺。而以軍與日人。方其為此。非各艦將弁所得與聞也。就令與聞。法不得抗。故副將楊用霖死之。而議不可反。且是時雖欲強戰。而艦勇死傷僅餘。亦不用命也。和議成。津海關道李興銳以文吏議前案。大恨海軍之所為。曰。元帥命令。固不可以不遵。雖然有治命。有亂命。丁汝昌垂死之令。乃亂命也。諸艦將弁奈何遵之。貸死幸耳。乃各議降革有差。後者日俄事起。吾國中立。水提薩鎮冰駐芝罘。以俄船入港。日艦越境追捕。相持不下。勢欲宣戰。令下。某艦長曰。戰固然。以提督令故。但今日事不旋踵。而釁端法重。設他日文吏。又如李興銳故智。以服從亂命相繩檢者。我曹將奈何。薩水提語塞。幸是日亦無戰事。不然。軍中乃自亂也。復曰。平生嘗歎吾國人。上下行事。不離兩途。一曰短命。一曰絕嗣。短命者。利一日之私。不為己後日地也。絕嗣者。苟一時之安。不為後人計也。方李之議威海案也。亦迎合京外痛惡李文忠之意向耳。而孰知從此。中國軍中將令有不復行之憂。嗚呼。法之不可自相矛盾如此。

第十七節　立法之不善者

羅馬皇帝之令於天下也。有諭有旨。與吾法之王者同。顧有殊者。則許吏民上書。而有批答。是則吾法之所無者。即如教皇樸伯所著行之條諭。其實皆批答耳。諭旨批答。皆法典物。雖然。此立法之不善者也。何以言之。批答之文。每為一事一人而有。且上書者。意常有所偏重。而批答之語。往往為其所牽。故甲比多林奴言。皇帝托拉旃常不肯批答。恐一事之定奪。一事之特恩。遂至援為例故。又皇帝馬骨林奴欲全除歷朝批答之文。不著為令。彼謂如戈謨圖、嘉拉可拉及他朝愚闇批旨。作為法典。幾不可耐。獨札思狄黏用意與馬骨林奴頗殊。故令取而纂輯之也。

不佞言此。蓋欲學者治羅馬法。加分別於其間。若前指者。似不可與沁涅特民會所議。及累朝皇帝特定憲法。同類而齊觀。後之法意。常本於物理人情。如女子之柔脆。孩穉之幼弱。皆所加詳。而於民間公益之端。尤留意也。

第十八節　純一之觀念

羅馬法典所行。最為普及。故有純一整齊之觀。或為豪傑所驚歎。（如夏律芒皇帝。）而庸人常智。則以為不可畔之法規。其以為完備者。以其所共見也。律度量衡同矣。而刑罰典章。周行國中。無殊異者。而宗教又統於一尊。此其為後人所仰者也。雖然。法如是行矣。將皆利便而無可議歟。更張之害重歟。而昏墊之禍輕輕歟。將不復分別孰者之宜整齊。孰者之宜致異歟。今夫支那之為法也。漢人用漢人之禮俗。而滿人用其滿者。其為不同如是。而其國方太平。故民亦守法已耳。不必計所奉者之異同也。

復案。此殆孟氏有為而發之言。讀者宜分別觀之。勿為所誤。夫羅馬有所征服。則其法載與俱行。雖其始若難行。顧其終則有統同之治。歷世千年。而後解紐。未始非此效也。至若清朝。因循為治。得國不變其政。臨民不移其俗。若朝鮮。若琉球。若衞藏。若緬甸安南。正朔朝貢而外。皆安其故。此所謂至逸者也。而至於今。效可覩矣。且今之滿漢問題。所為至難解決。而國本因之岌岌者。果烏由生乎。夫始為無擾善也。顧聖者處之。則必摩之以漸。設其機焉。使有不數世而趨於同之一日。不此之為計。致終成異。而為子孫憂者。則非也。逮情見勢屈而後圖之。固已晚矣。悲夫。

第十九節　論立法之家

以人立法。豈易言哉。雅理斯多德親柏拉圖弟子。而或與爭名矣。以亞歷山大之受業其門。則或存偏袒。柏拉圖則深憤雅典民主之專權。墨迦伏勒則崇拜法璉丁那。英人摩妥瑪不用其所思。而用其所誦。欲復希臘市府之制。以治列邦。哈林敦則謂英倫民主為最善之治規。而他法家又謂王制捐除。祗以得亂。其為之紛淆。莫衷一是如此。是故法常與立法者向背之偏為影響。善者知其然。臨以小心。有時可以自脫。而風尚微存。不善者不知其然。而自以為不然。則所立者。皆其私見之行也。嗚呼。以人立法。豈易言哉。

法意譯名表

一劃

一切法與物之關係　Of the Relation of Laws to Different Beings.

二劃

丁納流　Denarii.

丁納流　Denarius.

人為之法典　Of Positive Laws，今譯成法。

刁匿思　Tunis.（突尼斯）

十二章律　Laws of Twelve Tables.

十法司　Decemir.

卜查德　Bochard.

三劃

下奄　Ascendants.

上承　Descendants.

士拉甫　Slav.（斯拉夫）
士郎尼亞　Cilonian.
大冊　Magna Charta.
大彼得　Peter I，俄王，生於 1672 年，卒於 1725 年。
大東日記　Lettres edifiantes.
大星奴海　Sinus Magnus.
大食　Arabia，今譯阿剌伯。
大都護　Consul.
大祿　Deyro.
子爵於利安　Count Julian.
尸爾万那山外　Transylvanians.
尸盧河　Cyrus.
弋子地倭法支　Ichthyophagi.
弋圖美亞　Idumeans.

四劃

丹璧耳　Dampier.
公治　Republican.
公治篇　Republic.
公爵孔都華　Duke Gondovald.

公爵吉思　Duke of Guies.

少王路易　Lewis the Young.

尤利安　Julian.

尤利安律　The Julian Law.

巴支　Brazil，今普通多譯巴西。

巴比流　Papirius.

巴比倫　Babylon.

巴比倫孟特海門　Babelmandel.

巴庇安律　Papian Laws.

巴拉奎　Paraguay.

巴拓洛苗之變　The Massacre of St. Bartholomew.

巴法利亞　Bavarians.

巴社　Parthians.

巴格圖里亞　Bactria.

巴勒斯丁　Palestine.

巴脫力軒　Partician.

巴脫骨洛　Patroclus.

巴答拉　Patala.

巴達利拿島　Patalena.

巴爾比　Balbi.

巴羅伯米蘇山　Paropamisus.

巴霸里　Barbary.
心靈世界　Intelligent world.
戈訥烈　Cornelius.
戈達　Cotta.
戈僚拉奴　Coriolanus.
戈爾貝神父　Abbot of Corbey.
戈爾基　Clochis.
戈謨圖　Commodus，羅馬王，生於161年，卒於192年。
戈謨圖然　Commodus.
扎思直粘　Justinian，東羅馬王，生於483年，卒於565年。
支利亞　Chaerea.
文迭格思　Vindex.
方匿安　Fannian.
比尼斯特　Penestes.
比狄斯河　Boetis.
王冠　Crown.

五劃

令尹　Magistrate，希臘議院之理官。
出事實法　Ex bona fide.

加狄支　Cadiz.

加里屈特　Calicut.

加達支　Carthage.

加達林　Cathrine，俄女主。

加壽　Cassius.

加瑪羅帛　Lopez de Gama.

可路滿德　Coromandel.

古人以樂輔治之說　Explanation of a Paradox of the Ancients in respect to Manners.

古今教育之異效　Difference between the Effects of Ancient and Modern Education.

古禿蘭　Gontram.

古匿都　Gnidus.

古理阿　Curius.

古喜恩　Crillon.

司李　Judge.

司拉那　Silanus.

司域爾律　Civil Law.

奴韋禮　Novellae.

奴密地亞　Numidia.

尼格爾　Niger.

尼祿　Nile.

巨靈峽　Gibralter.

左芝穆　Zozymus.

左納拉　Zonaras.

布白遼　Publius.

布列葛坻　Pregadi.

布列顛尼　Brittany.

布列顛尼伯　Count of Brittany.

布里它爾　Praetor.

布來尼　Pliny.

布來德　Château de la Brède.

布拉錫達　Placita.

布芬陀甫　Puffendorf.

布哈爾　Buchar.

布匿　Punic.

布匿之戰　Punic War.

布理比什特　Plebiscita.

布理比限　Plebeians.

布理陀　Praetor.

布魯，即布魯達奇。

布魯托哇　Pultowa.

布魯達奇　Plutarch，希臘傳記家，生於 46 年(?)，卒於 120 年(?)。

布魯圖　Brutus.

平涅可德　Penal code.

朮利安子爵　Count Julian.

札思丹　Justin.

札思狄黏　Justinian.

札爾　Czar.

民主之制　Republican government.

民主治制之教育　Of Education in a Republican Government.

民政論　Treatise upon Civil Government.

氐阿　Dio.

氐阿尼　Dionysius Halicarnassus，希臘史家，生於 B. C. 68，卒於 B. C. 7。

氐阿尼修　Dionysius Halicarnassus.

氐阿多呂　Theodorus Lascarus.

氐阿多修　Theodosius.

氐阿多魯　Diodorus.

氐阿克利顛　Diocletians.

氐阿保羅德　King Theobald.

氐倭　Dio.

氐倭多拉　Theodora.

氐倭多修　Theodosius，羅馬王，生於 346 年(?)，卒於 395 年。

氐倭斐盧　Theophilus.

瓦拉支亞　Wallachians.

瓦倫　Walloon.

甲巴度舍　Cappadocians，小亞細亞東部之人。

甲比尼亞法　Gabinian Law.

甲比多林奴　Julius Capitolinus.

申蘇爾　Censors.

白孤　Pegu.

白班　Pepin.

白索斯　Perseus.

白爾克思　Berks.

白爾根底　Burgundy.

白爾根柢　Burgundians.

白爾訥德　Bernard.

白燕島　Canaries.

皮拉法蘭碩　Francis Peraid.

立國三制　Of the nature of the three different governments.

六劃

伊丁，原名不詳。

伊氏阿比亞　Ethiopia.

伊利亞民　Eleans.

伊狄勒思　Ædile.

伊里連　Illyrians.

伊拉賴　Œrarii.

伊思什尼　Æschines.

伊匪蘇　Ephesus.

伊耆　Æqui.

伊戛尼亞　Hyrcania.

伊無閣　Bishop of Evreux.

伊集加　Egigas.

伊爾狄　Irtis.

伊蒲拉瑩　Ibrahim.

伊魯夸　Iroquois，北美土人中之一部族。

伊壁鳩魯　Epicureans.

伊壁鳩魯　Epicurus，希臘哲學家，生於B. C. 341，卒於B. C. 270。

伊蘇　Issus.

伏烈大力第一　Fredrick the Great.

伏烈理　Cardinal de Fleury，法政治家，生於 1653 年，卒於 1743 年。

伏嬰蒙　Fame.

伏羅楞　Florence.

伏羅楞　Florin.

吉里圖　Clitus，亞歷山達部下之名將。

地阿　Dio.

地倭多壽　Theodosius.

圭什他　Quaestor.

圭英達　Quintus Cincinnatus.

圭英達　Sextus Quintus.

多美地安　Domitian.

多密甸　Domitian，羅馬王，生於 51 年，卒於 96 年。

多祿米　Ptolemy.

多爾特子爵　Viscount Dorte.

多羅古祿奇　D'Olgoruckys.

安　Anne，英女主，生於 1665 年，卒於 1714 年。

安狄巴屠　Antipater，馬基頓執政，生於 B. C.(?)，卒於 B. C. 319。

安狄可　Antiquo.

安狄生　Addison，英文學家，生於1672年，卒於1719年。

安狄沃海　Antiochus.

安那斯答壽　Anastasius.

安居摩什　Ancus Martius.

安孫　Lord Anson.

安息　Asia.

安息日　Sabbath.

安格魯愛輯　Isaac Angelus.

安域刁尼　Amphictyon.

安域壇　Amphyktyons.

安都魯波法支　Anthropophagi.

安敦　Antoninus.

安敦尼比沃思（安敦辟羽）　Antoninus Pius，羅馬王，生於 86 年，卒於 161 年。

安登（安敦）　Antony.

式栗甫　Sheriff.

式解倭　Lucius Scipio.

式辟倭　Scipio.

成吉思　Jenghiz Khan.

托拉旂　Trajan.

朱柳法典　Julian Law.

汗德　Kant，德國大哲學家，生於1724年，卒於1804年。

百夫長　Centurion.

米雅谷　Meaco.

羊尼丘崙　Janiculum.

考溫什爾　Council.

考溫特　Count.

考溫斯爾　Council.

耳塞理　Usury.

肋系　Fibres of the body.

色斯篤　Sextiu's Crime.

艾狄黎　Ædiles.

艾查德　Echard.

血污題請律　Bills of Attainder.

西拉那律　Sillanian Senatus-Consultum.

西阿各海岬　Cape of Siagre.

西臘格思　Scylax.

向豪　原名未詳。

七劃

佛里舍　Frisians.

佛羅連思　Florence.

佛蘭德　Flander.

伯施　Basil.

伯黎威爾　De Believre.

克皮圖林奴　Capitolinus.

克列芒部　Clermont.

克伽　Ganges，又作恆河。

克倫謨爾　Cromwell，英國共和政治首領，生於1599年，卒於1658年。

克慎士，原名未詳。

利諾鐸　Renaudot.

努密狄古　Metellus Numidicus.

君士丹丁　Constantine，羅馬王，生於272年，卒於337年。

君士丹丁訥波爾　Constantinople.

君主　Monarchical.

君主治制之教育　Of Education in Monarchies.

君主治制之精神　Of the Principle of Monarchy.

君主治制以何物承道德之乏　In what manner virtue is supplied a Monarchical Government.

君民相約之大典　Magna Charta，今譯大憲章。

吸班尼思　Hypanis.

希法勒黎　Chivalry.

希洛巴力　Chilperic.

希洛氏　Helots.

希洛氏　Helotes.

希洛德伯第二　Childebert II.

希美歌　Himilco.

希勒特力　Childeric.

希臘學制　Of some Institutions among the Greeks.

廷密掃爾　Temeswaer.

廷尉　Praetor.

廷尉　Tribune.

形氣世界　Physical world.

形氣自然之法　Of the Laws of Nature，今譯自然法。

形質精神之異　Difference between the Nature and Principle of Government.

投匭眾決之制　The right of suffrage.

攻兵　Offensive force.

李戈　Ricaut.

李協旒　Cardinal Richelieu，法政治家，生於 1585 年，卒於 1642 年。

李費　Livy，羅馬史家，生於 B. C. 59，卒於 A. D. 17。

李盤奴　Libanius.

杜以流　Duellius.

杜康芝　M. Ducange.

杜嘉　Constantine Ducas.

沙丁約翰　Sir John Chardin.

沙方　Servan.

沙占德　Serjeants.

沙利安　Salians.

沙那狄爾　Shah Nadir.

沙拉　Sarah.

沙拉密海道　Straits of Salamia.

沙拔維　Sabbaco.

沙孫　Saxon.

沙朗達　Charondas.

沙栗法典　Salic Law.

沙密諦　Chamides.

沙塔師比　Sataspes.

沙萬　Servan.

沙彌剌密　Semiramis.

沙蘭生　Saracens.

沁涅特　Senate.

沁蒙　Simon of Clermont.

沃古斯達　Augustus，羅馬王，生於B.C.63，卒於A.D.14。

沃西利　Ocelis.

沃狄璽　Odyssey.

沃圖　Otho，羅馬王，生於912年，卒於973年。

沃魯格流生　Aulus Gellius.

狄地魯　Diderot，法哲學家，生於1713年，卒於1784年。

狄克答陀　Dictator.

狄克達佗　Dictator.

狄拉　Dira.

狄阿芳特法　Diophantes.

狄旁乃路易　Lewis the Debonnaire.

芒狄佛伯　Count of Montfort.

芒祿約翰　John de Monluc.

谷德好步　Cape of Good Hope，今普通多譯好望角。

貝栗拂　Balliffs.

貝潤納　Bayonne.

貝禮　Bayle.

身毒，即印度。

辛頭　Indus.

那哇占卜拉　Nova Zembla，今譯新地島。

那哲種　Natches.

那爾塞　Narses.

那爾滂　Narbonne.

八劃

亞加紂　Arcadius，東羅馬王，生於376年，卒於408年。

亞司　Ase.

亞皮安　Appian.

亞米安　Amiens.

亞西利安律　The Asilian Law.

亞伯拉罕　Abraham.

亞拉力　Alaric.

亞波樂　Apollo.

亞青　Achim.

亞哈敘祿　Ahasuerus.

亞特密多　Artemidorus.

亞勒波　Aleppo.

亞勒贊闍第六　Pope Alexander VI.

亞理斯泰氏法　The Law of Aristides.

亞彪思　Appius.

亞斯禿弗　Astulphus.

亞爾白羅　Arbela.

亞爾吉甫　Argives.

亞褒　Abo.

亞噶闍　Agathias.

亞歷山地利　Alexandria.

亞歷山達　Alexander，馬基頓王，生於 B. C. 356，卒於 B. C. 323。

來因　Rhine.

來格穀士　Lycurgus，斯巴達立法家。

佰（仙初梨）　Century.

兩君主治制責下服從之異　Difference of Obedience in Moderate and Despotic Governments.

卑利牛山　Pyrenean Mountains.

卑路鮮　Pelusium.

卑魯波匿蘇　Peloponnesus.

咀盧斯得　Zoroaster.

咀羅斯特　Zoroaster.

呼亞斯加　Huascar.

和恭尼安法　The Voconian Law.

和斯基　Volsci.

和爾加　Volga.

和謨薩　Formosa，即臺灣，和謨薩乃葡語，有美麗之意。

奈爾思　Naires.

奈德　Knight.

孟加拉灣　Bay of Bengal.

孟訥紐　Menenius.

孟德斯鳩　Montesquieu，法國哲學家，兼法學家，本名斯恭達察理（Charles de Secondat），而孟德斯鳩則其封邑之一也，生於 1689 年，卒於 1755 年。

孤列葛利　Gregory of Tours.

孤利妙子　Cremutius Cordus.

孤拉地安　Gratian.

孤拉希　Gracchi.

孤拉威訥　Gravina，意大利著作家兼法學家，生於 1664 年，卒於 1718 年。

孤拉楚　Tiberius Gracchus.

孤理密律　Criminal Law.

孤路威　Clovis.

孤蘭匿姑　Granicus.

宜祿　Nero，羅馬王，生於 37 年，卒於 68 年。

尚白音尼典例　Customs of Champagne.

尚辟安　Champion.

帕必安法典　Papian Law.

帕夏　Pasha，在本書他處又作霸夏。

紵瑪　Numa.

庚陀　Quintal.

庚特　Kent.

庚辟時　Cambyses.

拉支　Lazi.

拉文那大會　Ravenna.

拉伯同　Raptum.

拉芝　Rachis.

拉哈布　La Harpe.

拉恭尼　Laconia.

拉體諾　Latin.

拂特　Feud.

拂箖　Franks.

披黎　Perry.

披黎　Sieur Perry.

拓思迦尼　Tuscany.

抵莫迭加　Demotica.

昆得伯爾　Gundebald，白爾根秪王。

明尼夷　Minycios.

林肥　Lymph，今譯淋巴。

林魯支　Chorrem-ruz.

板克　Bank.

波司亞約　The Porcian Law.

波佗牙　Portugal，今譯葡萄牙。

波佛利　Porphyry.

波狄納思　Pertinax，羅馬王。

波里彪　Polybius，希臘史家，約生於 B. C. 205，卒於 B. C. 123。

波里彪　Polybuio.

波拓什　Potosi.

波斯文錄　Lettres Persanes.

波斯亞法　The Porcian Law.

波羅文思　Provence.

波羅可標　Procopius，希臘史家，生於 490 年(?)，卒於 562 年(?)。

波羅旁狄　Propontis.

波羅菩　Probus.

波蘭　Poland.

法老　Pharaoh.

法者一切人天之主宰也　Law is the king of mortal and immortal beings.

法律通論　Of Laws in General.

法皇　Pope.

法勒盧　Demetrius Phalereus.

法悉河　Phasis.

法意　Spirit of Laws.

法簡　Leges Tabulares.

法麗亞　Phaleas.

法蘭碩第二　Francis II，羅馬王，生於 1768 年，卒於 1835 年。

治制之精神　Of the Principles of the Three Kinds of Government.

治制論　Politics.

社（脫來白）　Tribe.

舍華浪卑　Servarambes.

芝泥洼　Geneva.

芝倫尼　Chaeronea.

芝諾　Zeno.

芝諾芬　Xenophon，雅典史家，生於 B. C. 400 年間。

芬蘭　Finns.

虎哥覺羅狹　Hugo Grotius，荷蘭法學家，為國際法之始

祖，著有 De jure belli et pacis，生於 1583 年，卒於 1645 年。

金星　Venus.

長王腓立白　Philip the Long.

阿巴沁人　Abassines.

阿支思落　Agesilaus.

阿占逢　Argentina，今譯阿根廷。

阿古寶　Agobard.

阿叵羅　Apollo.

阿布棱爾福　Absolve.

阿朵達肥　Auto-da-fé.

阿利巴　Arybao.

阿利安納　Ariana.

阿杜利安　Adrian.

阿狄克　Attic.

阿狄孤　Atticus.

阿侖　Aaron.

阿拉貢　Aragon.

阿拉湖　Lake Aral.

阿波羅多路　Apollodorus.

阿思答拉巴　Astrabat.

阿洛闍　Allodial Lands.

阿迦地亞　Agathias.

阿旅芒　Alemans.

阿格納狄　Agnati.

阿密蒙尼　Amymones.

阿都利弇　Adrian.

阿虛默　Achmet.

阿塞魯　Anius Asellus.

阿達和洛巴　Athualpa.

阿爾巴　Alba.

阿爾班尼亞　Albania.

阿爾遮　Algiers.

阿爾覺諾　Argonauts.

阿魯馬峯　Aromantia.

阿諦羅　Attila，匈奴王，生於 406 年(?)，卒於 453 年。

阿廬芒　Alemains.

阿蘭支親王　Prince of Orange.

阿蘭狄加　Atlantica.

非常法廷　Judicia extraordinaire.

九劃

保（庫黎伊） Curiæ.

保羅思 Paulus.

俄洛德思 Rhodes，在本書他處又譯羅支。

冠 Crown.

剌狄魯 Lathyrus.

勃提耶 Boutillier.

南掌交趾 Tonquin.

哈奴 Hanno.

哈林敦 Harrington.

契丹 Cathay.

威朵 Veto.

威西峨特 Visigoths.

威郎納 Verona.

威匿思 Venice.

威斯伯鮮 Vespasian，羅馬王，生於 9 年，卒於 79 年。

拜占廷 Byzantium.

拱脫 Gaunt.

柯林特 Corinth.

柯遼拉努　Coriolanus.

柯羅典　Claudian law.

柏拉圖　Plato，希臘哲學家，生於B.C.427，卒於B.C.347。

毗爾　Pccrs.

洛克　John Locke，英哲學家，生於1632年，卒於1704年。

洛底亞　Rhodians.

洛達寮　Lotharius.

洛輯思底　Logistæ.

科士美　Cosmi.

突厥　Turks.

突厥斯坦　Turkestan.

紇那流　Honorius.

紇那留　Honorius.

紇那留律　The Laws of Honorius.

約那得芝　Jornadez.

約瑟甫　Josephus.

耶和沙花　Jehoshaphat.

苦列威爾　Crévier.

苦洛都迷　Clodomir.

苦洛禮氏　Clotidis.

若耳治第一　George I，英王，生於1660年，卒於1727。

迦尼　Canes.

迦狄　Cadis.

迦狄賖　Cadhisja.

迦南　Canaanites.

迦南祿　Canaan.

迦爾維禪　Calvisian.

革雷特　Cretans.

革雷特　Crete.

韋陀　Veda.

韋陀　Vedan.

韋恩特　Veientes.

韋德烈　Vitellius，羅馬王，生於 15 年，卒於 69 年。

飛獵濱　Philippine Is.

茇克崔安那　Bactriana.

十劃

倭利安　Orleans.

倭爾谷斯科　Wolgusky.

剛埿　Cannæ.

哥亞　Goa.

哥瀾經　Koran.

哲爾思　Xerxes.

唆倫　Solon，雅典立法家，生於 B. C. 639(?)，卒於 B. C. 559。

唆羅門　Solomon.

夏律芒　Charlemagne，西羅馬王，生於 742 年，卒於 814 年。

峨特　Goths.

庫爾　Kur.

恭得婆祿　Gundebald.

旁狄非加特　Pontificate.

栗沁粘　Licinian.

栗拂　Livre.

栗斯奔　Lisbon.

栗敷　Livres.

栗韃亞　Lydians.

格拉　Gala.

格拉布流　Acilius Glabrio.

格遼思　Aulus Gellius.

泰比流　Tiberius，羅馬王，生於 B.C.42，卒於 A.D.37 年。

泰吉利　Tigris.

泰倫　Talent.

泰理亞　Tyrians.

泰爾　Tyre.

泰黎　Tyre.

海答斯比　Hydaspes.

海羅懷紨　Claude Adrien Helvétius，法哲學家，生於 1715 年，卒於 1771 年。

涅尼威　Ninevet.

涅白爾，原名未詳。

涅伏　Nerves，今譯神經。

涅思里　Count of Nesle.

涅菩狹弭查　Nebuchadnezzar.

涅爾　Denier.

烏力喜　Oritœ.

烏利扁　Ulpian.

烏狄洛加　Utl Rogas.

烏勒偏　Ulpian.

烏爾比安　Ulpian.

烏爾可明奴　Orchomenus.

烏廬　Euleus.

狼巴邸　Lombards.

班丹　Bantam.

班都　Luitprandus.

祕魯　Peru.

神甫竺薩穌　Father Ducerceau.

祝芝目　Zozimus.

索斐　Sophi.

翁那爾　Honour.

翁斯　Ounce.

航頞蘭的　Atlantic.

郝伯思　Thomas Hobbes，英哲學家，生於 1588 年，卒於 1679 年。

閃匿提　Samnites.

馬可福思　Marculfus.

馬西奄　Marsian.

馬利安他涅　Marie Antoinette，路易十六之后，生於 1755 年，卒於 1793 年。

馬利亞　Virgin Mary.

馬谷　Macoute.

馬咀利巴丹　Mazulipatan.

馬拉巴　Malabar.

馬哈默　Mahomet.

馬哲蘭　Magelang.

馬烈　Marius.

馬烈阿山　Malea Cape.

馬骨林奴　Macrinus.

馬基等，疑即馬基頓。

馬基頓　Macedonia.

馬基頓　Macedonians.

馬得察理　Charles Martel.

馬戛奧力烈　Marcus Aurelius，羅馬王，生於 121 年，卒於 180 年。

馬爾協爾　Martial，拉丁警句詩人，約生於 40 年，卒於 102 年。

馬錫尼薩　Massinissa.

馬賽　Marseilles.

骨理摩路　Grimoaldus.

高爾思教　Gaurs.

高盧　Gauls.

貤及　Collaterals.

咩曼埵　Vermandois.

差林魯支　Chorrem-ruz.

十一劃

勒必大　Benedictus Levita.

勒志安　Rhegium.

曼奴爾　Manuel Commenus.

曼答爾　Vandals.

曼僚　Manlius.

國民大會　Great Assembly.

基隆　Gelon.

密克安遮洛　Michæl Angelo，意大利畫家兼雕刻家，生於 1475 年，卒於 1564 年。

密禿理達　Mithridates.

密那思　Minos.

密都理大提　Mithridates.

密錫西比　Mississippi.

專制　Despotic.

專制君主之教育　Of Education in a Despotic Government.

專制君主之精神　Of the Principle of Despotic Government.

康奴辣　Conard.

康納達　Canada，今譯坎拿大。

康密沙　Comitia.

康諦王子　Prince of Condé.

康闐晤　Condemn.

康蘇爾　Consul.

庶建　Democracy，本書中又作民主。

庶建民主之精神　Of the Principle of Democracy.

張伯倫　Joseph Chamberlain.

戛理剌蘇　Garcilaso.

教育之制　Of the Laws of Education.

敘利亞　Syria.

梅都沙　Medusa.

條頓　Teutonic.

犁鞬　Lycia.

理普　Ripuarians.

理普利安拂箖　Ripuarian Franks.

理標得顯　Reputation.

理賽循都　Recessuinthus.

畢協　Bishop.

畢協白爾涅　Bishop Burnet.

畢昂思　Bignons.

畢篤孤　Peduccus.

眾建之國家者聯一國之民志為之　The uni ed strength of individuals well constitutes what we call the body politic.

脫力比文　Tribunes.

脫里巴利　Triballian's.

脫來伯　Tribe.

脫勒比亞　Trebia.

脫勒沙羅　Treasurer.

脫蘭斯哇　Transvaal.

莫洛絲　Molossi.

莫斯科洼人　Muscovites.

荷拉伯同　Raptum.

荷拉思　Horace.

荷拉迭　Horatius.

荷拉斐勒　Raphæl，意大利畫家，生於 1483 年，卒於 1520 年。

荷思氏遼　Tullius Hostilius.

荷洛牴　Rhodes.

袞的博爾　Gundebald.

訥查留　Nazarius.

許高奴　Huguenots.

都巴麗　du Barry.

都拉馬　Drachmas.

都連　Drachms.

都護　Consulate.

陰卡人　Ynca.

雪德尼　Sidney.

麥蘭達　Melinda.

殑伽　Ganges，又作恆河。

羝畀　Thebans.

十二劃

凱布剌思　Cyprus.

凱克祿　Cicero，羅馬政治家兼演說家，生於 B. C. 106 年，卒於 B. C. 43 年。

凱祿　Cyrus.

凱撒　Caesar.

凱魯思　Cyrus.

凱聶特　Cynete.

創造者　Creator.

博爾都郡　Bordeaux.

喀丸烏蘭　Kavamhuran.

喀立九拉　Caligula，羅馬王，生於 12 年，卒於 41 年。

喀思狄　Castile.

喀迪思　Cadis.

喀細　Julius Cassianus.

喀斯狄人　Castilians.

喀達林納　Catherine，俄女主，生於1729年，卒於1796年。

嵇奴亞　Genoa.

幾奄郡　Guienne，法國省名。

彭逢牛　Pomponius.

彭碧多　Pompadour.

彭維廉　Mr. Penn.

惡蘇河　Oxus.

斐洛皮芒　Philopoemen.

斐洛克黎　Phylocles.

斐倫寧　Father Perennin.

斐真尼亞　Virginia.

斐素威　Vesuvius.

斐勒闍　Freda.

斐圖黎　Phædra.

斐羅拉　Philolaus.

斯巴尼亞　Spain，今譯西班牙。

斯巴達　Sparta.

斯多噶　Stoic.

斯託拉布，即斯托拉保。

斯托拉保　Strabo，希臘地理學家，生於 B. C. 63(?)，卒於 A. D. 21。

斯托荷隆　Stockholm.

斯奇和拉　Scaevola.

斯庚狄那　Scandinavia，今譯斯坎的那維亞。

斯昔地亞　Scythians.

斯達英　Baron de Henri Stein，普魯士政治家，生於 1756 年，卒於 1831 年。

斯賓塞　Herbert Spencer，英哲學家，生於 1820 年，卒於 1903 年。

普拉順　Prassum.

普羅特斯答他　Protestator.

朝人之風　Courtly air.

森丁那利　Centenarii.

猶父耐爾　Juvenal，羅馬諷刺詩人，約生於 60 年，卒於 140 年。

猶利安，應作尤利安。

番希米亞　Bohemia，今譯波希米亞。

答倫　Talent.

腓尼加　Phoenicians.

腓尼西亞　Phoenicia.

腓立白　Philip II，馬基頓王，生於B. C. 359，卒於B. C. 336。

腓立白第二　Philip the Second.

華姹　Fadia.

華比業　Verbiest.

華倫狄黏　Valentinian.

華旅　Varus.

華勒什闇律　The Falcidian Law.

華勒公爵　Duke de la Valette.

華勒利亞　Valerian.

華勒利亞法　The Valerian Law.

華勒脩　Valesiuses.

華連狄黏　Valentinian，羅馬王，生於321年，卒於375年。

華連狄黏　Valentinian.

華連思　Valens.

華連思　Volens，東羅馬王，生於328年，卒於378年。

費拉府　Philadelphia，今譯費府。

費斯區　Fiscus.

費德循都　Chaindasuinthus.

賀密斯達　Hormisdas.

鄂丕亞　Oppian.

鄂朵第一　Otto I.

鄂朵第二　Otto II.

鄂里加支　Oligarchy.

鄂里思　Orleans.

鄂林漠典冊　Olim registers.

鄂思多羅　Ostrogoths.

鄂斯福　Oxford.

鄂琳比亞　Olympian.

鄂圖曼國史　Ottoman Empire.

鄂顯那　Oceana.

雅士德　Aster，按腓立白。

雅札狄斯　Jaxaters.

雅各第二　James II.

雅狄曼持　Adymantes.

雅里斯多特穆　Aristodemus.

雅典　Athens.

雅郎　Aaron.

雅理託布盧　Aristobulus.

雅理斯多德　Aristotle，希臘哲學家，生於B. C. 384，卒於 B. C. 322。

雅理斯狄菩　Aristippus.

雅理擊加　Areopagus.

雅開田　Arcadians.

雅達則齊　Artaxerxes.

雅爾西比亞　Alcibiades，雅典政治家，生於 B. C. 450，卒於 B. C. 404 年。

黑海　Euxine Sea.

貴人分士之令　Division of the Nobles.

琱林占法典　Thuringian code.

颼颮　Monsoons，今普通多譯季風。

十三劃

塞比盧　Alexander Severus.

塞揑加　Seneca，羅馬哲學家，約生於 B. C. 4，卒於 A. D. 65 年。

塞斯特　Sesterces.

塞維廉　Servilian.

塞維圖烈　Servius Tullius，羅馬古史中之第六君主。

塞維盧　Alexander Severus.

塞盧谷　Seleucus Nicator.

塞盧思海　Seleucidian Sea.

塞蘇斯狄　Sesostris.

塔得蘇　Tartessus.

奧尼思吉圖　Onesecritus.

奧連芝畢　Aurengzebe.

奧斯託洛　Ostrogoths.

奧斯脫舍　Austrasia.

意比魯　Epirus.

意加盧水　Icarus.

愛阿尼　Ionia.

新那爾　Sennar.

滂兆　Pontius.

滂狄埃　Ponthieu.

滂圖海（滂圖）　Pontus.

滂壁　Pompey.

瑞恩　Suiones.

當權之君　Monarch de facto.

義洛特　Eloth.

義將芝勃　Eziongeber.

聖丁尼　St. Denis.

聖佐治板克　The Bank of St. George.

聖沃古斯丁　St. Augustine.

聖昆丹　St. Quintin.

聖路易　St. Lewis.

聖德林島　St. Helena.

聖摩陀　St. Martha.

葉殊奕　Jesuits.

葛倫得利　Gallantry.

葛格納狄　Cognati.

葛羅穆克　Calmucks.

蜂國志　Fables of Bees.

路易先那　Louisiana.

路易十三　Louis XIII.

路易第十四　Louis XIV，法王，生於1638年，卒於1715年。

辟西波里　Persepolis.

辟里鮮　Periecians.

辟拉氏　Pylades.

辟查路　Pizarro.

辟達利亞　Pedalians.

道德非君主之精神　That Virtue is not the Principle of a

Monarchical Government.

達牛（達牛河） Danube.

達泠白 D’Alembert.

達奈 Tanais.

達林桑公 Duc d'Alencon.

達柳思 Darius.

達韋尼 Tavernier.

達格瑪，俄王尼古拉第二（Nicolas II）之后。

達僚 Darius.

達爾昆 Tarquinian.

達維拉 Davila.

達德蘇 Tartessus.

達賴 d'Allais.

鳩糜 Cumae.

鼎博圖 Timbuctoo.

晢王斐立 Philip the Fair.

裏海 Caspian Sea.

十四劃

嘉拉可拉 Caracalla，羅馬王，生於188年，卒於217年。

嘉芝妥瑪　Thomas Gage.

嘉路斯　Quintus Fadius Gallus.

嘉圖　Cato.

嘉爾曼耶　Carmania.

嘉摩因　Camaens.

嘉錫棟　Chalcedon.

嘉蘭地亞　Guarantia.

圖拉思明　Thrasimenus.

圖魯蘇　Drusus.

圖騰　Totem.

察理第一　Charles I.

察理第二　Charles II，英王，生於 1630 年，卒於 1685 年。

察理第五　Charles V.

察理第七　Charles VII，法王，生於 1403 年，卒於 1461 年。

察理第九　Charles IX，法王，生於 1550 年，卒於 1574 年。

察理第十二　Charles XII，瑞典王，生於 1682 年，卒於 1718 年。

撒遜刦後英雄記　Ivanhoe.

榮寵非專制之精神　The Honour is not the Principle of Despotic Government.

歌侖保　Colombo.

歌崙博　Christopher Columbus，新大陸之發現者，意大利人，生於 1446 年，卒於 1506 年。

瑪太　Matthew.

碧斯特　Pistes.

福思狄黏　Faustinian.

福祿特爾　Voltaire，法哲學家，生於1694年，卒於1778年。

維持者　Preserver.

維齊　Vizir.

維禮士　Verres.

蒙兀　Mogul.

蒙彭西爾公夫人　Duchess of Montpensier.

蒲丁　Bodin.

蒲曼諾　Beaumanoir.

赫黎渦加巴祿　Heliogabolus，羅馬王。

赫離斯滂　Hellespont.

十五劃

德沙利　Thessalians.

德沙爾西　Desalces.

德來登　Dryden，英國詩人，生於1631年，卒於1700年。

德芳佃　Défontaines.

德倭化斯拓　Theophrastus，希臘哲學家，生於B. C. (?)，卒於B. C. 287(?)。

德植　Ctesiphon.

德滂尼路易　Lewis the Debonnaire.

德祿島　Delos.

德爾毗　Delphi.

德摩沁尼　Demosthenes，雅典演說家，生於B. C. 384，卒於B. C. 322。

德調賓　De Dupin.

摩支阿那　Margiana.

摩西呷　Marsyas.

摩洛戈　Morocco.

摩栗思　Maurice.

摩勒地維亞　Maldivian.

摩戛斯法樂　Marcus Varro.

摩河加　Majorca.

摩爾底斯　Martyrs，即殉道者之意。

摩增弼　Mozambique.

樸伯祿　Publius Rutilius.

撲伯約翰　Pope John XII.

膚非努　Rufinus.

論治制之形質　Of laws directly derived from the nature of government.

賢政　Aristocracy.

賢政民主之精神　Of the Principle of Aristocracy.

魯古力奚　Lucretia.

魯克闍　Leuctra.

魯甫斯　P. Sextilius Rufus.

魯波葛利　Lupercalia.

魯意思安那　Louisiana.

魯嘉　Carvilius Ruga.

黎方尼亞　Livonia.

黎布利拂箖　Ripuarian Franks.

黎布利法典　Ripuarian Laws.

黎沁尼律　Licinian Law.

墨底思　Medes.

墨迦伏勒　Machiavelli，佛羅稜薩政治家，生於 1469 年，卒於 1527 年。

墨臺　Medes.

頞倫　Heroum.

十六劃

噶什特利遲　Cassiterides.

噶理孤　Calicut.

噶魯　Ælius Gallus.

撻實圖　Tacitus，羅馬史家，生於55年(?)，卒於117年(?)。

樸比亞　Papia Poppœa.

樸伯約翰　Pope John XII.

燕京　Pekin.

盧特勃　Rudbeck.

盧梭　Jean Jacques Rousseau，法哲學家，生於1712年，卒於1778年。

積塔　Pyramids，今譯金字塔。

穆拉　Mollahs.

穆拉多黎　Muratori.

穆芝黎　Muziris.

穆勒約翰　John Stuart Mill，英人，哲學家，亦經濟舉家，生於1806年，卒於1873年。

穆勒約翰　John Stuart Mill，註見前。

穆護　Mohammad，生於570年，卒於632年。

穆護默德　Mahomet.

穌　Sou.

諾曼德典例　Customs of Normandy.

賴山德　Lysander，斯巴達之政治家，亦軍事家，卒於B. C. 395。

賴思第猛　Lacedæmonians.

選　Choice.

錫伯利亞　Siberia，今譯西伯利亞。

錫拉　Sylla，羅馬狄克達佗，生於B. C. 136，卒於B. C.78。

錫拉鳩茲　Syracuse.

錫芝斯芒　Sigismond.

錫哲　Siger.

默支　Metz.

默芝明奴　Maximinus.

十七劃

優力克　Euric，西峨特王。

優多穌　Eudoxus.

優佛勒狄　Euphrates.

嬰比力古　Sestus Empiricus.

嬰圭什佗　Inquisitor.

嬰圭什佗　Inquisitors.

嬰脫列斯特　Interest.

彌勒敦　Milton，英詩人，生於1608年，卒於1674年。

彌理威　Miriveis.

彌盧　Miles.

應法之君　Monarch de jure.

戴省蘭　Monsieur de Mairan.

檢校　Quaestor of parricide.

爵主高寺　Lord of Coucy.

邁訥斯　Minos.

韓尼伯　Hannibal，加達支名將，生於 B. C. 247，卒於 B. C. 183。

韓諾華　Hanover，此處之韓諾華，當為北美之韓諾華，毛人原文作savages，即野蠻人之意，蓋指北美之紅印度人也。

十八劃

壁蘇　Piso.

聶古　Necho.

聶梅碩思　Nemesis.

聶爾芻　Nearchus.

薩狄尼亞　Sardinia.

薩爾旦　Sultan.

額巴米囊達　Epaminondas，希臘政治家及大將，生於B. C. 418(?)，卒於 B. C. 362。

額比但奴　（杜拉咀 Durazzo）Epidamnians.

額沁尼　Essenes.

額里查白　Elizabeth，英女主，生於1533年，卒於1603年。

額和里　Ephori.

額拉託沁尼　Eratosthenes.

額魯利　Heruli.

額羅多圖　Herodotus.

鵠　Gros.

十九劃

龐泌　Pompey.

懷路　Philo.

羅支　Rhodes.

羅叱利　Rotharis.

羅白脫　Robert.（son of St. Lewis）
羅含　Rohan.
羅妙魯　Romulus，羅馬古史中之羅馬立國之王。
羅勃孫　Robertson.
羅約翰　John Law，蘇格蘭人，生於1671年，卒於1729年。
羅約翰侯爵　Marquis of Rhodes.
羅馬衰盛原因　Considérations sur les causes de la grandeur et de la décadence des Romains.
羅勒弗公爵　Duke Ralph.
羅達栗思　Rotharis.
羅闍利思　Rotharis.
臘古沙國　Ragusa.
邊沁　Jeremy Bentham，英哲學家兼法學家，生於1748年，卒於1832年。
邊特爾　Bender.
藁德弗理　Godfrey.

二十劃

寶科歷　Boccoris.
寶栗奴　Paulinus.

寶曼那　Beaumanoir.
蘇以達　Suidas.
蘇伊敦紐　Suetonius，羅馬史家，生於 2 世紀時。
蘇伊額勒氏　Sui hœredes.
蘇沙　Susa.
蘇匪條　Metius Suffetius.
蘇爾士　Suez.
覺羅帖烈　Clotarius.
覺羅紂　Caius Claudius，羅馬王，生於 B. C. 10，卒於 A. D. 54。

二十一劃

護登都　Hottentots.
鐵木兒　Timur Beg.
霸夏　Pasha.

二十二劃

韃靼　Tartars.
韃靼諸部　Great Tartary.

二十三劃

曬馬爾　Cinq-Mars.

二十五劃

顯理第四　Henry IV，法王，生於1553年，卒於1610年。
鑽營干位　Intriguing for places.

二十六劃

鬮　Lot.

嚴復先生翻譯名著叢刊

法意 二冊

作者◆孟德斯鳩 Montesquieu
譯者◆嚴復
發行人◆王學哲
總編輯◆方鵬程
主編◆葉幗英
責任編輯◆吳素慧
校對◆許素華 曹官任 徐平
美術設計◆吳郁婷

出版發行：臺灣商務印書館股份有限公司
臺北市重慶南路一段三十七號
電話：（02）2371-3712
讀者服務專線：0800056196
郵撥：0000165-1
網路書店：www.cptw.com.tw
E-mail：ecptw.cptw.com.tw
網址：www.cptw.com.tw

局版北市業字第 993 號
初版一刷：1977 年 8 月
二版一刷：2010 年 2 月
定價：新台幣 700 元

ISBN 978-957-05-2453-6

法意 ／ 孟德斯鳩（Montesquieu）著：
嚴復譯.
二版. -- 臺北市：臺灣商務，2010.02
冊 ； 公分. --（嚴復先生翻譯名著叢刊）
譯自：*Spirit of Law*
ISBN 978-957-05-2453-6（全套共二冊）
1. 法律哲學 2. 政治思想

580 98023319

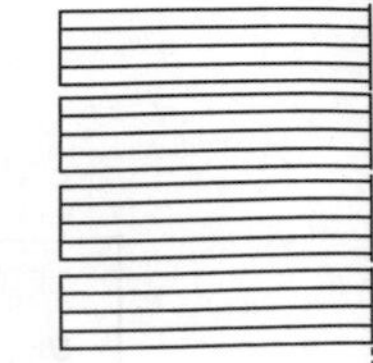

廣 告 回 信
台灣北區郵政管理局登記證
第 6540 號

100臺北市重慶南路一段37號

臺灣商務印書館　收

對摺寄回，謝謝！

傳統現代　並翼而翔

Flying with the wings of tradition and modernity.

讀者回函卡

感謝您對本館的支持，為加強對您的服務，請填妥此卡，免付郵資寄回，可隨時收到本館最新出版訊息，及享受各種優惠。

■ 姓名：＿＿＿＿＿＿＿＿＿＿＿＿ 性別：□ 男 □ 女

■ 出生日期：＿＿＿＿年＿＿＿＿月＿＿＿＿日

■ 職業：□ 學生 □ 公務(含軍警) □ 家管 □ 服務 □ 金融 □ 製造
□ 資訊 □大眾傳播 □ 自由業 □ 農漁牧 □ 退休 □ 其他

■ 學歷：□ 高中以下(含高中) □ 大專 □ 研究所(含以上)

■ 地址：＿＿＿＿＿＿＿＿＿＿＿＿＿＿＿＿＿＿＿＿＿＿＿＿

＿＿＿＿＿＿＿＿＿＿＿＿＿＿＿＿＿＿＿＿＿＿＿＿＿＿＿＿

■ 電話：(H)＿＿＿＿＿＿＿＿＿＿＿＿(O)＿＿＿＿＿＿＿＿＿＿

■ E-mail:＿＿＿＿＿＿＿＿＿＿＿＿＿＿＿＿＿＿＿＿＿＿＿

■ 購買書名：＿＿＿＿＿＿＿＿＿＿＿＿＿＿＿＿＿＿＿＿＿

■ 您從何處得知本書？

□ 網路 □ 書店 □ 報紙廣告 □ 報紙專欄 □ 雜誌廣告
□ DM 廣告 □ 傳單 □ 親友介紹 □ 電視廣播 □ 其他

■ 您喜歡閱讀哪一類別的書籍？

□ 哲學・宗教 □ 藝術・心靈 □ 人文・科普 □ 商業・投資
□ 社會・文化 □ 親子・學習 □ 生活・休閒 □ 醫學・養生
□ 文學・小說 □ 歷史・傳記

■ 您對本書的意見？（A/滿意 B/尚可 C/須改進）

內容＿＿＿＿＿＿ 編輯＿＿＿＿＿＿ 校對＿＿＿＿＿＿ 翻譯＿＿＿＿＿＿
封面設計＿＿＿＿＿＿ 價格＿＿＿＿＿＿ 其他＿＿＿＿＿＿

■ 您的建議：＿＿＿＿＿＿＿＿＿＿＿＿＿＿＿＿＿＿＿＿＿

＿＿＿＿＿＿＿＿＿＿＿＿＿＿＿＿＿＿＿＿＿＿＿＿＿＿＿＿

※ 歡迎您至本館網路書店發表書評及留下任何意見

臺灣商務印書館 The Commercial Press, Ltd.

台北市100重慶南路一段三十七號 電話：(02)23115538
讀者服務專線：0800056196 傳真：(02)23710274
郵撥：0000165-1 E-mail:ecptw@cptw.com.tw 網址：http://www.cptw.com.tw
部落格：http://blog.yam.com/ecptw http://blog.yam.com/jptw